創価教育法の

科学的超宗教的

実験証明

牧口常三郎

古川 敦 訳注

第三文明選書25

装幀／クリエイティブ・コンセプト
本文レイアウト・組版／有限会社レゾナ

凡例

一、本書は、牧口常三郎著『創価教育法の科学的超宗教的実験証明』（創価教育学会刊、一九三七年九月）を現代語訳したものである。底本としては、『牧口常三郎全集・第八巻』（第三文明社、一九八四年十一月）に収められたものを用いている。巻末に原文を収録した。

二、本文および注・補注の全般にわたって、できるだけわかりやすく表記することにした。

三、引用・参照した語句や文章についても、可能なかぎり平易になるようにつとめている。

四、注・補注では、次のように略記した。

『創価教育学大系概論』（創価教育学支援会刊、一九三〇年春ごろ）→『大系概論』

『創価教育学体系・第一巻』（創価教育学会発行、冨山房発売、一九三〇年十一月十八日）→『体系・第一巻』

『創価教育学体系・第二巻』（創価教育学会発行、冨山房発売、一九三一年三月五日）→『体系・第二巻』

『創価教育学体系・第三巻』（創価教育学会発行、冨山房発売、一九三二年七月十五日）→『体系・第三巻』

『創価教育学体系・第四巻』（創価教育学会発行、冨山房発売、一九三四年六月二十日）→『体系・第四巻』

『創価教育学体系梗概』（創価教育学会刊、一九三五年春ごろ）→『体系梗概』

『創価教育法の科学的超宗教的実験証明』（創価教育学会刊、一九三七年九月）→『実験証明』
『日蓮大聖人御書全集』（創価学会発行、一九五二年四月）→『御書全集』
『日蓮大聖人御書全集　新版』（創価学会発行、二〇二一年十一月）→『御書新版』
『牧口常三郎全集』全十巻（第三文明社、一九八一年十一月〜九六年十一月）→『全集』
『妙法蓮華経並開結』（創価学会発行、二〇〇二年十一月）→『妙法蓮華経』

五、〔　〕内の文言は、便宜上、訳注者が挿入したものである。

六、第七章・第四節のなかで、今日においては不必要であると思われる論述については、割愛させていただくことにした。

なお、以上のような編集上の責任は、すべて、訳注者自身が負うものとする。

目次

はしがき

今日では、社会におけるあらゆる分野の産業が、最高の能率を挙げなければ存続できないほど進歩しているにもかかわらず、教育のみが依然として暗中模索の状態のままであり、最低の能率に安んじていることを、大変残念に思い、国家社会の究極的な根底である教育がそうした様相を呈しているかぎり、国家の前途は寒心にたえないと嘆かれる、秋月左都夫《あきづきさつお》翁[*1]の見いだすところとなり、創価教育学の価値が、六名の青年教師たち[*2]の一年間の実験によって、ともかく証明されるにいたりました。本書は、その報告のついでに、大局的な観点から同様な教育改良を考慮されている方々にとって少しでも参考になればと、まとめてみたものです。わたし自身は、四十年間、教授法の改善に没頭してきましたが、いまだ四面楚歌《しめんそか》の状況下に置かれており、[*3] 相変わらず同情していただいている、ごくわずかな同志の方々のことを顧みると、まことに感激にたえません。

＊1　秋月左都夫翁――本書の39頁参照。
＊2　六名の青年教師たち――有村陽三《ありむらようぞう》、渡辺力《わたなべつとむ》、三ツ矢孝《みつやたかし》、木村栄《きむらさかえ》、木村光雄《きむらみつお》、林幸四郎《はやしこうしろう》、の各氏。本書の35頁に記されている実験証明委員の一覧表、および、『全集・第八巻』の九四頁を参照。
＊3　いまだ四面楚歌の状況下に置かれており――牧口が教職についたのは、一八九三（明治二十六）年四月。以来四十年以上もの間、普遍的な教授法の研究・開発に尽力してきたのであるが、相変わらず周囲の理解が得られずに、孤軍奮闘していること。「四面楚歌」は、周囲がみな敵や反対者ばかりで、だれも助けてくれない、孤立した状態をさしている。出典は『史記』。　↓補注［1］

まだまだ不十分ではありますが、仏が衆生を悟りに導くまでの三段階（下《げ》種《しゅ》・調熟《ちょうじゅく》・解脱《げだつ》）[*4] に即して、熟・脱の結果を示し、根源の種子を見極め、原因と結果との本末一貫した関係を明らかにしたからには、どれほど言者《げんしゃ》が卑しくても、信用されるのは当然なことではないでしょうか。それゆえ、もしも、複雑・至難な人間の教育についても、もっともむずかしい道徳教育に関してまでも、一定の軌道が見つかり、百発百中の普遍的な方法を確立すること*5ができれば、それは、決して、人類の幸福のために冷眼視されるべきではありません。

＊4　仏が衆生を悟りに導くまでの三段階（下種・調熟・解脱）——これは、天台大師《てんだいだいし》の『法華文句《ほっけもんぐ》』に説かれたもの。各段階で仏が衆生に与える利益《りやく》は、下種益《げしゅやく》・熟益《じゅくやく》・脱益《だっちゃく》と呼ばれ、合わせて三益《さんやく》という。このことについては、第四章・第一節の図式「生活目的観進展の段階」〈本書、128頁〉を参照していただきたい。↓補注［2］

＊5　百発百中の普遍的な方法——根本の法則にもとづけば、だれもが成功できる指導法。↓補注［3］

このことは、生活と無関係な真理問題とは異なり、生活と直接的に関係している価値問題*6であるだけに、「日の出後の衆星《しゅうせい》のごとく」*7という原理によれば、既成の教育者・教育学者などには正しい評価ができず、ますます怨嫉《おんしつ》*8・軽蔑《けいべつ》することになるかもしれませんが、そうであれば、それと同じほど、国家社会が被る損害は莫大《ばくだい》なものとなるにちがいない。したがって、直接的な利害を超越し、大局観に立っておられる方であれば、傍観してはいられないはずでありましょう。しかし、速やかに信用することができなければ、せめては再検討を加えて、公正な論議が展開されることを切望いたします。そして、価値問題については、学者の常識的な判定よりも、実際生活の体験証明[*9]によって解決する以外に、ほかの方法がないことを、ここで確認しておきたいと思います。

＊6　生活と直接的に関係している価値問題——牧口は、『体系・第二巻』の第三編価値論・第七章評価法及創価法の冒頭において、「人生は、つまるところ、価値の追求である。その価値の獲得実現の理想的生活は、幸福である。」〔『全集・第五巻』、三九〇頁参照〕といっている。

＊7　「日の出後の衆星のごとく」——太陽が昇った後は、さまざまな星が輝きを失ってしまうように、という意味。ここの「日の出」は、創価教育法が出現したことをさしているように思われる。　↓補注［4］

＊8 怨嫉——うらみ、ねたむこと。とくに、正しい教えのとおりに実践する者を非難・中傷することをいう。また、正しい教えを信じていても同信の者をねたみ・うらむことも、怨嫉になり、同志の絆を破壊するはたらきとなるので、戒めなければならない、とされている。

＊9 実際生活の体験証明——日常生活のなかで実践してみて、物事の正否を判断するということ。この「実験証明」という手法は、創価教育学の鍵概念の一つ。牧口は、すでに、『大系概論』の末尾において、新しく発見された真理が認められるためには、実験してみて証明するよりほかに道はない、と述べているのである〔『全集・第八巻』、一九八頁参照〕。

教育改良それ自体がすでに遠大な計画であるのに、よりいっそう根本的な宗教問題にまで深入りするのは、蟷螂《とうろう》が竜車《りゅうしゃ》に向かうようなものであると[＊10]、最後の同情者までもあきれ果てて遠く離れてしまうでしょう。だが、そうであってこそ、法華経に説かれている予言が適中[＊11]することになるので、いよいよ確信を強くして、毀誉褒貶《きよほうへん》[＊12]を顧みず、おおいに訴えなければならない、と思います。

なぜなら、一度は離れていった方々も、やがてそのうちに冷静さを取り戻し、幸いにも本書を読破される機会が得られるなら、そのときには必ずや悔悟されるであろうことは、法華経のなかに明記されているとおりである、と信じているからです。

***10　蟷螂が竜車に向かうようなもの**――カマキリが天子の車をめがけていくように、身のほどをわきまえず、強大なものに立ち向かっていくこと。ただし、ここでは、極めて微力である者が、非常に大きくて根本的な問題に、あえて勇敢に取り組んでいく様子を、示唆しているのではなかろうか。

***11　法華経に説かれている予言が適中**――これは、「しかも、この経は、如来の現に在《いま》すすら、なお怨嫉《おんしつ》多し。いわんや滅度の後をや。」「一切世間に怨《あだ》多くして信じ難く」という、釈尊の予言が証明されたことをさしている〔本書、120頁参照〕。

***12　毀誉褒貶**――「毀」はそしる、「誉」と「褒」はほめる、「貶」はけなす。つまり、勝手気ままで無責任な、世間の評判のこと。したがって、「毀誉褒貶を顧みず」は、確固たる志を体した姿を意味している。

そこへいたるまでには数百年も必要であるかもしれませんが、時間がかかればかかるほど、損害も大きく増加して、真の意味での教育改革などはとうてい不可能になってしまうのではないか、と思われます。だから、甘い果実のように賞味・珍重されたとしても、その場かぎりの一時的なものになるよりは、苦い種子としての役目を果たし、たとえ吐き出されたとしても、遠い将来にまでその効果がもたらされるようにすることが、わたしたちに与えられた使命ではないでしょうか。

研究不足や表現の行き届かないところは、多大なものでありましょう。それでも、どうか、忌憚《きたん》のないご叱正《しっせい》*13を、よろしくお願い申し上げます。

昭和十二年八月　日中戦争のさなか*14

著者記す

＊13　**忌憚のないご叱正**——遠慮なく、気がねせず、思うままに、批判を加えて正すこと。

＊14　**日中戦争のさなか**——一九三七（昭和十二）年七月七日の夜に起きた、いわゆる盧溝橋《ろこうきょう》事件が発端となって、日本は中国に対する全面的な戦闘を開始した。

第一章　緒言

日蓮大聖人は、「種々御振舞御書《しゅじゅおんふるまいごしょ》」のなかで、「病《やまい》の起こりを知らざる人の病を治《じ》せば、いよいよ病は倍増すべし。」[*1]と記されている。そして、これは、現在の日本において起こっている教育制度改革論議のありさまを、適切に表現している命題ではなかろうか。

*1　「病の起こり……倍増すべし。」——『御書新版』一二四一頁、『御書全集』九二一頁参照。　↓補注［5］

日本の教育制度は、明治維新からおよそ七十年の間に、欧米文化の直訳・輸入によってできあがってきたのであるが、その弊害の一面を取り除き、他面の大きな功績を永遠に残していくためには、根本的な病因にまで深くさかのぼって、適切な治療を施さなければならない。[*2]ところが、そうしようとはせず、やみくもに枝葉末節の部分に手を入れて、その場しのぎにやってきたので、今日のような大困難に直面せざるをえなくなった、というのが実情であるだろう。それなのに、相変わらず、実際教育の内容を知らない行政官・政治家・学者・実業家などが、門外における経験と常識とによって、その知らない内容までも左右してしまう教育制度の改編をおこなおうとしているのは、それぞれが手前勝手な議論に終始するだけであるから、病弊をますます倍増させることになるのである。

＊2　日本の教育制度は……適切な治療を施さなければならない。――↓補注［6］

今や、現在の日本の社会は、政治も経済も道徳も、その他の生活においても、すべてが行き詰まりの状態に陥っているが、その病の根源は何よりも有為な人材の欠乏[*3]にあることに、次第に気づくようになり、教育改良によって将来の禍《か》根《こん》を除去しようとするまでに、やっとのことで目覚めてきた。とはいえ、なおいまだに、国民健康保険制度を導入する[*4]という程度の唯物的な部分観[*5]にとどまっていて、根本的な精神からの立て直しを企図することは、なかなか思いいたらないようである。それは、あたかも、画竜点睛《がりょうてんせい》[*6]を欠くに等しい、ということができる。

＊3　有為な人材の欠乏――要するに、根本的な問題は、どのようにして社会的に有為な人間群を輩出するか、ということに存しているのである。

＊4　国民健康保険制度――一九二二（大正十一）年四月の健康保険法では対象外になっていた農山漁村の住民のために、国民健康保険法が三八（昭和十三）年四月に制定されている。これは、戦後の五八（同三十三）年十二月に全面改正され、国民皆保険への道が開かれることになった。

＊5　唯物的な部分観――物質的な側面の改善のみにとどまるもの、ということ。

＊6　画竜点睛――中国の南北朝時代、画家が寺の壁に画《えが》いた竜に睛《ひとみ》を書き加えると、たちまちのうちに、竜が雲に乗って天に昇った、という故事。出典は『歴代名画記』。

事物の眼目となるもの、物事を立派に完成させるための最後の大切な仕上げ。また、文章や話などの肝心なところに、ほんの少しだけ手を加えることで、全体が引き立つようになること。したがって、「画竜点睛を欠く」は、一番大事なところが欠けているために、精彩がないことを意味している。

あの国際連盟*[7]をはじめとして、さまざまなところで、世界の平和のために小田原評議*[8]が重ねられていることも、その好例なのではなかろうか。また、幅広く見渡してみると、各国の内部における地方的・党派的・階級的なもめごとも、同様であるに相違ない。しかも、結局のところ、どれ一つとして適切な対策が見いだせず、ただただ困惑しているばかりなのである。本年八月に第七回世界教育会議*[9]が東京で開催されたのは、そういう事情にもよっている。つまり、現代の社会では、病気の根本的な原因を分析して見極めることが、正当になされておらず、不徹底であるために、適確な治療法がわからず、応急的な処置にあせるばかりで、かえって病気の勢いを増してしまっているのである。そして、このことに対する責任の所在は、むしろ、高い地位にあって治療に任じる指導者たちにある、といわねばならない。考えてみれば、行政官・政治家はもとより、学者・教育家の責任はすこぶる重く、宗教家にいたっては、思想上さらに重要な立場にあるだけに、もっとも重大な責任を負っているのである。*10

***7　国際連盟**――第一次世界大戦後、一九二〇（大正九）年一月に、国際的な平和と協力のために結成された、諸国家の団体。スイスのジュネーブに本部を置き、五十数ヵ国が加盟した。しかし、提案者が大統領であったアメリカは最初から参加せず、日本は三三（昭和八）年三月に脱退。後に、ドイツ・イタリアも抜けて、旧ソ連は除名され、有名無実なものになった、といわれている。第二次世界大戦後の四六（同二十一）年四月に正式に解散し、その資産と役割は、前年十月に設立された国際連合に継承されることになった。

***8　小田原評議**――長引いてなかなか結論が出ない会議や相談をさしている。これは、豊臣秀吉の小田原征伐のとき、北条方の和戦の評定が容易に決定しなかったことに由来する。小田原評定ともいう。

***9　第七回世界教育会議**——これは、ワシントンに本部を置く世界連合教育会の主要行事の一つとして、一九三七（昭和十二）年八月二日〜七日に東京帝国大学安田講堂において開催されている。世界の教育の進歩と国際的な協調を図るため、各国の教育関係代表者が千余人、日本の代表者が二千人ほど集ったようである。戦前の教育界としては、日本でおこなわれた最後の国際会議になった。

***10　宗教家にいたっては……負っているのである。**——宗教家の本来的な使命は、もっとも根本的な問題、すなわち、人間性それ自体の変革にあるとされているから、一番重大な責任を担っているはずである、ということ。

いうまでもなく、世界各国のあらゆる学者たちによって、たくさんの救済策が講じられているにちがいない。それにもかかわらず、事態がいっこうに好転しないのは、問題が膨大・複雑であるのに比べて、急所をついているものが少ないことによるのか、あるいは、社会における多くの人々の注意や関心が、それらの議論や文書に向けられなくなったからであるように思われる。だから、このようなときに、微力なわたしたちがおこなった遠回りにしか見えない研究が、社会の正当な評価を受けることなど、少しも期待していない。とはいうものの、実験の結果を率直に示していけば、どれほど多忙な人でも、それまで黙殺することはできないであろう。

思うに、これほどまで議論や文書が世間の人々から注目されなくなったのは、文化の発達にともなって、一方では、さまざまな産業が生み出され、おたがいの関連が広くて複雑なものになり、生存競争が激化するとともに、目前の仕事に忙殺され、より深くより広く全体を達観する*11ことができなくなっているからではなかろうか。また、他方では、あらゆる側面に着眼しながら研究している者があっても、中途半端な因果関係の探求にとどまっていて、徹底的に首尾一貫した見解にまで到達することができず、たまたまそれにたどりついたとしても、膨大な社会現象はもともと関連が広範なものであるから、これに対する知識の体系もたいそう複雑にならざるをえないので、各々の産業に従事しながら多忙な生活を送っている人々に、見たり聞いたりする興味を喚起することができなくなったためではなかろうか。

＊11　全体を達観する――一部分の事柄にこだわらず、広く全体を見渡すこと。また、遠い将来の情勢を大きく見通すこと。あるいは、目先の細かなことに惑わされず、何事にも動じない境地で、真理や道理を悟ることをいう。

だが、今一歩進めて考えてみると、それらよりもさらに重大な原因は、価値現象に関する認識法の研究が不十分であったから、[＊12]結果の証明から原因の考察にさかのぼるよりほかに道がないのに、それとは逆に、発生・進歩の原因から結果を導き出そうとして、生活の歴史的な道程をそのまま繰り返させようとしてきた誤謬《ごびゅう》にある、と確信する。たとえば、教育問題についても、実際の結果にもとづいて証明すれば、比較的容易に信用や理解が得られるかもしれないが、そうではなくて、あえて膨大な知識体系に依拠して説明しようとするから、[＊13]大変面倒になるのである。

***12　価値現象に関する認識法の研究が不十分であった**――価値現象については、体験による結果から原因にさかのぼる以外、ほかの研究方法がないのに、依然として、既存の経験や知識にもとづいて、原因から結果を導き出そうとしていること。↓補注［7］

***13　あえて膨大な知識体系に依拠して説明しようとする**――これは、「経験より出発せよ。」〈『全集・第五巻』、二七頁〉という牧口の研究姿勢とは裏腹なものである。とにかく、彼は、「教育法の母胎であり、教育学の発祥地である眼前の教育事実」に着目し、「天上の星を望んで進みつつある危ない態度を改めて、まず脚下を注視せよ」というのである〈同上、一八頁参照〉。↓補注［8］

価値現象は、近代哲学の中心問題[*14]として、学者たちの注目の的になっていることが、すでに多年であるにもかかわらず、今もなお、その認識法の研究については、まことに不十分な状態のままであり、評価の標準すら確立できていないありさまなのである。それゆえ、人生のあらゆる問題が、解決の根拠を欠いていて、今日のような行き詰まりの様相を呈していることは、わざわざいうまでもないだろう。そして、このことこそ、わたしたちがあえて少しばかりの提言を試みようとする理由なのである。

＊14　価値現象は、近代哲学の中心問題——十九世紀の後半以降、近代哲学の大きな流れの一つを形成してきたのが、価値の問題なのであった。たとえば、新カント学派の一つである西南ドイツ学派は、真・善・美・聖などを価値として提起したし、マルクスの経済学説やアメリカの実用主義、はたまた現象学派にしても、価値論と無縁なものではなかったのである。

したがって、わたしたちは、本書を提供するにあたり、実験の結果としてもたらされた成績を、単刀直入、ありのままに記述することにした。読者各位は、それを直観し、[15]忌憚《きたん》のない評価をおこなっていただきたい。さらに、わたしたちは、引き続き、そうした結果を生み出した本当の原因を明らかにすることによって、各位の検討をお願いし、今後の対策が適切に追求されることを望んでいる。なぜかというと、いまだに信用を得られていない者が、新たな提言をおこなって、それを信じていただけるようになるためには、結果を率直に示して原因の考察へ導くよりほかに道がないことは、価値現象に関する普遍的な指導法の研究*16として、拙著『創価教育学体系』（既刊四巻）のなかで、いささか提唱してきたところであるからだ。

＊15　直観――直接観察の略。対象を直接的に観察することによって、事物・事象をとらえていこうとする、精神のはたらき。

＊16　価値現象に関する普遍的な指導法の研究――これは、価値創造の能力を高めるための普遍的な教育法に関する研究のことを、意味しているように思われる。→補注［9］

そこで、本書では、はじめに、このたびの実験によって得られた結果が従来のものと比べて特異であることを包み隠さず率直に打ち明けて、どのような教育改良が不可欠であるかを具体的に提起することにしたい*17。また、次には、その結果を生み出した原因にまでさかのぼり、ほかの条件はみな同様に設定されているのに、どうしてこのような結果が生じたのかと、分析的な考察をおこなって、[18]それは何よりも指導主義の教育法によってもたらされたもの[19]であることを、断言しておこう。

＊17 はじめに……提起することにしたい。——本書の第二章参照。

＊18 次には……分析的な考察をおこなって——本書の第三章参照。

＊19 それは何よりも指導主義の教育法によってもたらされたもの——本書の第四章参照。なお、「指導主義の教育法」は、「指導主義の創価教育法」と同義に用いられている。 ↓補注〔10〕

しかも、このことが最大の価値を有する普遍の真理であると多くの人々に信じていただくためには、その根拠を明らかにしなければならないので、創価教育学の知識体系と、その基盤になっている価値論の大要を抜粋[20]することにした。そのうえ、よりいっそう重要な本源として、仏教の極意である超宗教の科学的論証を試み、このことから、本末の両端を見極め、終始一貫の関係を明確にして、最高の結果を得ようとすればもっとも根本的な原因になることをおこなうべきであるというのが、最大価値の生活法ないし教育法[*21]であることを証明した。[*22]そして、最後に、どのようにしてこれを信用し、教育ないし生活の改革の実現に役立たせるべきかを、結論として提示しようというのが、本書のいささか期するところなのである。[*23]

＊20 **創価教育学の知識体系と、その基盤になっている価値論の大要を抜粋**――本書の第五章参照。

＊21 **最大価値の生活法ないし教育法**――牧口は、「創価教育法」こそ、「人類の生活の指導法である」〔本書、97頁〕と明言する。それは、「無限の時間・空間および精神・物質両界にわたる大宇宙の因果の法則に従った、最大価値の生活法を証明された」「仏教の極意」〔本書、173頁参照〕を根本としているからである。

＊22 **仏教の極意である超宗教の科学的論証を試み……証明した。**――本書の第六章参照。「超宗教」は、既存の概念をはるかに超越している宗教という意味。すなわち、それは、正邪・善悪・高低・深浅などの相対的なものさしで判定することができず、あらゆるものを包摂しながら、それらのすべてを超えている、唯一絶対的なものをさす。

＊23　最後に……結論として提示しよう――本書の第七章参照。

かりにも、生き続けることを願い、人間が享受できる最大幸福の生活を望む者は、本書で明かされた実験証明の結果を、見なければならず、聞かなければならず、考えなければならず、理解しなければならず、信じなければならず、実行しなければならないのが、人間の理性によって導き出される当然の帰結なのである。ところが、そうであるにもかかわらず、これができないというのであれば、それは、走りたいが足がいうことをきかないのと同じように、理性と感情との衝突が生じ、人格の分裂をきたしているのであり＊24、ぜひとも反省して改めるべきであるだろう。もしも、自由で無責任な一個人であれば勝手であるかもしれないが、指導的な立場にある教育者は、これができなければ、遺憾＊25ながら、その地位を辞さなければならない。なぜかといえば、教育法は生活の指導法にほかならないので、教育者は、まずもって自分自身の生活を指導し、そのうえで、他者の生活を指導すべきであるからだ。

＊24　理性と感情との衝突が生じ、人格の分裂をきたしている——このことについては、第四章・第一節の図式「人格分裂（目的観念の段階）」〔本書、129頁〕を参照していただきたい。

＊25　遺憾——物事が思いどおりに進展せず、心残りであること。または、残念であるとか、気の毒であるということ。

とにかく、昔であれば免職させられてしまうであろうと思われるほどの大胆・率直な提言を、少しも恐れずにおこなうだけの自信を持つようになったのは、それ相応の深い根底があることを、[＊26]看破していただきたい。そして、ささいな名利《みょうり》[＊27]のためにしたのではないことだけでも、しっかりと認識されることを切望する次第である。

＊26　昔であれば……それ相応の深い根底がある——牧口は、『体系梗概』の「結語＝法華経と創価教育」において、日蓮大聖人の仏法に確信を抱くようになると、「暗中

模索の不安が一掃され、生来の引っ込み思案がなくなり、生活目的がいよいよ遠大となり、畏《おそ》れることが少なくなり、国家教育の改造を一日も早くおこなわせなければならぬというような、大胆な念願を禁じることができなくなるまでにいたった」〔『全集・第八巻』、四〇六頁参照〕と述べている。

＊27 名利——名聞（世間から高く評価されること）と、利欲（自分の利益をほしがること）。あるいは、名誉と利得。また、それを求めようとする気持ち。

第二章

実験成績の検討、および、これにのっとった教育法の根本的な改革

第一節　実験証明の関係者

創価教育学は指導主義の教育法を提唱しているが、はたしてそれが本当に価値を持っているか否かを科学的に実験証明することは、現在の日本ないし世界における教育社会の苦悩を払拭《ふっしょく》するために緊急・適切であるという理由から、秋月左都夫氏*1が、若干の研究奨励費を拠出され、これにあたろうとする篤志《とくし》教師を選定すべきであると勧められたことを、わたしたちは空谷《くうこく》の跫音《きょうおん》*2であると感激した。ゆえに、わたしたちは、第三章・第二節で明確化した標準に照らし

て、東京市内の小学校教師のなかから左記の六名[*3]の少壮教育者を推薦し、昨年十月より一ヵ年を期して実験証明の作業を委任したのである。

＊1　篤志教師――たとえ周囲の無理解や反対があったとしても、とにかく挑戦していこうという、強い熱意を体している教師。

＊2　空谷の跫音――だれもいないさびしい谷で聞こえてくる、人の足音。孤独なときに受ける、珍しくてうれしい訪問や便り。出典は『荘子』。

＊3　左記の六名――秋月氏の資金援助によって一九三六年（昭和十一）年十月に創価教育学の研究生制度が発足。六名は、そのときに選ばれた、第一回の研究生（実験証明委員）のこと。ただし、戸田城外は、そのなかに含まれていない。なお、研究生制度は、第二回で終了したようである〔『評伝　牧口常三郎』第三文明社、二〇一七年六月、三九二頁参照〕。

そこで、まずは、創価教育法の価値を証明するための基礎を築き上げた六名と、この作業に直接関係している主要な人々の資格を簡単に紹介し、実験証明の準備とすることにしよう。

実験証明委員

分担教科（主任）	同（補助）	本所成績発表	所属学校の発表	価値論研究会出席	小学以上中等教員免許学科	*7
国語科（読み方・綴り方の連絡）	算術科 書き方科	四	五	三〇宗教革命	地理・歴史科（立正大学）	大原小学校訓導 正員 有村 陽三
同			八	一五宗教革命	国語・漢文（二松学舎専門学校）	私立時習学館教師 正員 渡辺 力
書き方科	国語科 算術科	二	三	三〇宗教革命	国語・漢文（立正大学）	尾久西小学校訓導 正員 三ツ矢 孝
算術科	国語科		二	二五宗教革命	理科・数学（物理学校）*4	菅刈小学校訓導 正員 木村 栄
地理科		二	五			右 有村 陽三
唱歌科		一		二〇宗教革命	ベレッテー門下声楽家	碑小学校訓導 正員 木村 光雄
手工科		一	二	一八宗教革命	図画・手工（文検）*5	麻布高等小学校訓導 正員 林 幸四郎
算術科	国語科	二	一五	一〇宗教革命	（中央大学）*6	私立時習学館長 補員 戸田 城外

備　考

1　創価教育学研究所[*8]が主催している実験成績の発表会には、牧口および他の全研究委員のほか、左記の本会両顧問ならびに所属学校の校長と職員諸氏が参観した。

2　指導原理としての価値論の研究会[*9]をとくに設け、全研究員に対して、公職の余暇を利用し、毎回四ないし五時間ずつ三十回にわたり、理論と応用の指導をおこない、そのほか、各別に実地授業の教案について相談に応じた。なお、実験証明委員は、すべて、伝統の宗教[*10]を改めて、日蓮大聖人の仏法に帰依するようになった。

3　秋月顧問より研究補助を受けている実験証明の作業については、来年十月までに、分担主任の教科に関する研究報告を提出する予定になっている。

＊4　物理学校――東京物理学校のこと。戦後、東京理科大学となる。

＊5　文検――旧制度下の文部省中等学校教員検定試験のこと。この試験に合格すれば該当科目の教員免許状が授与され、中学校・高等女学校・師範学校などで勤務するこ

とができた。

***6　中央大学**——戸田は、一九二八（昭和三）年三月に中央大学の予科を卒業し、四月には本科経済学部に入学しているが、三〇（同五）年三月には、牧口教育学説の出版に尽力するために、中退したようである〔『評伝　戸田城聖（上）』第三文明社、二〇一九年十二月、二二九頁参照〕。

***7**　各小学校の現在の所在区は以下のとおり。大原《おおはら》（品川区）、尾久西《おぐにし》（荒川区）、菅《すげ》刈《かり》（目黒区）、碑《いしぶみ》（目黒区）、麻布《あざぶ》（港区）。

***8　創価教育学研究所**——一九三五（昭和十）年春ごろに設けられ、目白の牧口宅と、上大崎の時習学館に、研究所の看板が掲げられていた。

***9　価値論の研究会**——一九三六（昭和十一）年十月ごろから、牧口宅、時習学館、研究生宅において、活発におこなわれていたようである。

***10　伝統の宗教**——天台・真言・念仏・禅などの既成の宗派のこと。

一、**創価教育学会顧問、古島一雄《こじまかずお》翁**[*11]。

現在の日本におけるもっとも大局観の政治家であり、隠れた名望によって、この時代を指導している。貴族院議員であり、著者が創価教育学を発表して以来八年間、とても熱心にこの研究を援助し、創価教育法研究の青年教育者たちとはだれとでも、繁忙な用務を繰り合わせて快談し、批判・奨励されている。

＊11　古島一雄――古島一雄（一八六五～一九五二）は、但馬（兵庫県北部）の豊岡出身。ジャーナリスト、政治家。若くして、三宅雪嶺が主宰する雑誌『日本人』（後に『日本及日本人』に改題）の記者を経て、日本新聞の記者となる。日清戦争のときには、正岡子規とともに従軍し、戦況を報道。その後、『九州日報』の主筆となるが、しばらくして、日本新聞に復帰し、万朝報《よろずちょうほう》に移っている。一九一一（明治四十四）～二八（昭和三）年まで衆議院議員。犬養毅の側近として行動をともにする。三二（昭和七）～四七（同二十二）年は、貴族院議員をつとめている。

なお、一九三五（昭和十）年春ごろに公表された「創価教育学会要覧」のなかには、その名が顧問として記されている〔『全集・第八巻』、四二一頁参照〕。

一、創価教育学会顧問、秋月左都夫《あきづきさつお》翁[*12]**。**

オーストリア国全権大使などの外交家として、長期にわたりヨーロッパに滞在。その間、繁務《はんむ》の余暇には、あちこちの小学校を参観したほどの教育熱心家であり、帰朝後は読売新聞の編集顧問・社長などの社会的活動を展開。隠退後は、まったく名利《みょうり》を超越したもっとも大局観に立って国家の将来を憂え、八十の老齢でありながら、相変わらず壮者をしのぐ元気さで、親しく青年教師たちを激励し、教育研究の奨励費用までも投じ、専門教育大家も及ばないような広くて深い志を体して、教育改良に熱心されている。創価教育法の実験証明がこれほど注意をひくまでに成果を挙げることができたのは、なかなか出会うことのできない純真・至誠のおかげなのである。

＊12　秋月左都夫――秋月左都夫（一八五八～一九四五）は、日向（宮崎県）の高鍋藩出身。東京の司法省法学校に学び、フランス語を修得。いったんは司法省に入るが、一九〇四（明治三十七）年からは外交官に転じ、スウェーデン公使、ベルギー公使、

オーストリア・ハンガリー大使、などを歴任。ベルギー公使のときには、イギリスのボーイ・スカウト運動を日本に伝えている。

一九一四（大正三）年に退官し、帰朝後は、読売新聞社の編集顧問や社長、京城日報の社長となるなど、言論人として活躍。一九（同八）年のパリ講和会議では、全権顧問をつとめている。

一九三五（昭和十）年春ごろに公表された「創価教育学会要覧」のなかには、その名が顧問として記されている〔『全集・第八巻』、四二一頁参照〕。

一、**最初からの実証者である戸田城外《とだじょうがい》氏**[*13]。

約十七年前[*14]、著者が東京市の小学校長であったときに出会い、同僚になった人物である。熱心な創価教育の研究者であり、十四年前に補習塾を開き、翌年には私塾の時習学館を新築し[*15]、すべてにわたりこの主義にもとづいて経営したために、異常なまでの好評を博して、今日の名声を挙げている。ことに、実験の結果としての著書『推理式　指導算術』[*16]が、年々売れ行きを非常に伸ばして、日本の小学校における算術教授の改良に役立っていることは、本研究の価値を証明している唯一・最大の成果であるといっても良い、と思っている。なぜなら、創価教育法の価値は、自由な私塾の初等教授において、たちまちのうちに好成績として表れ、それが明らかに事業のうえに反映しているからである。

＊13　**戸田城外**――本名は甚一（一九〇〇～一九五八）。後の城聖。石川県生まれ、北海道出身。一九二〇（大正九）年三月に上京してから、城外と名乗っていた。以下、戸田の事績については、『評伝　戸田城聖（下）』（第三文明社、二〇二一年三月）の付録1「略年譜」を参照していただきたい。

＊14　**約十七年前**――牧口は、一九二〇（大正九）年一月ごろ、西町尋常小学校の校長のとき、戸田を面接し、臨時代用教員として採用することを決めている。戸田は、四月からつとめるようになった。

＊15　**十四年前に補習塾を開き、翌年には私塾の時習学館を新築**――戸田は、牧口と相談のうえで、一九二三（大正十二）年に補習塾を開き、二五（同十四）年には東京・目黒駅近くに時習学館を新築。児童・生徒のみならず、保護者たちにまで、幅広く好評を博していたようである。

＊16　**『推理式　指導算術』**——時習学館で使用していた教材をまとめたもの。一九三〇（昭和五）年六月に初版が刊行され、百万部を超える大ベストセラーになったといわれている。そして、これは、同年二月ごろに牧口との対話のなかで誕生した「創価教育学」を基盤とする、はじめての学習書にほかならない。
ちなみに、『体系』の第一巻から第三巻までは、戸田の編集によるところが大であったようである〔前掲、『評伝　牧口常三郎』、三〇八〜三一〇頁参照〕。

一、**牧口常三郎創価教育学研究所長。**

北海道尋常師範学校を卒業し、直ちに同校附属小学校の訓導となり、単級教授の研究[＊17]のかたわら、地理および教育の中等教員免許状を取得して、母校の助教諭・舎監・教諭などをつとめた。[＊18]八年後に退職して出京し、価値的考察の『人生地理学』[＊19]（一九〇三年十月初版）を著したことによって非常に高い評判を得て、以来八年間は、教育に関する雑誌の編纂《へんさん》と出版にかかわりながら、教育と政治の改革に関心を寄せることになった。[＊20]それからは、文部省に入って小学地理教科書の編纂などに二年ほど携わり、[*21] その後およそ二十年間、東京市の小学校長を歴任。

＊17　単級教授の研究――牧口が、一八九三（明治二十六）年三月に師範学校を卒業して、最初に着任したのは、単級教室であった。当時の「単級」は、尋常科の一年から四年までの児童が、同じ教室で学ぶことを意味していた。北海道には、「単級学校」が数多く存在したのである。なお、可能であれば、『全集・第七巻』の一五一～二五五頁に収められている、「単級教授の研究」（一八九七年一月～九八年九月）を、参照していただきたい。

＊18　地理および教育の……などをつとめた。――地理地誌科の免許は一八九六（明治二十九）年六月に取得し、翌年十一月に母校の助教諭となる。また、九八（同三十一）年に北海道師範学校と改称された後、一九〇〇（同三十三）年一月に同校舎監。同年三月に教育科の免許を取得して、教諭に任命されている。しかも、この間、附属小学校の事務取扱も経験。北海道師範学校を退職したのは、一九〇一（同三十四）年四月のことである。

***19　価値的考察の『人生地理学』**――価値問題は、青年時代から抱かれてきた、いわば牧口自身のライトモチーフなのである。 ↓補注［11］

***20　以来八年間は……教育と政治の改革に関心を寄せることになった。**――この時期、牧口は、教育の分野で、一九〇五（明治三十八）年五月に、女性のための通信教授機関として「大日本高等女学会」を設立し、〇八（同四十一）年八月まで積極的に運営に携わっている〔前掲、『評伝 牧口常三郎』、一五四～一六六頁参照〕。また、彼は、『体系・第三巻』の第四編教育改造論・第一章教育改造政策の要諦のなかで、政治の分野においては、「憲政の進歩」という観点から、社会主義運動にも関心を寄せていたことを、吐露している〔『全集・第六巻』、二二一～二二四頁参照〕。

***21　文部省に入って小学地理教科書の編纂などに二年ほど携わり**――一九一〇（明治四十三）年八月から一三（大正二）年四月まで〔前掲、『評伝 牧口常三郎』、一八二～一八七参照〕。

隠退後は、もっぱら創価教育学の著述に従事すると同時に、たまたま宗教革命によって生活法を一変して、すでに八年。[*22] この間、経文の予言どおりに種々の障魔《しょうま》*[23]が競い起こり、すさまじい怨嫉《おんしつ》・軽蔑《けいべつ》の的となって、友人などの近づく人々も減少してしまった。だが、他方には、その因縁によって、意外な人格者たちとの親近の機会が得られ、不肖ながらも、日蓮大聖人の仏法への帰依を指導した新親友は、百名にものぼっている。そして、経文における「変毒為薬《へんどくいやく》」の大法則*[24]が鮮明に見えてくるのに応じて、哀れむべき低級・邪法の信者の生活が目に入ってくるたびに、傍観して慳貪《けんどん》の罪*[25]に堕するのは忍びないという感情が深くなり、及ばずながら自行化他《じぎょうけた》の生活*[26]をいそしんできた結果が、ついに今日にいたったのである。しかも、はじめて教壇に立ち、小学校高等科の作文教授に当惑したあげく、文型応用主義の方法を思いついて意外な成功を味わった、四十余年の昔を回想するとき、創価教育法の研究について、因縁が浅くはなかったことを、しみじみと感じている*[27]。

＊22　たまたま宗教革命によって生活法を一変して、すでに八年。——「宗教革命」ということばが前面に押し出されるようになった時期について、現時点では、一九三五

〔昭和十〕年の秋ごろまでさかのぼることが可能である〔前掲、『評伝 牧口常三郎』、三七〇・四八六頁参照〕。なお、三五年春ごろの『体系梗概』には、用いられていない。

↓補注〔12〕

＊23　種々の障魔――「障魔」とは、仏道修行を妨げたり、制約したり、邪魔したりするもの。「障」も「魔」も、さわり・さまたげとなるもの、という意味。「三障四魔」〔本書、137頁参照〕と同義。

＊24　「変毒為薬」の大法則――「変毒為薬」とは、毒を薬に変化させること。釈尊滅後七百年ごろに生まれたインドの大乗の論師・竜樹《りゅうじゅ》（一五〇〜二五〇ごろ）の『大智《だいち》度論《どろん》』に由来する。さまざまな煩悩や苦悩を、正しい仏法の力によって、前進のエネルギーに転換していくことをいう。

＊25　慳貪の罪――「慳貪」とは、物を惜しんで人に与えず、貪り求めて、満足を知らないこと。ここは、金品を惜しむことよりも、周囲の人々に正しい教えを伝えない罪のことをさしている。

＊26　自行化他の生活――日蓮大聖人の仏法では、自分自身が仏道修行にはげむことを「自行」といい、他者に教えを伝えて仏道に導くことを「化他」ないし「利他」という。これらの両輪がそろったときに、物事が成就されるわけである。

＊27　はじめて教壇に立ち……しみじみと感じている。――「文型応用主義」は、牧口が強く主張する、綴り方の指導法。だれもが習熟することができる、普遍的な方法として提起されている。↓補注［13］

第二節　小学校各科指導法の実験成績

一、国語科[＊28]（読み方と綴《つづ》り方の連絡）指導法の実験成績

評価基準＝教科書の模範文と同程度の文章を、解釈したり創作したりすることができなければならない、とすること。

日本における一般普通の小学校では、『小学読本』という文部省編纂《へんさん》の国語科国定教科書[＊29]が採用されている。そして、一般教師は、その各課で表現されて

いる思想内容を、理解・鑑賞させることができれば、それで良いとするのである。

しかし、それだけでは、国語教授の目的の半ばにとどまっているだけであるから、わたしたちは、一般教師の目的に満足せず、思想内容の表現法に関する知識を啓発していくことこそ[*30]、もっとも重要な目的であるとする。したがって、その目的を達成できたかどうかは、各課の文章の型体を児童の実際生活に応用し、同型異義の文章[*31]を解釈したり創作したりすることができたか否かにあるとして、次のような実験成績を挙げているのである。

＊28　国語科——一九〇〇（明治三十三）年八月、小学校令の改正および同施行規則の制定にもとづいて、従来の読書・作文・習字を「国語科」に統合。読書は「読み方」、作文は「綴り方」、習字は「書き方」に、改称されることになった。

＊29　国定教科書——一九〇三（明治三十六）年四月、小学校令および同施行規則の改正によって、教科書の国定制度が成立。翌年四月から、次第に用いられるようになっ

た。そして、〇七（同四十）年三月の小学校令改正により、〇八年四月から義務教育年限が六年に延長され、尋常小学校が六年制、高等小学校が二または三年制になったのを契機に、各教科にわたって大修正がおこなわれ、一〇（同四十三）年からは、第二次の教科書が使用されることになった。また、その後は、一八（大正七）年と三三（昭和八）年に、大幅な修正が実施されている。なお、実験証明運動が展開された時期の教科書の特徴は、児童の生活と心理を重んじて教育方法上の工夫が施されている反面、国家主義による教育の統制が強力に押し進められていたことに、求められるように思われる。

＊30　思想内容の表現法に関する知識を啓発していくこと——児童が、自分の思いや考えを、理にかなったかたちで表現し、他者の理解をうながすことができるように、文章作成能力を高めること。

＊31　同型異義の文章——構造や形体は同じであるが、表現された意味内容が異なっている文章。

成績の判定＝尋常科の第二学年より第三学年までの一学級六十五名の児童は、ことごとく、各一課の教授を終わった後には、直ちに、模範文章と同型異義の文章を、一つないし二つか三つ創作することができるようになった。

現在の日本の国語教授界においては、読み方と綴り方とが区分され、両者が有機的に関係づけられておらず、[*32] 文章の理解・鑑賞・応用という三者の間に系統的な連絡が欠如しているために、綴り方の指導に一定の方法が存在せず、文章創作能力の発揮がはなはだ不十分な状態であった。けれども、このことを怪しむ者もなく、上記の程度の成績を挙げることができるのは少数の特別優秀児童にかぎられると見なされていたから、それに比べれば、今回の実験成績は著しいものであるといっても差し支えないだろう。

＊32　読み方と綴り方とが区分され、両者が有機的に関係づけられておらず——牧口は、文章を分析的に理解・鑑賞したうえで、表現方法を習得できるようになれば、作文能力はおのずから向上する、と考えているのである。↓補注［14］

文章に表現された内容を理解・鑑賞することと、それを表現する方法を理解・鑑賞することとは、同一の対象に関する二つの側面なのであり、その一面に依拠しながら他面をも同時的に習おうとするのは不可能であることに気づかなかったのが、従来の方法の決定的な問題点であった。それゆえ、目的が判明していなかったこと、また、方法も十分に研究されてこなかったことから生じた欠陥を、見事に補うことができたのは、創価教育法にもとづいておこなったからである、と確信する。

＊33　文章に表現された……不可能であること——読み方と綴り方とは、いわば表裏一体の関係にあるけれども、一方の能力が高まれば、他方のそれも自動的に高くなるというのは、決してありえないことなのである。

しかも、このような成績は、他の研究員である三ツ矢孝《みつやたかし》・木村栄《きむらさかえ》・渡辺力《わたなべつとむ》の三氏も、その受け持ち学級において挙げている。ことに、渡辺氏は、専門分野である国文学研究の一つの新しい方面を開拓することができたとして、論文を作成し文学界に警告を与えていこうとしているほどである。

なお、そのような成績は、大正五年以後、著者が校長をつとめた東盛《とうせい》・大正《たいしょう》・三笠《みかさ》・白金《しろかね》という四つの小学校[*34]においても、同じ志を体した教師たちによって実験証明されてきたのである。

＊34　著者が校長……四つの小学校——→補注［15］

二、書き方科指導法の実験成績

評価基準＝指導教師の筆跡が上手であるか下手であるかにかかわらず、

教科書の手本の文字に極めてよく似ているほど、自力で書くことができるようにならねばならない、とすること。

日本国民が常に使用している漢字は数千あまりにのぼり、これを記憶するのと同様に、書くこともはなはだ困難であるとされているのは、欧米人の想像以上であると思われるから、『創価教育学体系』第四巻のなかで国字改良案*[35]を提出したのである。

＊35　国字改良案――これについては、『体系・第四巻』教育方法論の第二編教材論・第四章国字改良問題〔『全集・第六巻』、四〇八～四一八頁〕を参照していただきたい。
↓補注［16］

だが、それは別として、漢字の成り立ちを字形と点画《てんかく》との二つに分けて考えてみると、各文字を構成している基本点画*[36]は、おおかた、「永」の字に含まれる八種類の運筆方法*[37]に尽くされている、ということができる。ゆえに、その八つの運筆法だけを十分に練習しさえすれば、後は字形の工夫次第であるから、手本の文字に酷似する程度にまで書くことができるようになるのは、当然であるだろう。しかし、それがなかなかできないというのであれば、指導方法の工夫が必要であるに相違ない。創価教育法は、こうした理由から生み出されたものであり、とりあえず、今回の実験によって、いまだ完全であるとはいえないが、その可能性は十分に証明されたといっても差し支えない、と確信する。

＊36　**点画**――漢字を形づくる点と線。

＊37　**「永」の字に含まれる八種類の運筆方法**――「永字八法」といわれている、書法伝授の一つの方法。「永」の一字には、すべての文字に共通する八種の筆法が示されている、ということ。中国の後漢時代（二五～二二〇）に始まり、各時代の名家に受け継がれていったようである。

成績判定＝尋常科第三学年男子六十二名の一学級において、できばえがはなはだしく拙劣な者は一名もなく、すべての児童が、一般の他の学級における普通以上の成績を挙げることができた。また、優秀児童の能力を低減させたことは認められず、習字をはじめ他の学科の成績劣等な児童たちが、著しく興味をもって活動したことが見受けられた。

このことは、書き方科の研究主任である三ツ矢孝氏のみならず、有村陽三《ありむらようぞう》・木村栄の両氏も、強い自信を抱いて証明しているところである。ただし、残念ながら、基本要素の練習が不足していることと、習字用具の筆が不適当であったことにより、結果がまだまだ十分ではないけれども、それらが改良されさえすれば、立派な成績を挙げられることは、もはや疑いないと思われる。

この点については、著者が、十七年前より、東盛・大正・三笠・白金の四校において、篤志《とくし》教師たちとともに試みた実験の成績と照らし合わせて、確信している次第である。それらは、とくに習字の拙劣な教師が、その生存の必要上、かえって熱心になるためか、能筆者が指導するよりもはるかに迅速に良成績を挙げることができた事例であり、書き方の成績は受け持ち教師の巧拙に比例するという従来の信条をくつがえし、まさに、方法の価値を証明することになった、*38と信じている。しかも、その証明の内容や方法に誤りが無ければ、小学校の六年間を通じて、毎週数時間を習字の教授に配当している労力を、大いに節約して、少なくとも半減することができる、と思うのである。

＊38　それらは……方法の価値を証明することになった――これが、語り継がれてきている「骨書《ほねが》き応用主義」のことであるだろう。↓補注［17］

三、算術科指導法の実験成績

評価基準＝計算の熟練の程度と応用問題解決力の程度とを区分して考察し、とくに後者について検討した結果、現在の国定教科書において各学年別に配当されている程度の問題だけは、思考能力に特別な欠陥がある者を除いて、あらゆる児童が解決できるようになったという成果が得られなければならない、とすること。

これについては、算術科の国定教科書を使用したのであるが、応用問題を提出する順序だけは修正*[39]し、数量の関係系列の異同によって問題を分類したうえで、複雑さと変化の程度の段階を踏まえながら、各種類の問題を単純な基本的関係系列から順を追って提示することにした。また、とくに推理作用の指導*[40]に重点を置いて、数の概念の構成上の欠陥、すなわち、数の認識法の誤りを、絶えず矯正した結果は、大体次のようなものであった。

***39 応用問題を提出する順序だけは修正**——ここでは、①数量の配列が等しいものと異なるものとを分類する、および、②単純なものから複雑なものへ順を追って提示する、ということが明確化されている。

***40 推理作用の指導**——子どもたちが、すでに獲得している知識にもとづいて、自在に思考を展開していくためにおこなわれる、学習指導のこと。→補注［18］

成績判定＝尋常科第六学年男子六十名の学級において、能力が極めて劣っている五名を除くと、他の児童はことごとく、当該学年に求められている程度以上の成績を挙げたばかりか、そのうちの優秀児童は、教科書の程度以上の複雑な問題まで解答したのを、確認することができた。

わが国の教育界では、小学校のみならず中等程度の学校においても、児童・生徒の優劣の差異がもっとも明瞭に表れるのは算術科であるとされていて、このことは、その学科の性質上、どうにもならないものだとあきらめられている。それゆえ、上級学校への入学試験のときにも、この科の成績をとくに重視する傾向があり、一般的には、それが、受験生の能力の優劣を判定するための、標準学科に位置づけられているのである。

しかしながら、二も二十も二百も二千も、はたまた二万も二億も、その性質についてはちがいがないので、二十以下の基本的な数の概念を構成する仕方に欠陥がなければ、どれほど大量の数でも、理解・計算には差し支えないはずである。また、そうであるとすれば、すでに記したように、書き方においては八種の基本点画《てんかく》の組み合わせによってたくさんの文字ができあがるのと同様に、どんな数でも容易に処理することができるようになるであろう。

そこで、この指導法が計算問題について用いられるなら、後の応用問題の指導は、国語教授における文章型体の指導と同様にならねばならないように思われる。つまり、算術における応用問題の解答力の多少は、文章型体の解釈力にほかならないことになるので、綴《つづ》り方の指導法における同類文型の解釈および創作の道程は、その実《じつ》、算術科の応用問題の解釈道程にならうべきものなのである。[*41]

＊41　**綴り方の指導法……ならうべきものなのである。**――いわゆる文型応用主義にもとづいた綴り方の指導は、算術における推理作用の指導とほとんど同じようなものになる、ということか。

だから、書き方の指導にあたっては基本点画《てんかく》と文字の形とを区別したのと同じように、算術科の指導の際には、応用問題の数字を簡単化することと、数の関係系列の異同を分類することとに重点を置いて、右の成績を挙げるまでになったということについては、少しも疑いを差し挟む余地はないだろう。もしも、この指導法が広く採用されるようになれば、現在の教科書の程度は、少なくとも今までの半分の歳月で指導することができる、と信じている。

四、地理科指導法の実験成績

評価基準＝国定教科書『小学地理』の内容を十分に理解し、所期の目的である国民としての社会的生活の意識を明確化させるためには、教科書に記載された事項の分布を地図上に表現することができる[*42]とともに、日常生活のなかで接する各種の対象の価値判定を、正確におこなえるようにならねばならない[*43]こととする。

＊42　教科書に記載された事項の分布を地図上に表現することができる――牧口は、かねてから、地理教授に際しては、教科書よりも地図を本体とせよ、と主張しているのである。　→補注［19］

＊43　日常生活のなかで接する各種の対象の価値判定を、正確におこなえるように——
牧口は、『体系・第二巻』の第三編価値論・第一章緒論＝価値と教育のなかで、「人生は、つまるところ、価値創造の過程である。ゆえに、教育活動は価値創造の指導でなければならぬ」〔『全集・第五巻』、二一四頁参照〕と述べている。生きることと、評価する・創価するは、切っても切れないからである。

思うに、地理科の使命は、わたしたち国民が、国際的な生活の一単位である日本という国のなかで、生命と財産を擁護されながら、幸福生活を成し遂げようとしていることを、子どもたちにしっかりと意識させることにある。そして、このことを意識しなければ、おたがいに孤立して妄動し、自他ともに不幸に陥ってしまうという弊害を除去して、積極的貢献の社会的生活[＊44]にまで導いていくために、社会の空間的連帯性を生活対象によって説明[＊45]していこうとするのである。

＊44　積極的貢献の社会的生活——『体系・第一巻』の第二編教育目的論・第四章生活様式論では、「超自覚的公我の生活」が「授力の生活」であり「貢献的生活」であると

されている〔『全集・第五巻』、一八五頁参照〕。

＊45　社会の空間的連帯性を生活対象によって説明――牧口は、『地理教授の方法及内容の研究』（一九一六年九月）の第二編目的論・第十章科学としての地理と教科としての地理の末尾において、「人類の生活を主題とし、それと地表との関係現象を内容とする人生地理学こそ、被教育者の生活を完全なものにしていこうとする教育の一手段である学校地理教科の主要な領分と、一致すべきものである。」〔『全集・第四巻』、一〇九頁参照〕と述べている。

ゆえに、この目的を達成する指導法については、所定の教科書の理解と応用とに手ぬかりが生じないことが必要とされている。そのためには、何よりもまず、郷土と名づけられる身近な生活環境の直観[*46]を指導して、家庭・学校・町村などの小団体における内外の生活関係についての認識および評価をうながしていくことが、大切になってくるのである。そして、子どもたちが、これを基礎としながら、国家ならびに国際社会という大団体の生活関係を理解することによって、その結果を再び身近な日常の社会生活に応用し、生活の仕方を絶えず更新していけるように、[*47] 指導がなされなければならない。

＊46 郷土と名づけられる身近な生活環境を直観——牧口は、『人生地理学』（一九〇三年十月）の緒論・第二章観察の基点としての郷土のなかで、郷土を直観することによって、世界への視野が開けてくる、といっている〔『全集・第一巻』、二五〜二六頁参照〕。

＊47 生活の仕方を絶えず更新していけるように——牧口は、生涯学習・生涯発達にいそしむ人々を、創価教育法によって育成しようとしていたのではなかろうか。

それなのに、従来の指導法は、いたずらに羅列された記載事項をやたらと暗唱させることに力を注いでいるために、児童・生徒たちがもっとも嫌がり、何の興味も感じない教科になっている。そのありさまを見ていると、とても耐え忍ぶことができないので、全体的な改良を企ててみたのが、本指導法の趣旨なのである。しかし、根底が深く、規模が大きいだけ、十分な効果を挙げるのは非常に困難であり、それ相応の多くの年月を要するにちがいない。したがって、有村陽三氏が、わずか二年以内に、左記のような好成績を挙げて、東京市小学校の地理科教授法に一大革新をうながしていることは、特筆しても差し支えない、と信じている。

成績判定＝尋常科の第五学年より第六学年に進んだ女子六十名の一学級を、地理科のみの補助として受け持ち、すべての児童が前記の基準を達成するという成績を挙げ、他の学級および付近の他学校における同科の成績と比べて著しい特色を示したことが、荏原《えばら》区内[*48]の驚異であると評判されるようになった。

***48 荏原区内**——当時の東京市三十五区の一つ。現在は品川区の一部になっている。

著者は、十九年前、東京市大正小学校長時代に、*[49]故沢柳政太郎《さわやなぎまさたろう》*[50]文学博士（当時は帝国教育会の会長）が主宰する「教育教授研究会」*[51]の求めに応じて、みずから同校で実際の授業をおこなったことがある。*[52]終了後、参列した教育学者および教育実際家の批評を仰いだところ、博士は、十数年間にわたって全国の多くの学校を参観してきたが、いまだかつてこのような会心の教授を見たことがない、と激賞。しかも、このことが当時の雑誌『普通教育』*[53]（大正七年六月号）に掲載されたので、有村氏の事例と呼応して、本指導法の価値が証明された、と確信する。また、当時、博士が、すぐれた授業は著者の地理学研究の深さによるものであると断定し、青年教師たちによりいっそうの研鑽を奨励したのは、一応の真理であるかもしれないが、わたし自身は、それよりも、むしろ、指導の方法に原因があるとの再考をうながして、賛同を博したことを記憶しているのである。

***49** **東京市大正小学校長時代**――一九一六（大正五）年九月から一九一九（同八）年十二月まで。牧口は、一六年五月に大正尋常小学校の初代校長に任命されているが、同校が開校したのは九月である。

***50** **沢柳政太郎**――教育者、教育行政家、教育学者（一八六五～一九二七）。↓補注［20］

***51** **「教育教授研究会」**――教育学者や小学校教員を中心として発足。沢柳政太郎が会長。一九一〇（明治四十三）年二月の第一回研究会から、ほぼ毎月開催されている。牧口は、東盛尋常小学校長であった一五（大正四）年ごろから出席していたようである〔前掲、『評伝 牧口常三郎』、二一三～二一六頁・二二五～二二七頁参照〕。

***52** **みずから同校で実際の授業をおこなった**――牧口は、一九一八（大正七）年五月十一日の「教育教授研究会」月例会において、「地理教授の革新」というテーマで、「台湾の地理」に関する模範授業と講演をおこなっている。↓補注［21］

***53** **『普通教育』**――普通教育社が編集し、啓成社が発行した、小学校教員向けの月刊教育雑誌。教授法、教材研究に関する論文・記事を中心に掲載。一九一〇（明治四十三）年九月に第三種郵便物の認可を受けている。ただし、一九一八（大正七）年六月号の内容については不明。

五、手工科指導法の実験成績

評価基準＝目的を明確に定めた計画的生活は、価値創造作用にほかならない。[*54] したがって、そのために必要な物資・材料の性質に応じ、または、それらを利用して、創価作用を営ませるためには、浅くても広く、各種の材料に応じた創造能力を養うとともに、狭くても深く、得意な一材料については、熟練を積むことによって、職業決定の基礎とさせる必要がある。ゆえに、本科においては、この両方面の指導をおこない、一般の学級ないし学校に比べて、どれほど改良・進歩の成績を現すことができるかに、着目することにした。

成績判定＝麻布高等小学校第一・第二学年の児童約五百名（約五十名ごと

の十学級）は、商業と手工に分かれて学習することになっている。そこで、以上のような評価基準を設定したところ、そのうちの、林《はやし》幸《こう》四《し》郎《ろう》氏が受け持った、手工専修の児童二百五十名は、すべて、一様に器械製作用の平面図および断面図を見事に書き上げただけでなく、各々が得意としている一ないし二種類の模型品もしくは実用品を製作し、保護者を大いに喜ばせている。また、そのなかの優秀な者は、この種の中等学校程度の成績品を仕上げて、秋月左都夫翁などの参観者たちを驚嘆させ、東京市高等小学校の手工成績品展覧会においては、最優秀であるとの賞賛をも得ることができたという。本実験の担当者である林氏が、去る四月、兵庫県淡路高等女学校の教諭に栄転したことは、この指導法の価値を傍証しているのである。

＊54　目的を明確に定めた計画的生活は、価値創造作用にほかならない。――牧口は、『体系・第四巻』教育方法論の第三編教育技術論・第二章教育技術鑑賞論のなかで、被教育者の創価作用は、目的が明確になり、計画的な手段を選んではじめて、進行するようになる、と述べている〔『全集・第六巻』、四五七頁参照〕。

六、唱歌科指導方法の実験成績

唱歌が音声を材料として組み立てられた製作品であることは、他の材料によって組み立てられた他教科の創作品と、性質上のちがいはない。そうであるから、書き方では、「永字八法」の基本点画《てんかく》を応用して一切の漢字を作るように、唱歌科においても、基本音程の練習を十分におこない、その表現法を会得して、これをあらゆる歌詞に応用することにより、東京市内の他の小学校では見ることのできないほどの成績を挙げて、実験証明を成し遂げているのである。

七、修身道徳、および、その他の教科について

わたしたちが企てた事業は、小規模な個人的研究であるし、いまだにそのための実験所[*55]を持つことができないので、今回おこなった実験証明の範囲が以上の数教科に制限されてしまうのは、遺憾ながら、やむをえないところなのである。しかし、その他の教科の可能性はどうかといえば、どれも等しく人間の知能の啓発を目的とする[*56]という意味において本質的にはちがいがないので、もはや疑うべきではない、と信じている。

＊55　そのための実験所――牧口は、『体系・第三巻』の第四編教育改造論・第六章（乙）国立教育研究所論のなかで、将来において国立教育研究所が設置されるときには、「創価教育学の実験証明所」、すなわち、「創価教育学の実験証明をなす目的の附属小学校」を附設すべきである、と主張する〔『全集・第六巻』、一三五頁参照〕。

＊56　どれも等しく人間の知能の啓発を目的とする――知的な能力の啓発・開発こそが教育法の眼目である、と牧口は洞察する。そして、彼は、従来の「知・徳・体」の三育並立概念は不合理であると放棄して、体育的に知育し、知育的に体育する、「二育

並行論」を新たに打ち立てているのである。↓補注〔22〕

ただし、全人格の価値を創造する修身道徳科*57にかぎり、全般的になればなるほど、前記の部分的な生活指導の実験のみでは、やはり、大いに不安が残るだろう。だが、それについても、必ずや、本書の第四章の論証によって、諒解が得られるに相違ない。なぜなら、論より証拠というように、この科の指導についても自信を持つことができる教師を、少数ながら、養成することができたからである。

*57 **修身道徳科**――牧口が、「修身科」ではなく「修身道徳科」と記したのは、なぜなのか。実際、彼は、「道徳教育」〔本書、11頁〕、あるいは、「道徳教導論」〔本書、163頁〕という語を、用いているのである。↓補注〔23〕

これは、決して手品でも何でもないが、いずれにせよ、どの教師も数年前とは人格を一変させているのである。わたしが、このような確信を、恐れることなく、世界に向かって高言するのと同じように、彼らもそれ相応の堅固な信念を体していることは、少し試してみると、直ちにわかるように思われる。それが、まさしく、「即身成仏」*[58]の実例なのである。

＊58「**即身成仏**」――「一生成仏」ともいう。衆生が、一生のうちに、その身のままで、仏の境涯にいたること。法華経では、十界互具・一念三千の法理が説かれ、凡夫の身にもともとそなわっている仏界を、直ちに開き現して成仏できる、と明かされた。

とはいえ、それは、驚異するほどの特例ではない。もしも、子どもに対する親の心になって、どんな人にも接することができるなら、もはや、仏の境涯と同様な最高幸福の生活なのではなかろうか。そして、仏といっても、人間とは別の存在であると思うのは大まちがいで、主・師・親の三徳*[59]を備えた人物のことであり、それが、だれでもの理想でありながら、なかなか実現できないのは、指導法の不足によっているからである。仏のような親心は、純真な子心になることができれば、だれにでも、容易に現出することが可能なのである。

＊59　主・師・親の三徳——一切衆生が尊敬すべき主徳・師徳・親徳のこと。人々を守り（主）、導き教化し（師）、育て慈しむ（親）、力やはたらきをさす。ちなみに、日蓮大聖人は、「開目抄《かいもくしょう》」のなかで、「日蓮は日本国の諸人《しょにん》にしゅうし《主師親》父母なり。」〔『御書新版』一二一頁、『御書全集』二三七頁参照〕と述べ、自身が末法の御本仏であることを明かしている。このことについては、第六章の第三節と第四節を参照していただきたい。

第三節　教師に対する指導上の実験成績

不十分ではあるが、小学校の諸教科における学習生活の指導について、前節のような記録を成し遂げたことは、教師に対する学習生活指導法の指導、すなわち、師範教育＊60の方法に関しても、一つの参考資料として提供できるだけの価値を有するものであるといって良い、と信じている。

＊60　教師に対する学習生活指導法の指導、すなわち、師範教育——教員養成は、人間

を対象とする最高級の創価事業である、とされている〔本書、142頁参照〕。

日本においては、明治初年から七十年間にわたって、おおよそ三十万の小学校教師*[61]が、教育の経験および研究を積み重ねてきたにもかかわらず、今もなお、最低の能率しか挙げられない方法に安んじていて、たまたまわたしたちのような提案があったとしても、一顧すらしないというのが、実情なのである。それゆえ、たとえ秋月左都夫翁が奨励してくれているにせよ、目の前の教員生活にとって直接的な価値がもたらされることもなく、かえって同僚などが嘲笑《ちょうしょう》・反対さえするのに、青年教育者たちが、これを耐え忍んで、一年あまりにわたる研究を特別におこない、ことに、無名であり軽蔑《けいべつ》の的にさえなっている著者のような人間のことばを信用して、それを忠実に実行し、ここまでこぎつけることができたのは、それだけでも、すでに身をもって教育改良の可能性を実証し、師範教育改革のうえに一つの目標を暗示しているのではなかろうか。しかも、それは、単に無力であるわたしのような人物が原因を作り出したからではなく、もっと深い理由があること[*62]を示唆しているのである。

＊61　おおよそ三十万の小学校教師――『日本近代教育史事典』（平凡社、一九七一年十二月）によれば、一九三五（昭和十）年の時点で、小学校数は二万五千七百九十九、教員数は二十五万七千六百九十一であった。

＊62　もっと深い理由がある――これは、おそらく、創価教育法が日蓮大聖人の仏法を根本とすることによってはじめて、完成の域に達したことを意味しているように思われる。　↓補注〔24〕

したがって、このたび実験証明された成績は、第四章・第一節で提示している「生活目的観進展の段階」[*63]における無上・最大の目的を意識するとともに、それに向かって汲々《きゅうきゅう》として努力せざるをえず、そのためには、自行《じぎょう》と化他《けた》とを並行しなければならないことを理解し、このことを信じて精進してきた結果にほかならない。このことは、担当した青年諸氏が進んで告白しているところであり、彼らは、それが、善につけ悪につけ、今後の一生においても、因果の法則を証明した標本であることを、自覚していくにちがいない。

＊63　汲々として——まったく余裕がないありさま。または、ゆとりがなくなるほど、強く詰め込んだり、押し込んだりする様子。ただし、ここでは、休みを返上してまでというような、前向きな姿勢をさしているようである。

ところが、このことこそ、まさに、世界の教育界が等しく渇望している善良教師の資格であるとされ、師範教育の中心問題となっているのに、事態は、依然として、暗中模索の状況を脱することができないままなのである。それでも、少数ではあるが、たまたまそうした善良教師が実際に現れて、指導主義の教育法の普遍妥当性[＊64]が証明されたのであれば、世界における教師養成に対して、一大光明を与えることになるのではなかろうか。なぜかといえば、教師の養成については、現在においても相変わらず、教育材料として役立つだけの知識の注入を本体とする、昔ながらの古いやり方[＊65]を踏襲しているばかりで、それ以上はほとんど何も考えられてはいないようであるからだ。（第三章・第二節教師の選

択条件を参照〕

＊64　普遍妥当性——どのような場合に当てはめてみても、必然的に同じように通用する、ということ。いわば、「百発百中」〔本書、11頁〕であること。

＊65　知識の注入を本体とする、昔ながらの古いやり方——牧口教育学の主たるねらいの一つは、旧態依然とした知識の詰め込み主義を打破することにあった、といって良い〔『全集・第六巻』、三四一頁参照〕。　↓補注〔25〕

第四節　支援者によって証明されたこの事業の価値

わたしたちがおこなった微々たる事業は、教育専門家でさえ一顧もせず、ややもすれば、かえって反感を抱いてしまうかもしれない。しかしながら、秋月左都夫氏および古島一雄氏のような、教育に直接的な関係のない政治家が、意外なほど熱烈に関心を寄せて、繁忙な用務を繰り合わせ、精神面での間接的な援助だけではなく、研究奨励費用をも投じて乗り出し、青年教師たちの報告を聴いて批判を加え、彼らを激励し支援して、上記の成績を挙げさせるまでにいたったことは、社会改良の根底を教育改革に求めていこうとする人士にとって、驚嘆に値するところなのである。ゆえに、そのことをここに特記しても、誇張した吹聴《ふいちょう》ではない、と信じている。

一九三〇（昭和五）年の春ごろ、著者が創価教育学の大綱をはじめて発表するやいなや、古島氏は、その内容を、直ちに、異体同心の関係にあった犬養《いぬかい》毅《つよし》氏[*66]に紹介されている。だから、同年十一月に出版された『創価教育学体系』第一巻の冒頭に、犬養氏の賛意を表する題辞[*67]が寄せられているのは、古島氏のなみなみならぬ尽力のおかげなのである。

＊66　犬養毅――備中（岡山県西部）出身の政治家（一八五五～一九三二）。二十一歳で上京し、慶應義塾や二松学舎などで学ぶ。一八八一（明治十四）年ごろから大隈重信の陣営に加わり、翌年の立憲改進党結成に参加。その後、東京府会議員を経て、一八九〇（同二十三）年におこなわれた第一回総選挙以来、代議士として活躍。一九二九（昭和四）年に立憲政友会総裁。三〇（同五）年春ごろに結成された「創価教育学支

援会」の筆頭者。三一（同六）年十二月十三日に戦前最後の政党内閣の総理大臣となるが、翌年の五・一五事件で死去。

***67　犬養氏の賛意を表する題辞**――　↓補注［26］

また、犬養内閣の文部大臣に就任した鳩山一郎《はとやまいちろう》氏*68が、まずは師範教育の改革から着手しようとしたのも、犬養首相の教育政策*69には深い根底があったことを、如実に示しているように思われる。このことは、三二（同七）年三月ごろ、『創価教育学体系』第三巻の出版予定が発表されたときにも、犬養氏が再び著者に賛意を寄せられているので、容易に推察できるだろう。それなのに、不幸にも、氏がその二ヵ月後の五月十五日に不慮の災難に倒れられたのは、教育改革のためにも真に惜しむべきことであった。

***68　鳩山一郎**――大正・昭和期の政治家（一八八三～一九五九）。出身は東京。一九〇七（明治四十）年に東京帝大卒業後、弁護士。一五（大正四）年から立憲政友会の代議士。「創価教育学支援会」の中心者の一人（当時、政友会総務）。戦後は、日

本自由党・日本民主党・自由民主党の総裁。五四（昭和二十九）～五六（同三十一）年には内閣総理大臣をつとめた。

＊69　犬養首相の教育政策――このことについては、『体系・第三巻』の第四編教育改造論・第一章教育改造政策の要諦のなかで、若干論及されている〔『全集・第六巻』、二二五頁参照〕。

ところで、創価教育学会の事業と秋月・古島の両氏との関係が以上のようなかたちで築き上げられてきたのは、少なくとも次の二条件が合致したことによっている。

一、目的観が遠大であること。

二、遠大な目的を達成するための改良意見が根本的であること。

そして、この点については、田辺寿利《たなべすけとし》＊70・故新渡戸稲造《にとべいなぞう》博士＊71・柳田国男《やなぎたくにお》の三氏＊72も、同様である。『創価教育学体系』第一巻の冒頭における三氏の序文は、いずれも、単なるお世辞ではないのである。

＊70　田辺寿利――社会学者（一八九四〜一九六二）。→補注［27］

＊71　新渡戸稲造――農業経済学者、教育者（一八六二〜一九三三）。→補注［28］

＊72　柳田国男――日本民俗学の開拓者（一八七五〜一九六二）。→補注［29］

なお、これらの方々との関係は、単に著者一個人の偶然的な力によるのではなく、容易に推し量ることのできない深遠な力にもとづいた結果であることを[＊73]、打ち明けておくことにしよう。それについては、二条件そのものが直ちに物語っているのであり、読者各位のことさらなる注意を煩わすに足るものである、と信じている。

＊73　容易に推し量ることのできない深遠な力にもとづいた結果――これは、なかなか出会えないひとかどの人物たちと知己の関係にいたったことを、心から感謝していることばであるように思われる。また、それは、日蓮仏法の功力《くりき》を示唆しているのではなかろうか。

第五節　教師以外の生活法革新の証明

本章・第二節で述べたような優良教師を養成するために必要とされる指導の方法の価値を補助的に証明しているものとして、以下の三つの事例を記しておくことも無益ではない、と思っている。

その第一は、中国東北部（旧満州）の吉林省《きつりん》鏡泊《きょうはく》湖畔に移住して開墾をおこない、理想郷を建設しようとしている、鏡泊学園[*74]三十六名の団体生活なのである。二年前の春、その中心者であった西津袈裟実《にしづけさみ》氏[*75]が、古くからの親友としてのよしみにより、有村陽三氏のお宅に宿泊した際に、大変驚いて、「半年ぶりに帰京し会談してみると、君は、健康においても言動においても、一変した感がある。家族団欒《だんらん》の朗らかさが、とくにそうだ。いったい、これは、何の理由か。」というのである。そこで、有村氏は、「心ひそかに生活の一新を喜んでいるところであるが、まさか君が異様に感じるまでになっているとは思わなかった。実をいえば、これまでの生活に加わった、一つの事情がある。それは、創価教育学の根拠たる『価値論』*[76]である。」と答えて、その大体を紹介し、真・善・美という従来の哲学の生活原理を、利・善・美に改めることを勧めた。すると、西津氏は、それまでの冒険的な生活が思うように進展しなかったことを煩悶《はんもん》していたので、その話を聞いて何かを悟ったのか、たちまちのうちに共鳴し、翌日からこれを応用して、政治的・行政的・経済的な関係方面との折衝を試みると、効果が著しく表れてくるので、自信と勇気とを回復できたことを喜び、毎晩帰ってきては、その日の報告だけでなく、さらに深く質問すること、深更まで数夜に及んだのであった。

＊74　**鏡泊学園**――旧満州国の鏡泊湖畔に創立された、青年農業移民の育成を主目的とする二ヵ年の学校。入学資格は、東京の国士舘高等拓殖学校にて予備訓練を受けることとされていた。ただし、一九三三（昭和八）年四月に開校したが、三六（同十一）年三月には閉校となり、実働期間はわずか三年間であった。

＊75　**西津袈裟実**――もとは、国士舘高等拓殖学校の関係者であったようである。

＊76 『価値論』——牧口は、『体系・第二巻』の第三編価値論のなかで、認識と評価に関する考察から、真理と価値とは異質なものであることを知ったので、従来の哲学界においてほとんど自明の理として信じられてきた「真・善・美」の価値体系を打破して、それに代わる「利・善・美」の新体系を樹立したのである〔『全集・第五巻』、二二二頁参照〕。

もしも、はじめから法華経の話を出していたら、評価と認識とを混交し[＊77]、きちんと聞かないうちに、きっと怨嫉《おんしつ》・軽蔑《けいべつ》して回避するであろうという、これまでの苦しい経験から、当面のところは、ことさらに差し控えていたのであった。だが、そこまでくると、機が熟したようであるから、わたし自身も有村氏に協力し、ともに、価値論の根本である法華経の肝心、一切経の眼目にあたる「南無妙法蓮華経」の三大秘法[＊78]にもとづいて、指導したのである。そうすると、幸いにも、西津氏は、純真な心で日蓮大聖人の仏法に帰依し、経文に説かれているとおりに種々の現証[＊79]がさっそく起こったことから、いよいよ信仰を深めるようになった。そして、氏は、まずもって団体の半数の人々を信仰に導き、それらの同志とともに生活法を更新し、今や、とてつもない歓喜と何物をも恐れない心を体して奮励・努力しながら、必ず模範郷を実現しようといそしんでいるのである。

＊77　評価と認識とを混交――法華経の話は、一般的な「認識」の問題ではなく、「評価」の問題に直接つながっているからである、と思われる。→補注〔30〕

＊78　「南無妙法蓮華経」の三大秘法――「南無妙法蓮華経」を成仏の根本法とする、本門の本尊・本門の戒壇・本門の題目のこと。日蓮大聖人が、末法の一切衆生を救うために、歴史上はじめて明確に説いた、出世の本懐の法門。三大秘法の「南無妙法蓮華経」という場合もある。

＊79　現証――宗教批判の原理である「三証」（文証・理証・現証）の一つ。実際に顕《あらわ》された証拠のこと。日蓮大聖人は、「三三蔵祈雨事《さんさんぞうきうのこと》」のなかで、「日蓮、仏法をこころ《試》みるに、道理と証文《しょうもん》とにはすぎ《過》ず。また道理・証文よりも現証《げんしょう》にはすぎず。」〔『御書新版』一九四一頁、『御書全集』一四六八頁参照〕と述べているし、「教行証御書《きょうぎょうしょうごしょ》」では、「一切《いっさい》は現証にはしかず。」〔『御書新版』一六七二頁、『御書全集』一二七九頁参照〕と断言している。

第二は、マルクス主義の社会革命に傾倒した者として五年前に検挙された、長野県の青年教師百余名中の十余名が、生活の仕方を根本的に転換した、*[80]という実証である。これは、第一の場合と類似した因縁《いんねん》により、創価教育の根拠である法華経の信仰*[81]に入って、真実の全体観*[82]に到達した結果、マルキシズムの部分的な階級対立観や観念論的で非現実的な全体観の理想*[83]に取って代わって、最大の全体観にもとづいた円満・無障礙《むしょうげ》*[84]の日々を送ることができるようになり、以前にもまさる着実・勇健な生き方が可能になったことをさしている。この種の人生の転換は、強制的にではなく自発能動的に、明朗・闊達《かったつ》な生活にまで導かれるものであるから、現在のいかなる宗教でも哲学でもほとんど不可能であるとされているなかで、大いに研究の価値があるだろう。

＊80　マルクス主義……生活の仕方を根本的に転換した——長野県下で、一九三三（昭和八）年二月から四月にかけて、マルクス主義を信奉する百三十八人の青年教師が一斉に検挙されている（いわゆる「長野県教員赤化事件」）。牧口は、そのなかの十数人

と、人間の生き方について徹底的に話し合い、人生の根本に正しい宗教が必要であることを訴えて、日蓮仏法に導いているのである。

＊81 **創価教育の根拠である法華経の信仰**――もちろん、日蓮大聖人の仏法のこと。牧口は、『体系梗概』の「結語＝法華経と創価教育」のなかで、「創価教育学の思想体系の根底が、法華経の肝心にあると断言しうるにいたった」〔『全集・第八巻』、四一〇頁参照〕と述べている。

＊82 **真実の全体観**――これは、「真の全体主義的生活」〔本書、129頁〕および「真の全体主義」〔本書、189頁〕と、同義であるように思われる。→補注〔31〕

＊83 **マルキシズムの部分的な階級対立観や観念論的で非現実的な全体観の理想**――牧口は、制度・機構をどのように改編しても、その根底となる人間性それ自体が変革されなければ、結局は何も変わらないし、かえって悪化することになる、と洞察していたのではなかろうか。

＊84 **円満・無障礙**――日蓮大聖人の仏法では、何も欠けることがなく、大事なもののすべてをそなえ、「煩悩・業・苦」の三道に左右されることのない、自在な境地をさしている。

第三は、時習学館の教師および株式会社日本小学館*[85]の社員で構成されている青年実業者の一団が、法華経にもとづく創価教育学を応用し、三十余名の社員を指導して、創価生活を実証していることである。依拠したのは価値論であり、その根本が仏教の極意*[86]の信仰にほかならない。ゆえに、正邪・善悪の判定標準が明確になり、それが集団的共同生活にとってはもっとも大切なことであるから、日常生活に表れる宗教上の因果の法則が比較的顕著に見えてくるのである。しかも、相互の批判および研究上に便宜が得られ、ことに未信仰の共同者との比較・対照にも役立つから、指導のうえに好都合で、教師指導法の一助として大いに役割を果たしている。なぜかというと、生活指導主義の方法としては、教師も実業も、活動の方面こそ異なっているとはいえ、価値創造の性質において少しもちがいがないからである。また、このほか、実業家のなかに、価値論の研究から家庭の宗教革命*[87]を成し遂げ、人格価値*[88]に大飛躍を実現している者が百人以上にのぼり、いずれも創価教育法*[89]の証明を助けていることは、現在の世相においては見逃してはならないところではなかろうか。

＊85　**株式会社日本小学館**——戸田が、一九二九（昭和四）年に立ち上げた城文堂を、一九三四（昭和九）年に改称して設立した出版社。事務所は時習学館内に置かれていた。

＊86　**仏教の極意**——日蓮大聖人の仏法、すなわち、「南無妙法蓮華経」のこと。

＊87　**家庭の宗教革命**——日蓮大聖人の仏法に、一家そろって帰依すること。

＊88　**人格価値**——「人格価値」ないし「人格の価値」は、創価教育学の鍵概念の一つ。それは、いわば、各人各様の社会的評価、社会的な存在価値を意味している。詳しくは、『体系・第二巻』の第三編価値論・第六章人格価値〔『全集・第五巻』、三七二〜三八九頁〕を参照。　↓補注〔32〕

＊89　**創価教育法**——これこそ、まさしく、「生活指導主義の方法」なのであり、「生活指導主義の教育法」〔本書、114頁〕とほとんど同義であるように思われる。

第六節　本書がみずから証明している本研究の価値

この事業が取り組んでいる問題は極めて遠大であり、計画はとても複雑・膨大なのに、提出者がまことに微小・貧弱であるから、議論や説明などでは一顧もうながすことができないままになっている。とくに、日本の社会においては、少なくとも文部大臣以上の遠大な目的観を有する者でなければ、もたらされる影響の広大さに驚いて、だれでも躊躇《ちゅうちょ》するであろう。それにもかかわらず、古島一雄・秋月左都夫の両氏のような人物からの援助が得られたのは、名利《みょうり》を超越した意味で、本事業の価値の証明に大きな役割を果たしていることを、忌憚《きたん》なく特記するのは、徒労ではないと信じている。

ことに、長い間、欧州で外交家として活躍された秋月氏が、世界的な見識にもとづいて、小学校の教育に並外れた関心を抱き、現在の国家および世界の険悪状態に照らして、将来の国民と世界人類との幸福を深く慮《おもんぱか》り、政治・経済などの根本的な改造の基礎として教育制度の改革を実施するには、教育年限の伸縮というような区々*[90]とした問題のみならず、教育の方法・内容の研究にまで根深くせざるをえないことを洞察され、わたしの研究に同情を寄せられて、青年教育者たちの実験証明運動を補助し、ここに結果を直観させ、価値判定にまでいたらしめられたことは、教育社会や政治圏内に跼蹐《きょくせき》する者*[91]には、とうてい思い切っておこないえないところなのである。よって、わずかばかりであると謙《けん》遜《そん》されるかもしれないが、秋月氏の誠意をここで率直に告白するのは、単に感謝を表明するだけにとどまってはならないと思っているからである。

＊90　区々——まちまちであること。小さくてつまらないこと。

＊91　跼蹐——「跼」は、身体を縮めて低い姿勢をとる。「蹐」は、音を立てないようにそろそろ歩く。つまり、肩身が狭く、恐怖におびえ、社会に遠慮しながら生活する、ということ。「跼天蹐地《きょくてんせきち》」の略。出典は『詩経』。

第七節　教育作用の力が及ぶ範囲について

以上の成績は少しも誇張したものではない、と信じている。だから、必要があれば、いつでも、同程度の成績を再び挙げることができるという自信を、各実験担当者は持っているのである。したがって、どのような人でも、同一の原因を作ることができれば、同程度の結果を実証することが可能である、と確信する。その普遍妥当性が欠如していれば、科学的証明といえるはずがないのである。

ただし、このたびの実験証明は、上記の六つの教科にとどまっているとはいえ、等しい性質の創価事業*92であるかぎり、共通の因果法則がわかりさえすれば、これを適用することにより、他の教科にも実験証明ができないことはないと信じて、差し支えないだろう。もっとも、六つの各々の教科は生活の派生的分業*93を表すものでしかないから、全人格の価値を創造する修身道徳の教育にはどうであろうかとの疑問は、依然として残ってしまうかもしれない。だが、すでに分業的各教科において証明された以上は、それらのすべてを総合する全人格の創価事業にも通じないわけがないということも、信じられるように思われる。

＊92　創価事業――価値の創造にかかわる事業のこと。それは、六段階に分類されている〔本書、140〜142頁参照〕。

＊93　生活の派生的分業――「派生的」とは、他から別れ出たもの。または、部分的なもの。したがって、ここは、さまざまな領域における生活のことをさしている。

また、今回の実験証明をおこなったのはわずか数人に過ぎないけれども、たった一年あまりの研究によって、それだけの成績を表し、自信を獲得するまでになったので、同一の条件が備われば、他のどのような教師にもできる、と確信する。そうであるなら、その条件は何かというと、それは、決してむずかしいことではない。とにかく、正しい指導の方法と、その根拠となるものを信じるだけの純真さ[*94]があれば、それで十分なのである。

＊94　その根拠となるものを信じるだけの純真さ――このことが、後に出てくる「正直」の実質にほかならない〔本書、119～121頁参照〕。

それゆえ、以上の率直な成績発表によって期待することができる教育可能性の限界を、[*95] 次のように推定することも、あえて誇張した断定ではない、と信じている。なぜなら、どのような人にも実現可能性を暗示してくれる、具体的な目的を表現した模範（手本）を選定することができるのなら、通常の能力者であれば、手本の程度に達するまでは指導することができなければならないからである。

＊95　教育可能性の限界――教育作用の力が実際に及ぶ範囲のこと。

一、目的と方法とによって成り立った学習生活の仕方を、被教育者に理解させ、自分自身の力で価値の創造に進行し、到達させようとするのが、指導主義の創価教育法である。ゆえに、それは、どのような方面の目的を志向していても、また、どんな教科の場合にも、共通して役立つことになる。しかも、その可能率は、少なくとも、現在に比して倍増するのである。*[96]

二、指導主義の創価教育法*[97]が、派生的分業の生活において可能であれば、全般的生活を目標として全人格の価値を創造する修身道徳の生活にも当然可能であることが、信じられなければならない。

三、指導主義の創価教育法によれば、各教科の場合と同様に、被教育者の各個人については、知能に特別な問題がないかぎり、どのような者でも、手本の程度までは到達することができるし、特別優秀な者は、手本以上にも、また、指導者の力量以上にも、達することができて当然であるだろう。だから、それは、「青は藍《あい》より出《い》でて藍より青し」*[98]という諺《ことわざ》にもとづいて、出藍《しゅつらん》的教育法*[99]ということができる。

四、被教育者においてそうである以上、これを指導する教育者に対しても、指導主義の創価教育法が可能であるのは、いうまでもないことである。

五、被教育者および教育者の生活に共通する指導が可能であるのなら、他のどのような生活法においても不可能であるわけがないので、創価教育法は人類の生活の指導法[*100]であるといって良い。なぜかといえば、それは、まさしく、同一の結果を得るためには同一の原因を作り出せば良いという、因果の法則に従っておこなわれる、指導主義の教育法にほかならないからである。

***96 その可能率は、少なくとも、現在に比して倍増するのである。**——牧口は、『体系・第一巻』の緒言において、「教育力（教授力・学習力・経費・時間など）は、少なくとも半減されるはず、と信ずる。」〔『全集・第五巻』、五頁参照〕と述べている。

***97 指導主義の創価教育法**——これは、「指導主義の教育法」と、ほとんど同義に用いられている〔本書、28頁参照〕。

***98 「青は藍より出でて藍より青し」**——『荀子』の勧学の文。「出藍の誉れ」という故事成語は、この文によっている。↓補注〔33〕

***99 出藍的教育法**——被教育者（学習者）が、教育者よりも、大きくてすぐれた人物

に育っていく、指導主義の方法のこと。

*100　**創価教育法は人類の生活の指導法**――「創価教育法」は、学校教育のみならず、社会のあらゆる分野、すべての年齢層における、普遍的な「出藍的教育法」であるということ。牧口は、『体系梗概』の「結語＝法華経と創価教育」のなかで、「『南無妙法蓮華経』と創価教育学の合法的教育法とが、わたしたちの生活において、総別の関係、本末の関係、全体と部分の関係において、不二一体である」〔『全集・第八巻』、四一二頁参照〕と述べているのである。

教育は、人間にとって最高・至難の仕事であり、非常にすぐれた特別な人格者のみに許された、神秘的な偶然性*101にもとづく伝授であるから、平凡な人間にはとてもできるものでないと諦《あきら》められているのが、これまでの考え方である。それゆえ、新教育*102といえば、欧米においても、特別な篤志家《とくしか》がキリストのごとき愛によって、*103日本の私塾のような小規模の学級を相手に、寝食までもともにして感化しなければならないのは、あたかも名工の傑作にも比すべきものであるとされているために、新教育の主唱者たちは、一教師の受け持ち人数を減少させることが教育改良の一策であるとしているが、指導主義の教育法を導入してみれば、そのような考えは完全に覆されるにちがいない。

*101 **神秘的な偶然性**――たぐいまれな人格者だけが、たまたま成し遂げることができ、理論的には簡単に説明できないことをいう。

*102 **新教育**――十九世紀末から二十世紀初頭にかけて、「旧教育」の画一主義や知識の詰め込み主義を批判することによって生まれた、新しい教育の試みのこと。それは、教師中心ではなく、子どもを中心にすえて、個性を尊重し、興味・関心から生まれる自由な活動をうながすことに主眼を置き、一九二〇年代にピークを迎えている。わが国の「大正新教育」ないし「大正自由教育」は、その流れをくむものである。

*103 **特別な篤志家がキリストのごとき愛によって**――教育者にとって、熱意や愛情は必須不可欠であるだろう。しかし、牧口が重視しているのは、あくまでも、指導主義の方法によって培われる、被教育者の価値創造力なのである。

そうすると、いわゆる個性尊重論者は[*104]、たちまちのうちに、教育が機械化と画一主義に陥ってしまうと反対するかもしれない。だが、個性とは、そのような教育などによって破壊されるほど薄弱なものではないのである。かりにも、各個人は、人並みの幸福生活を平等に享受すること以上に、何らかの方面において他者にすぐれたいと願ってやまないから、そんな心配は断じて無用である。十人十色とは、このことを意味している。

*104 **個性**――牧口は、「大正自由教育」の基軸とされる個性尊重論を痛烈に批判しているが、決して、個性そのものを軽視していたわけではない。この点については、とくに、『体系・第四巻』教育方法論の第一編教育方法論 緒論・第二章教育方法論建築の基礎に横たわる先決問題〔『全集・第六巻』、二六三～二八九頁〕と、「教育の態度を論ず（教育態度論）」（一九三六年三月～七月）〔『全集・第九巻』、八～五一頁〕を、改めてご精読いただきたい。↓補注［34］

そして、すべての人の生活能力を最高限度にまで高めていく指導法こそ、世界が渇望しているものであり、わたしたちが試みたところなのである。それは、わかりやすく表現すると、無等等《むとうとう》の指導法*105と仮称することができるだろう。なぜなら、この指導法は、個性による無数の不等を等となし、等同の法則*[106]をあまねく適用することによって、あらゆる人々が最大の価値を創造できるように、うながしていくからである。したがって、その名称は、仏が、仏と無等である凡夫*[107]を、仏と等しい存在へ導いていくことと同義であるという意味で、指導主義の創価教育法の本質を見事に表現するものであるように思われる。

***105　無等等の指導法**――牧口は、この名称が、「指導主義の創価教育法の本質を見事に表現するものである」といっている。→補注［35］

***106　等同の法則**――すべての人には成仏への種子（仏性）が等しく内在しているので、よほどのことがないかぎり、あらゆる人の価値創造の能力を最高限度にまで高めていくことができる、ということ。

***107　凡夫**――煩悩・業・苦に束縛され、六道（地獄・餓鬼・畜生・修羅・人・天）という迷いの世界で生死を繰り返す、愚かな人のこと。

第八節　教育法の根本的な改革

創価教育法の価値が以上のようなかたちで実験証明されたことによって、不十分ながらも、日本および世界における教育法改革の参考資料とすることができるから、以下に、改革の具体的な中身を提示しておいても良いであろう。わたしたちが提唱している教育法によれば、従来の教育は根本的に改革され、非常に能率を高めることができる、[*108] と信じているのである。

*108　**非情に能率を高めることができる**――牧口は、その可能率は、少なくとも、現在に比して倍増する、と述べている〔本書、96頁参照〕。

さて、創価教育法にもとづいた改革が成し遂げられるためには、少なくとも、次のようなことがおこなわれなければならない。

一、小学校より大学までの青少年の教育は、すべて半日制度に変更し、[*109] 仕事と学問とを並行する創価的生活を早くから営ませることにより、合理的にして経済的な教育を実現できる、と確信する。その代わりに、学校教育の年限は、中等学校卒業のころまで延長することが至当である。

二、小学校長などの登用試験制度*[110]を設けて、一般教師の帰趨《きすう》*[111]を明らかにし、優良教育者を擁護すること。

三、師範教育の内容を改め*[112]、教材知識の注入を主体としていた従来のやり方を転換するために、教育法に関する学問と技術とを中心にすえること。

四、教育政策審議の機関*[113]を設置して、目先の弊害を防止するという消極的な行政にとどまらず、恒久的で積極的な政策を確立することが緊急である。

五、国立教育研究所*[114]またはそれに準ずるものを設置して、次の事業に取り組むこと。

1、教育法の科学的研究

2、教育法の技術的な実験証明

3、学校経営法および教師養成法の研究

六、以上のことを遂行するための根底として、何よりもまず、教育学の科学的樹立*[115]を実現すべきこと。（なお、一～六の項目について、詳しくは、「教育国策の根幹的六大問題」*[116]というパンフレットを参照していただきたい。）

七、教育者は、まずもって宗教革命を断行し*[117]、人生最大の目的と、それを達成するための方法を教え、最上幸福の生活に導く教育原理を確立すべきこと（以下の第四章・第六章を参照）。ことによると、それは、哲学的な真理観*[118]からすれば、世界各国のあらゆる教育ないし宗教を研究し尽くすまでの間は、無理だといわれるかもしれない。けれども、価値に対する人間の欲求は、いかなる方面においても、最高・最大なるものを見逃すことはない。だから、価値に関する文化財のすべてが世界共通となった今日においては、世界各国に遅れまいと鋭意輸入を怠らないようにしているわが国の現状に照らして考えてみるだけでも、以上の断定を下すのに差し支えはないだろう。

＊109　**小学校より大学までの青少年の教育は、すべて半日制度に変更**——いわゆる「半日学校制度」の詳細については、『体系・第三巻』の第四編教育改造論・第十章半日学校制度論（『全集・第六巻』、二〇七〜二三二頁）を参照。→補注［36］

＊110　**小学校長などの登用試験制度**——牧口は、教育材料に関する知識や教育方法上の知識・技能だけでなく、学校統督上の知識・手腕が、小学校長には求められている、と主張する。詳しくは、『体系・第三巻』の第四編教育改造論・第四章小学校長登用試験制度論（『全集・第六巻』、八八〜九八頁）を参照。

＊111　**帰趨**——物事が最終的に落ちつくところ。帰着点。ここでは、教師が最終的に到達できる地位のこと。

＊112　**師範教育の内容を改め**——当時、小学校教員の養成は、主として師範学校で実施されていた。詳しくは、『体系・第三巻』の第四編教育改造論・第六章（甲）師範教育改造論（『全集・第六巻』、一〇八〜一三〇頁）を参照。ちなみに、牧口は、「教育の改造における根底は教師」（同上、九八頁参照）である、と唱えている。

＊113　**教育政策審議の機関**——これは、三権（立法・司法・行政）とは独立したかたちで考えられていたようである。このことについては、『体系・第三巻』の第四編教育

改造論・第七章教育統制機関改革論、なかでもとくに、第三節教育参謀本部論〔『全集・第六巻』、一五三〜一五八頁〕を参照。

＊114 **国立教育研究所**――その主目的は、教育方法を科学し、教育技術に関する普遍的な法則を見いだすことに向けられている。これについては、『体系・第三巻』の第四編教育改造論・第六章（乙）国立教育研究所論〔『全集・第六巻』、一三一〜一四一頁〕を参照。

＊115 **教育学の科学的樹立**――その眼目は、教育方法に関する科学、より具体的にいうと、教師の教育技術に関する科学を打ち立てることであった。『体系・第四巻』教育方法論の第一編教育方法論 緒論・第三章教育方法論の研究法〔『全集・第六巻』、二九〇〜三三二頁〕を参照。

＊116 「**教育国策の根幹的六大問題**」――『実験証明』の前後、一九三七（昭和十二）年秋ごろに作成されたもの〔『全集・第八巻』、四二三〜四三四頁参照〕。

＊117 **教育者は、まずもって宗教革命を断行し**――牧口は、『体系梗概』の「結語＝法華経と創価教育」のなかで、「法華経のなかの肝心が、わたしたちの生活法の総体的・根本的なものであるのに対して、創価教育学が唱道する合理的教育法は、その部分

的・末梢的なものである」〔『全集・第八巻』、四一一頁参照〕と述べているのである。

＊118 **哲学的な真理観**――その対極に位置しているのが、実際生活上の価値観にほかならない。そして、これらは、ある意味で、後に出てくる「信の確立にいたるまでの研究の過程」と「信の確立後における生活に実現の過程」とに、それぞれ対応しているように思われる〔本書、151頁参照〕。

第三章　証明結果の原因を考察する

第一節　もっとも重要な原因は何か

一、因果の関係

わが国では、すでに、諸方面の生活にかかわる大規模な学術研究所[*1]が設立されているが、それと比べれば、わたし自身がおこなってきた教育法の研究は、たとえ年月は長いとはいえ、あくまでも、一個人のささやかな、いたって貧弱なものでしかない。だが、今回の実験結果は、欧米諸国のすぐれた研究成果を輸入しながら、およそ七十年間[*2]にわたって経験を積み重ねてきた、日本の諸学校の成績と比較してみると、たしかに少なからざる隔たりのあることを証明しているのである。したがって、それは、この国の教育の改善にとって大きな参考資料を提供するものであることを、確信する。

***1　大規模な学術研究所**――たとえば、民間では、医学の北里研究所（一九一五）や理化学研究所（一九一七）。また、東京帝国大学の附属機関である、伝染病研究所（一九一四）、航空研究所（一九一八）、地震研究所（一九二五）、などが挙げられる。

***2　およそ七十年間**――一八七二（明治五）年に学制が公布されてから、本書が著された一九三七（昭和十二）年まで、六十五年が過ぎている。

世界の教育界においても、やはり、目下のところは、合理的にして、しかも、最高価値の教育法が、渇望されているのではなかろうか。それゆえ、同一の原因を施すことによって同一の結果を得るという、因果の法則を見いだすために、今回の実験結果を生み出した原因の分析的考察をおこなうことは、少しも徒労ではないのである。

もとより、教育事業の結果である成績は、複雑で多様な諸原因の総合によってもたらされたものであるから、それらを一つ一つ分析して考察するためには、一大著述を要することになるであろう。しかし、そのなかのもっとも重要であると見なされるものを摘出しただけでも、同じ結果を再現するための参考となるにちがいない。

二、重要原因

従来の教育においては、とくに、人格的要素を重視した人格主義*[3]の教育と、それよりは知識の供給を重視した注入主義*[4]の教育との、両者の対立が永い間続いてきた。けれども、結局のところは、いずれにしても、教育方法の工夫を欠いた偏頗《へんぱ》な一面にしか過ぎないということが見えてくるので、いわゆる知識啓発主義*[5]という方法観の萌芽《ほうが》が、コメニウス*[6]、ペスタロッチ*[7]などの諸先輩によって提唱されたことは、改めて説明するまでもないだろう。

＊3　人格主義――だれもが気づく原始的な方法。めったに存在しない人格者をあてにして、物事を解決しようとする、一時的な弥縫策《びほうさく》〔『全集・第九巻』、二五～二八頁参照〕。

＊4　注入主義――知識の詰め込み主義のこと。思考よりも記憶が重んじられ、学問と生活とがバラバラになってしまう、無指導の放任主義〔『全集・第九巻』、一七～二四頁参照〕。

＊5　知識啓発主義――注入主義の反動として起こったもの。開発主義ともいう。実物教授によって、心性の開発がうながされ、自発的な知的活動が展開されるようになることを、意図している〔『全集・第九巻』、二八～三四頁参照〕。

＊6　コメニウス――J・A・コメニウス（ラテン語表記）（一五九二～一六七〇）は、チェコの教育者・教育思想家、「近代教授学の祖」。自発主義・経験主義にもとづく教育方法の先駆者。子どもの発達に応じた「教授＝学習」過程の大切さを主張。感性的感覚を一切の認識の出発点とする、「直観主義」の原理を定立した。主著に、『大教授学』（一六五七）、『世界図絵』（一六五八）など。

＊7　ペスタロッチ――J・H・ペスタロッチ（一七四六～一八二七）は、スイスの教

育者・教育思想家、「近代教育の父」。貧民学校や孤児院を経営し、「生活が陶冶する」という観点から、人間の諸能力の調和的な発達を教育の目的とする、「直観教授」の実践や理念を展開して、近現代の教育界に多大な影響を及ぼした。主著に、『隠者の夕暮』（一七八〇）、『リーンハルトとゲルトルート』（一七八一〜八七）、『ゲルトルートはいかにしてその子を教えるか』（一八〇一）、『白鳥の歌』（一八二五）など。

しかしながら、何といっても、教育法の組織的研究が十分ではなかったために、今もなお、注入主義を嫌いながらも、それを捨てることができず、だからといって安心して従える合理的方法は確立されていないので、依然として、暗中模索の域を脱することができないようである。したがって、他の文化事業は、すでに、合理的な最高能率を挙げなければ、厳しい競争のなかで生存することができないほどになっているが、それに比して、教育は、相変わらず貧弱な最低能率に安んじていなければならず、とてもひどいことに、指導方法に関する合理的な説明を個性尊重の一面のみから加えようとする者すら少なくないとい[*8]

うのは、教育界のために遺憾とせざるをえないのである。

＊8　指導方法に関する合理的な説明を個性尊重の一面のみから加えようとする——いわゆる自由主義の教育論のこと。たとえば、牧口は、『体系・第四巻』教育方法論の第一編教育方法論 緒論・第二章教育方法論建築の基礎に横たわる先決問題のなかで、「近来あまりに持てはやされる個性尊重論は、厳戒しなければならない虚妄概念であり、厳密な科学的検討を要する。」〔『全集・第六巻』、二六四頁参照〕と述べている。

三、方法観

わたしは、価値論の観点から、人間の教育も、他の文化事業と同様に、価値創造の作用にほかならない、と考えているのである。ゆえに、教育者と被教育者との人的要素が破格の異常でないかぎり、一定の指導法を科学的に樹立することができるに相違ない。そして、こうした見解にもとづき、教育と同じ人的要素のもとで生命を対象としている医学の成立・発達の過程、ならびに、その他の生産事業の過程にならい、教育の結果の成功・失敗の原因を比較・総合し、その考察から帰納[9]することによって原理に到達したのが、創価教育学なのであり、従来における種々の教育主義と対比すれば、生活指導主義の教育法[10]といって良いと思うのである。

＊9　帰納——個々の具体的な事実の考察から、普遍的な命題や法則を導き出していくこと。推理および思考の手続きの一つで、それと対照的なのが演繹である。

＊10　生活指導主義の教育法——すでに、「生活指導主義の方法」〔本書、89頁〕、ないし、「人類の生活の指導法」〔本書、97頁〕ということばが用いられているが、このことばは、ここではじめて登場する。→補注〔37〕

四、方法の価値観

もちろん、教育は最高級に位置する価値創造の文化事業である以上、これに従事する教師は、優秀な人格者でなければならない。だが、実際には、大勢の人々のなかから学徳兼備の理想的な人物を選び出し、国民全体が教育の機会均等を要求している事態に対応できるだけの多人数をそろえるのは、いうべくしておこなわれえないことなのである。それゆえ、円満・普通の人格者であればだれにでも可能な方法でないと、それに応じることができなくなるので、少なくとも人格の成熟の程度およびその一部分に欠陥がないこと、すなわち、常識に欠けるところがあり、一方で特長はあるが、他方ではそれを相殺するほどの短所を持っている、不適格な人物であってはならぬとするのである。そして、ただひたすら、できもしない人格者をあてにするよりは、教師として保護者から指弾されるような非人格者を排除するくらいにして、実現可能な方策を立てなければならないわけである。

第二節　教師の選択条件

いまだに信用の確立していない者が新しい意見を提唱する場合には、実験の結果として現れた成績を直観させて、その原因にさかのぼらせるよりほかに道がないことは、前述のとおりである。そのためには、実験にあたる人物と、実験が可能になるような学校などの設備を必要とし、それには多くの資金が必要であることはいうまでもない。けれども、信用されていない者にとっては、そんなことは望むべきではないと諦《あきら》めて、数十年の歳月*11と少なからざる苦心とを重ねて今日に及び、他日において覚醒《かくせい》*12した後進者を空頼みするよりほかに、やりようがなかったのであった。

*11　**数十年の歳月**――牧口が教職についたのは一八九三（明治二十六）年であるから、本書を著すまでには、四十四年が経過したことになる。
*12　**覚醒**――迷いから目がさめること。物事を正しく洞察する力が身につく様子。

それでも、たまたま秋月左都夫翁に見いだされ、方案の中身*[13]が有望であれば多少の援助を惜しまないとの非常な厚意を得て、とても感激したのであるが、何よりも、まずは同志の人材をそろえるのが先決問題であり、それができずに軽挙・失敗したときには、取り返しのつかない罪悪を犯すことになるのを恐れたから、一応は辞退したのであった。ところが、秋月氏は、さらに、実験教師の研究補助として少なからぬ費用を投じられたので、このまったく名利《みょうり》を超越した高潔な厚意に答えられる同志者を、どのようにして獲得することができるかを考慮した結果、法華経如来寿量品《にょらいじゅりょうほん》第十六の肝心*[14]「南無妙法蓮華経」の三大秘法を信じ奉るだけの純真さを有する、正しい性格という条件によって、教師を選定することにしたのである。

*13　**方案の中身**――創価教育法に関する具体的な考え。または、そのねらいどころ。

*14　**法華経如来寿量品第十六の肝心**――如来寿量品の文底に秘し沈められているのが、「南無妙法蓮華経」の三大秘法という仏教の極意なのである。

このことは、今の世においては、一大驚異として怪しまれるところであろう。それは、まるで、砂礫《されき》のなかから黄金を探し出すような、まったくの至難事であることは、だれでも、実験してみれば、直ちにわかるように思われる。そして、教師の選定がむずかしければ、それだけ、法華経の功徳——生活に対する価値——が絶大なことを証明していると、過去八年間の体験[*15]によって確信するのである。

＊15　過去八年間の体験——本書の44～45頁参照。

しかし、これは、まだ、一般の人々には通用しないことであり、おそらくは、一笑に付されるにちがいない。そこで、日蓮大聖人の仏法に帰依した人々の今後の一生は、創価教育学の実証以上に、特殊な研究対象として注目に値するのである。[*16]とはいうものの、それは、今後の成り行きにまかせ、実際の結果によって判定されるべきであるから、差し当たっては、教育法に関する公正な実験証明をおこなって、真理の判定に役立てなければならない。

＊16　日蓮大聖人の仏法に……注目に値するのである。——これは、まさに創価人間学を科学的に樹立する必要性と可能性を、示唆しているところであるだろう。

　ところで、実験証明の担当者を選ぶ際には、「正直」と「慈悲」[＊17]との二要素だけは欠いてはならないが、それを見極めるためには、うそやいつわりが通用しない法華経の鏡に照らしてみるよりほかに、どのような名案も見当たらない。理想的な教師の選定に、法華経の信仰を唯一の条件としたのは、そうした理由によっている。日蓮大聖人は、「神国王御書《しんこくおうごしょ》」において、「一代聖教《いちだいしょうぎょう》の中に、法華経は明鏡《みょうきょう》の中の神鏡《しんきょう》なり。銅鏡等は、人の形をばう《浮》かぶれども、いまだ心をばう《浮》かべず。法華経は、人の形を浮かぶるのみならず、心をもう《浮》かべ、心を浮かぶるのみならず、先業《せんごう》をも未来をも鑑《かんが》み給《たも》うことく《曇》もりなし。」[＊18]と説明されているのである。

＊17　「正直」と「慈悲」——「正直」は、心が正しくて素直なこと。陰日向《かげひなた》がないこと。「慈悲」は、文字どおり、他者をいつくしむ心、および、そのような言動。他者に楽

を与えることを「慈」といい、苦しみを取り除くことを「悲」という。↓補注［38］

＊18　「一代聖教の中に……くもりなし。」――『御書新版』六七九頁、『御書全集』一五二一頁参照。↓補注［39］

釈尊は、二千年前に法華経のなかで、「しかも、この経は、如来の現に在《いま》すすら、なお怨嫉《おんしつ》多し。いわんや滅度の後をや。」[*19]「一切世間に怨《あだ》多くして信じ難く」[*20]と予言した。そして、日蓮大聖人が、みずからの御一生において、そのとおりに実証された普遍的法則は、今から見れば科学的にとらえることができるし、わたしたちの生活でも如実に証明されるから、信じざるをえない。社会的には、どれほど有徳の人格者でも、また、どんなに心臓の強い人でも、突然この経に会い奉ると、犬の前の猿のような反感を現し、怨嫉《おんしつ》・軽蔑《けいべつ》を禁じえなくなるのが、末法[*21]現時の常であり、法華経に説かれたことが適中しているのは、驚嘆せざるをえないところなのである。

＊19 「しかも、この経は、如来の現に在すすら、なお怨嫉多し。いわんや滅度の後をや。」――法師品《ほっしほん》第十の文　↓補注［40］

＊20 「一切世間に怨多くして信じ難く」――安楽行品《あんらくぎょうほん》第十四の文。↓補注［41］

＊21 末法――釈迦滅後、正法千年・像法千年が過ぎて、その教えの功力《くりき》が消滅する時期をいう。

こうした感情がわき起こってくるのは、隠すことのできない内心の弱点が暴露されることによっている。だが、そのような人々のなかでも、極めて少数の者のみは、法華経の教えを素直に信じることができるのである。したがって、わたしたちは、人物の鑑識と人格の修養が暗中模索の状態にある現代において、一大光明が得られたことを喜び、とりあえず、諂曲《てんごく》＊22ではなくて正直であり、利己主義ではなくて親のような慈悲心の所有者でなければ、教育者としてともに提携することはできないと判断して、このことを教師の選択に応用し、その真理を証明してみようとしたのである。これほどの至難な選択条件を、何ゆえに採用せざるをえないかは、容易に推察することができるだろう。

＊22 諂曲――心がひねくれていて、自分の意思を曲げてまで、他者に迎合すること。弱者に対してはおごりたかぶり、強者に対してはこびへつらう、阿修羅の本性を意味している。

創価教育法の実験証明にあたる教師の選択については、その他の条件としては、東京市内の小学校につとめている一般の教師と比べて、少しばかりすぐれた研究心を持っていれば良い、ということにした。それは、性格的に劣っておらず、普通の人格者であれば、だれにでもできる教育の方法でなくては、科学的な普遍性が得られないからである。わたしたちの目的は、そういう人物を見いだすことにある。たしかに、優秀な人格者、または、各分科専攻の技術者が、望ましいかもしれない。しかし、それは、国家社会の財政上からも、人材の分配上からも、いうべくしておこなわれえないことなのである。

創価教育学は、どれほど教育能率を高めさせることができたとしても、現今の日本のような制度のもとでは、少しも評価されることはない。学校教育の現場には、個人的生活に対する価値、すなわち、利害の打算の秤《はかり》はあっても、社会的生活に対する価値、すなわち、善悪の判定の標準は、存在していないからである。

もしも、経済市場のように、学校の教育に自由競争がおこなわれるとしたら、どうか。そうなれば、保護者が成績の良い学校を自由に選択することができ、教育能率の高低によって入学生の数に多少が生じることになるであろう。また、教師の報酬は、勤労の価値の多少によって決められ、わたしたちのような者が主張する教育法に従っても、前途の栄達の見込みが立つから、望みどおりの同志を選択・採用することができるかもしれない。

ところが、現在の教育界は、そうでないばかりか、教育成績が良くなって、保護者が喜び感謝しても、そのことがかえって、同業教師の嫉妬《しっと》による迫害を招くような状態にある。ゆえに、そうした事態に直面することも覚悟した、よっぽどの篤志者《とくししゃ》でなければ、同志として迎え入れることがむずかしいので、この条件に適当な者を見いだす唯一の標準として、法華経に依拠することにしたのである。

第四章　指導主義の教育法

第一節　目的観の確立の指導

指導を受ける子どもたちに到達の目標を提示し、もっとも価値が大きい経路をたどって直達《じきたつ》[*1]することができるような、具体的方法を含んだ実例を用いることによって、彼らが安心して工夫を加えながら進行することを奨励していくのが、ここに提唱しようとしている指導主義の方法にほかならない。だから、第一に確立しなければならないのは、その目的観なのである。それは、一時《いっとき》の間は最終的であるとしても、[*2]なおそのうえがある中途半端なものであっては、いつまでたっても不安を免れえないから、とにかく、無上であり最高・最大のものでなくてはならない。つまり、目的というのは、人生にとっては最高の価値を持っていて、どんな人でも要求し、尊重するものでなければならず、そのうえがあり、それに達する手段となる性質のものであってはならないはずなのである。

＊1　直達——他人の力を借りず、回り道をしないで、速やかに到達することができる、という意味。

＊2　一時の間は最終的であるとしても——ほんの少しの間は、最終的な目的であると位置づけることができるかもしれないが、ということ。

人間というのは、自分にも到達できるという信念を持てるような具体的目的が確立されなければ、安心して前へ進めないものである。すなわち、抽象的な理論だけでは、どんな人の激励があろうと、思い切って未踏の道には進めないのが、普通の人情なのである。単なる抽象概念としての目的観だけでは、天上の星を目標にするとか、対岸の花をあこがれるようなもので、達成するための手段を欠いているから、実際の行動を起こすことができないわけである。

人間は、目的を達成するための方法に関する観念の系列が思い浮かび、方法が具備してはじめて、実行への意志を固めることができる。したがって、どれほど尊い目的であるとしても、実際の生活とかけ離れた、及びもつかないものであれば、人は、ただ、崇拝するだけで、近づこうとはしないのである。

それゆえ、目的観の大小・明暗と、それに達するための方法観の適否などの条件によって、左記のような五段階の区別が考えられ、それが、また、生活の段階を意味することになるのである。（第六章を参照）

図式「生活目的観進展の段階」*3

（一）盲目的（盲目的無計画生活）＝目的観が不明確であり、暗中模索の生活といわれ、万が一の偶然性による投機的な幸運*4を期待し、科学的な因果の法則を無視した生活。

明目的（明目的計画的生活）

（二）小目的（個体的最小目的観）＝目的は明確であるが、一身一家の最小生活に執着していて、その基礎となる大目的を忘れた生活。

大目的（団体的小目的観）

（三）仮権的《けごん》*5（虚空全体的中目的観）＝遠大な全体観にもとづいた目的を立てているが、夢幻のような空想であり、現実性が欠如している生活。

真実的（真実全体的中目的観）

（四）垂迹的《すいじゃく》*6（垂迹全体的大目的観）＝真実の理想的な目的を掲げているが、それにいたる根本的な原因にたどりついていないので、実際には自信が持てない生活。

本体的*7（本実全体的大目的観）

（五）脱益的《だっちゃく》*8（熟脱結果利益的最大目的観）＝原因と結果の関係が明瞭であり、最高の具体的な模範となる目標ではあるが、完全・円満なので、これを見習う人にとっては、崇拝はするが、とても及ばず、なかなか近づきえない生活。

種益的《しゅやく》*9（根本下種利益的最大目的観）＝模範的な人物として、完全・円満な果徳*10を具備するが、一般民衆が近づきえない高位・大徳の示現ではなく、普通の人間の姿のままで下種的利益をおこなって、遠大な結果を楽しみとする、最大・無上の人格が営む生活。

「日出《い》でぬれば星隠れ、巧を見て拙を知る。」*11という評価原則に従って、上位に比べると下位が価値を失い、最高の模範が出現すれば、それ以下のすべてが無価値となるのは、どんな人でも、最大価値の生活を、等しくあこがれるのが、天性であるからだ。それゆえ、人間の理想は、ただ一つの無上・最大なものに集まることになる。

この五段階の区別と読者各自の現在の生活における目的観とを照らし合わせてみて、どの段階に属するかを顧みれば、おのずから、恥ずかしくなるだろう。私たちのような者が、現実に即して、こうした適確な区別ができるのは、まさに、後の第六章に記述する仏教の極意の信仰によったからである。そして、このことを納得されるなら、仏教の生活に対する価値は、疑いようがないであろう。

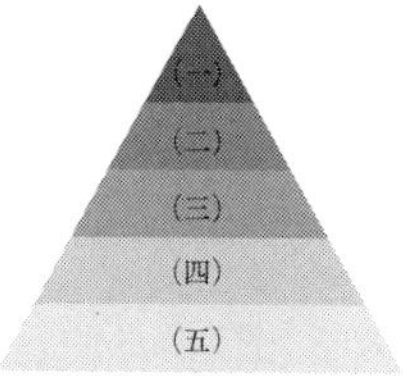

人格分裂[*12]
(目的観念の段階)

段階	相対	内容
(一)最小	軌道有無相対生活	自己中心的な個人主義ないし部分主義の生活、これにもとづく資本主義生活。[*13] 近視眼的見解の生活[*14]
(二)小	小大相対の生活	（(二)(三)）自己を除いた反動的全体主義。[*15] 虚偽の全体主義の生活、いわゆる独善主義の生活とはこれか。遠視眼的見解の生活[*16]
(三)中	権実相対の生活	
(四)大	本迹相対の生活	（(四)(五)）真実の世相を正しく認識した真の全体主義的生活。[*17] 自他の共存を意識した全体主義の生活。無病正視眼的見解の生活[*18]
(五)最大	種脱相対の生活	

以上の各段階の相対する人格分裂によって、煩《はん》悶《もん》を起こし、神経衰弱病にかかってしまう人々が、わたしたちの周囲に数多く存在する。

＊3　**生活目的観進展の段階**――この五段階の区別は、第六章・第四節の図式「五重の相対の教相」〔本書、205頁〕を踏まえたものであるようだ。

*4　**万が一の偶然性による投機的な幸運**——危険を承知のうえで大きな利益をねらうようなはかりごとが、たまたまうまくいくこと。

*5　**仮権**——実体のない、仮の教え。

*6　**垂迹**——「迹を垂れる」と読む。仏・菩薩が、衆生を導くために、さまざまな仮の姿で出現すること。したがって、その説法は、真実ではあるが、まだまだ本当の教えではない。

*7　**本体**——物事の根本をなしているもの。本当の教え。ただし、これにも、二種がある。

*8　**脱益**——仏が衆生に与える三益《さんやく》（下種・調熟・解脱）のうち、最後の解脱をうながす利益《りやく》。釈迦仏法は、過去に下種した衆生を調熟・解脱へと導く、「脱益仏法」にほかならない。したがって、ここでは、釈尊の生き方が示唆されている。

*9　**種益**——仏が、衆生の生命に、成仏の種子を下ろすこと。「下種益《げしゅやく》」ともいう。本当の正しい教えを信じて行ずれば、あらゆる衆生が凡夫のままで即身成仏できることを意味している。まさに、日蓮仏法は「下種仏法」なのであり、ここでは、日蓮大聖人の生き方が示唆されている。

*10　**完全・円満な果徳**——すべてが備わっていて、十分に満ち足りた、果報・福徳のこと。日蓮大聖人の仏法を信じて行じていくと、人間らしい最高の輝きを体した人格が培われていくのである。

*11　**「日出でぬれば……拙を知る。」**——太陽が昇れば星は隠れ、名匠の作品を見た後は、下手な作品の拙劣さがわかるようになる、ということ。これは、中国唐代の天台宗の僧である道暹《どうせん》の文言であるようだ。　↓補注〔42〕

*12　**人格分裂（目的観念の段階）**——この図式は、理性と感情との衝突によってもたらされた、人格の不統一な状態を、五段階に分類したもの。これも、やはり、第六章・第四節の図式「五重の相対の教相」〔本書、205頁参照〕を踏まえたかたちになっている。　↓補注〔43〕

*13　**資本主義生活**——個人の利害が中心となって生存競争が展開されるような人間社会のありさま。

*14　**近視眼的見解の生活**——自分自身の目先のことにとらわれて、大局観に立つことができない生き方。

*15　**反動的全体主義**——全体の利益を口にはするが、自分だけは例外的な存在である

として、それには関与せず、利己的な幸福ばかりを追求する、なさけない生き方。それは、まさに、虚偽の全体主義、独善主義の生活なのである。

＊**16　遠視眼的見解の生活**――不透明な理想にあこがれて、ありもしない、できもしない目標を掲げるだけで、足下の具体的な実践が少しも伴っていない生き方。

＊**17　真の全体主義的生活**――牧口のいう「全体主義的生活」とは、『体系・第一巻』の第二編教育目的論・第三章教育目的と社会のなかで明かされた、「共存共栄という社会生存の法則、すなわち、社会道徳を尊重」した、「自他ともに幸福な生活」なのである〔『全集・第五巻』、一四二頁参照〕。それは、端的に表現すると、「目的観の確立」（一九四一年七月）のなかで述べられているように、「利己主義の仏」はいないし、「各自の成功は日本の成功になる。」のであり、「自分もみんなも、ともに幸福になろうというのが本当である。」ということなのである〔『全集・第十巻』、八頁参照〕。

＊**18　無病正視眼的見解の生活**――心身ともに健康であり、遠大な目的を抱きながら、日常の身近なところから、地道な言動を積み重ねていく生き方。

第二節　目的を達成する生活法の指導法

一

目的観が不明確な生活を送っている人でも、みずからの生命の保護だけは忘れない。しかも、不幸を嫌い、幸福を望むことは、知っている。だから、最小目的観は、自己の肉体の生存以上に超越できないものであり、最大のそれは、自分を意識しながらも、無限の時間・空間にわたる大宇宙の法則[*19]を信じて、これに合致することを生活の目的とするのである。そして、無上・最大の目的観にもとづいて指導された最高価値の生活、すなわち、最大幸福の生活は、あらゆる人々が受けるのと同様の利益を自分も等しく享受しようとするのが、その最大の特徴であり、現実の生活のなかで自分だけが結果の最大分配を受けようとするのとは、まったく異なっているのである。

＊19　無限の時間・空間にわたる大宇宙の法則――仏教の極意である「超宗教」、すなわち、日蓮大聖人の仏法のこと。

要するに、前者の目的は自他ともに一致しているが、後者のそれは、自他の目的が明らかに分離・衝突していて、他者に向かっては全体主義を唱えるが、その収穫の分配になると、やはり利己主義に陥ってしまうわけである。また、全体主義の生活というのも、真偽もしくは実虚の二種に区別され、現世における全体主義は、ほとんどすべて虚偽であり、独善主義ともいわれているが、このことは、最大目的が見えない者には、決してわからないのである。[*20]

＊20　このことは……わからないのである。――本章・第一節の図式「人格分裂（目的観念の段階）」〔本書、129頁〕を参照。

この最大の目的観は、法華経に逢《あ》い奉ることがなければ、とうてい確立できないようであり、仏の開眼《かいげん》または開目《かいもく》[*21]とは、これを意味するものであるだろう。

日蓮大聖人は、「乙御前御消息《おとごぜんごしょうそく》」のなかで、「そもそも、一人の盲目《もうもく》をあけ《開》て候《そうら》わん功徳《くどく》すら申すばかりなし。いわんや、日本国の一切衆生《いっさいしゅじょう》の眼《まなこ》をあけ《開》て候わん功徳をや。いかにいわんや、一閻浮提《いちえんぶだい》・四天下《してんげ》*22の人の眼のしい《癡》たるをあけて候わんをや。／法華経の第四〔の巻〕に云《い》わく、『仏滅度《めつど》して後《のち》に、能《よ》くその義を解《げ》せば、これ諸《もろもろ》の天《てん》・人《にん》の世間《せけん》の眼《まなこ》なり』等云々。法華経を持《たも》つ人は一切世《いっさいせ》間《けん》の天・人の眼なりと説かれて候《そうろう》。日本国の人の日蓮をあだみ《怨》候は、一切世間の天・人の眼をくじる《抉》人なり。」*23とつづられている。

*21 **仏の開眼または開目**――「開眼」または「開目」とは、仏が、正しい教えによって、低い教えに執着している人々の迷いを断ち切り、人生における無上・最大の目的観の確立を、うながすことを意味している。

*22 **一閻浮提・四天下**――両者とも、世界全体のことをさしている。

*23 **「そもそも……眼をくじる人なり。」**――『御書新版』一六九一頁、『御書全集』一二二一～一二二二頁参照。 →補注［44］

上級の目的が見えなければ、下級の目的を意識できることはない。下位の目的観の生活者が、上位の人に対したときには、みずからの地位に動揺を感じ、「日出《い》でぬれば星隠れ、巧を見て拙を知る。」という評価原則に従って、その威力を失うのは、猿が犬に対したようなもので、悲鳴をあげざるをえなくなる。嫉《しっ》妬心《としん》が、まさに、それである。これに反して、自分よりも下位の人に対したときには、自在に権力をふるい、小さいながらも直ちに利益が得られるから、それに執着して慢心を生じやすいのが、普通の人情なのである。

けれども、人間というのは、理性のはたらきにより、一度見いだした大目的へのあこがれを捨て去ることができないので、結果的に、理性と感情との衝突を生起させて、人格の分裂をきたし、そのために、統一的な生活力が著しく減退して、煩悶《はんもん》を起こし、ついには、神経衰弱症にかかり、一身の顧慮以外に考えることができない、最小目的観の生活に堕《だ》してしまうことになる。この心の空隙《くうげき》に乗じて、生活上の障魔が内外から生じてくるのは、どうしても免れえないところであり、正直な人ほど、この現象が鋭敏に現れるのである。

この精神的な動揺は、上級の目的が見えてくるごとに起こり、結局は、最大目的観に達して、これに合致する生活法をおこなわなければ、止まることはない。日蓮大聖人が、「兄弟抄《きょうだいしょう》」のなかで、「〈天台大師の摩訶止観《まかしかん》の〉第五の巻に云《い》わく、『行解既《ぎょうげすで》に勤めぬれば、三障四魔《さんしょうしま》[*24]紛然《ふんぜん》として競《きそ》い起こる乃至随《したが》うべからず、畏《おそ》るべからず。これに随えば、人を将《ひき》いて悪道《あくどう》に向かわしむ。これを畏るれば、正法[*25]を修《しゅ》することを妨《さまた》ぐ』等云々。この釈《しゃく》は、日蓮が身に当たるのみならず、門家《もんけ》の明鏡《みょうきょう》なり。」[*26]と述べられているのは、そうした道理を説明されたものであるようだ。法華経の法則がどれほど世間の生活法と一致しているかが、はっきりとわかるであろう。

＊24　三障四魔――仏道修行の際に必ず直面する、三つの障（煩悩障《ぼんのうしょう》・業障《ごうしょう》・報障《ほうしょう》）と、四つの魔（陰魔《おんま》・煩悩魔《ぼんのうま》・死魔《しま》・天子魔《てんしま》）。→補注［45］

＊25　正法――本当の正しい教え、すなわち、日蓮大聖人の仏法のこと。

＊26　「第五の巻に云わく……門家の明鏡なり。」——『御書新版』一四七九頁、『御書全集』一〇八七頁参照。→補注［46］

以上のように、生命に対する最大価値の目的が明らかになったので、わたしたちがその次に取り組まなければならないのは、その目的を達成できる最大価値の生活法を確立するための指導法を解明していくことである。このことは、具体的にいうと、もっとも重要な左記の三問題に分説されるであろうが、それは拙著『創価教育学体系』第五巻[＊27]に譲ることとして、ここではそのなかの創価法指導の一端を述べてみることにしよう。

一、最大価値の生活法を制限する材料は何か。＝認識法の指導。

二、最大価値の生活材料の選択は、どのようにおこなうか。＝評価法の指導。

三、最大価値の生活材料を運用することによって、最大価値の生活法をどのようなかたちで実現していくか。＝創価法の指導。

そして、このなかの創価法の指導を実施する際には、創価材料[＊28]の種類によって区別される次の六等級を、一瞥《いちべつ》しておく必要があるだろう。

＊27 **『創価教育学体系』第五巻**——その内容については、本書の163頁参照。↓補注

[47]

＊28 **創価材料**——価値を創造するために必要とされる素材のこと。

二

利・善・美の三方面における価値創造＊29の諸事業は、創価材料の種類により、以下の六等級に区別＊30して、その対策を講じていくことが、適切であるように思われる。そうすれば、人材育成の本質がおのずから明確になり、指導主義の教育の意義も明瞭になってくるだろう。

＊29 **利・善・美の三方面における価値創造**——このことについては、『体系・第二巻』

の第三編価値論・第五章価値の系統・第一節価値の分類の冒頭部分〔『全集・第五巻』、三二五〜三二六頁〕を参照していただきたい。 ↓補注［48］

＊30　創価材料の種類により、以下の六等級に区別――これは、『体系・第四巻』教育方法論の第三編教育技術論・第二章教育技術鑑賞論において提示された分類〔『全集・第六巻』、四四〇〜四四一頁参照〕を、よりわかりやすく改良したものである。

第一級、無生物を材料とする創価事業。

日用家具などの簡単なものから、複雑・精巧な機械・船舶などの製作にいたるまで。ならびに、有形・無形の芸術作品など。

第二級、無情の生物[*31]を材料とする創価事業。

対象の生命を失わず、形や性質を自由に変化させる、農・林・水産・養殖などの諸分業。

第三級、有情の生物[*32]を材料とする創価事業。

対象の感情を害することなく、所要の目的に添うように活用する、諸種の家畜・家禽《かきん》業など。

第四級、人間を対象とする第一次的な創価事業。理性のはたらきよりも感情のはたらきを重視して、感情を害しないかぎり、それをうまく利用しようとする営利事業のこと。そのなかには、感情の利用に甘んじて自分の生活を維持している、芸人・労働者なども含まれる。また、病気の治療によって生計を立てている医師なども、これに属することになる。

第五級、人間を対象とする第二次的な創価事業。感情を害することがないばかりか、理性のはたらきをも善導して、社会的団体を構成させようとする、政治家や道徳家の事業。ならびに、それらの領域における価値的な人材を養成しようとする、教育家の事業など。

1、主として、一技一能の発育を助長する、専門的な職業教育の事業。

2、各種技能の基礎となる全人格を対象として、とくに道徳的な価値の涵養《かんよう》*33を重視する、普通教育の事業。

第六級、人間を対象とする最高級の創価事業。

第五級の創価事業を担当することができる人格の養成を目的とし、被教育者に対する生活指導の方法に関して指導をおこなう、師範教育のこと。実は、宗教家の真の使命も、ここにある。つまり、どれほど学徳兼備の人格者で、一世の崇拝の的となるほどの徳化《とっか》*34を成していても、それだけではまだ、十分な師範ということはできない。弟子をして、おのれを超えても、無上・最高の人格にまで導いていこうとするのが、指導主義に立脚した教師の理想であり、前記の種益《しゅやく》的最大目的観*35の生活者が到達するところであるだろう。しかも、その究極的な段階にいたると、目的は最高・無上なものであり、あらゆる人が等しく到達できるようになるのである。

＊31 **無情の生物**——感情を表現できない生き物。植物や魚介・海藻など。

＊32 **有情の生物**——喜怒哀楽の感情を表出する生き物。牛・馬・豚・羊・山羊、および、ニワトリ・アヒルなど。

＊33 **涵養**——水が大地に自然としみこんでいくように、無理をせず、ゆっくりと、養い育てること。

＊34 **徳化**——徳にもとづいて教化する、または、徳に感化されて悪が善に転化する、ということ。

＊35 **種益的最大目的観**——日蓮大聖人の仏法（南無妙法蓮華経）を根本として生きること。第四章・第一節の図式「生活目的観進展の段階」〔本書、128頁〕、および、第六章・第四節の図式「五重の相対の教相」〔本書、205頁〕を、参照していただきたい。

三

人間はだれでも、価値を意識するだけでなく、最高価値を目的として競争するという自発的な性質と能力とを有しているから、人格の価値を高めようとする教育事業は、まことに至難ではあるが、方法によってはかえって導きやすいところがある。それは、あらゆる人間が等しく要求している最高価値の目標、すなわち、最大幸福の目的を、実現可能なかたちで具体的に明確化することによって、それに到達する方法の工夫ができるように、因果の法則を実証して、これを理解させることができるからである。

そうだとすれば、その最大幸福の目標は、どのようにして具体的に提示することができるのか。これは、また、至難な大問題ではあるが、実際生活における具体的な人間を実例として示し、それを模範とさせることができれば、容易なのである。なぜかというと、単なる抽象的な観念論ではむずかしいが、具体的な例証には目的を達成するための手段が自然のうちに含まれているので、指導を受ける者が自力で到達しようとする情意も、おのずと発せられるであろう、[*36]と思われるからである。

＊36　おのずと発せられるであろう――牧口は、指導を受ける者の内発的な力を喚起する作用がいかに大切であるかということを、示唆しているのである。

目的のない生活は、夢遊病者の妄動[*37]と同じであり、自他ともに危険である。そのうえ、指導を受ける者の人生の目的は、近小から遠大へと定められるべきではない。遠大な目的が定まってはじめて、近小の目的が定められるべきである。だが、今の教育は、この順序を転倒して指導するので、無価値ないし反価値[*38]に堕《だ》しているのである。

＊37　夢遊病者の妄動――「夢遊病者」とは、眠っていた人が急に起き上がり、知らないうちに、歩き回ったり、何かをしたりして、わけのわからない言動を呈する人のこ

と。したがって、ここは、それと同じように、何の考えもなく意味不明な行動を起こすことを意味している。

＊38　無価値ないし反価値――価値をまったく生み出さない、あるいは、価値を損失させ、かえって害をもたらしている、ということ。

それならば、遠大な目的をどのようにして定めるか。そのためには、前もって遠大な世界が見えていなければ、うまくいくことはないのだが、それを望むのは無理ではないかというのも、一理はある。なぜなら、今の教育制度は、この一理にもとづいて建てられたもののようであるからだ。それゆえ、人生の目的を確立して生活に入る準備をするために、小学校から大学まで十数年間の学習生活を続けさせている。要するに、大いに世界のことを学ばせて、それができあがったところではじめて、目的を確立させ、実際生活に入るための就職運動にとりかからせているのである。だから、その間の長年月は、まるで無闇《むやみ》な言動を続けていることになる。教育を実際化するための改革が要求されている[＊39]

のは、そういう理由によっているのである。

***39 教育を実際化するための改革が要求されている**――牧口は、『体系・第三巻』の第四編教育改造論・第九章学制改革案論のなかで、各段階の諸学校において「教育の実際化」を図り、「生活に即した教育を施す」ように改良して、「学業並行の生活」を営ませよ、と主張する〔『全集・第六巻』、一九八頁参照〕。 ↓補注〔49〕

ところが、それだけならばまだしも、いわゆる実業家も政治家も、とにかく差し迫った当面の問題に没頭し、それが遠大な人生の目的とどのような関係があるかを考える暇《いとま》もなく奔走しているばかりで、直接・近小な目的は定まっているかもしれないが、その先はまったく闇《やみ》であり、暗中模索の状態なのである。明治以来、教育の細目はかなり綿密に考究され、外観は何とか完備したと見えるようなったにもかかわらず、今になっても大規模な教育改革の必要性が論議されているのは、当初に定めておかなければならない大綱がはっきりと決められていなかったため[*40]に、これまでの努力が明確な目的を欠いた狂奔になり、教育が進歩すればするほど有害でさえあるという、きっかいな現象*[41]に悩まされることになったからである。それは、広く日本社会に大なる禍根をもたらしており、結局のところ、先決すべき目的を後回しにしたことによる病弊にほかならないのである。

＊40　当初に定めておかなければならない大綱がはっきりと決められていなかった――それは、なかんずく、教育の目的についてなのであった。↓補注［50］

＊41　教育が進歩すればするほど有害でさえあるという、きっかいな現象――牧口は、それを「教育中毒」と呼んでいる。↓補注［51］

このことに気がついた対策として、先覚者に採用されたのが、哲学の研究*[42]であった。けれども、それは、世界観・人生観を確立させるための努力としては、もっとものことであると首肯できるかもしれないが、少数の特別な人々だけに限定され、学校以外の大衆の指導には何ら役に立っていないことは、ことさらに説明を要しないところなのである。

＊42　哲学の研究――これは、欧米から導入された、教育哲学ないし哲学的教育学のことをさしているのではないか、と思われる。↓補注［52］

人間の生活は、無目的な妄動であってはならないはずである。しかし、目的は近小から定めるわけにはいかないから、結局は、もっとも遠大なものからでなければ、もっとも近小なそれも定まらない。そうであるなら、どのようにして、この矛盾を解決していくか。

そのためには、古今東西において人々の尊敬を受けている偉人の生活状態を顧みて、それをまねるのが、もっとも安全にして、しかも、軽便な方法である[＊43]だろう。なぜかといえば、彼らは、この矛盾を巧みに解決しながら生きてきたので、偉人の価値を獲得したからである。

＊43　軽便な方法――これは、手軽で便利な方法というよりも、近道ないし早道な方法であるとの意。

なるほど、偉人といえども、わたしたちと同様に、まちがいなくこの矛盾に直面したのであるが、それでもやはり、自分が信用すべき尊敬者を選択し、その人を手本として精進したに相違ない。よって、彼らは、天上の星をあこがれて、両足を大地から放して夢遊するような、空想の生活を脱して[*44]、目的の手本と同時に、それに達する方法を、学び取ることができたのである。

***44 両足を大地から放して夢遊するような、空想の生活**――ここは、我を忘れてしまい、ひたすら非現実的な言動を繰り返す、夢遊病者のようなありさまが、イメージされているのではなかろうか。

しかしながら、そうであれば、わたしたちの進路は、模範とすべき偉人の方向によって定められ、それとは別の方向へ進むことはできず、おのずから行き先までも限定され、ひとたび行き詰まってしまうと、その先はどうするかを惑わなければならなくなる。幸いに、見いだしたものが最高であり、どのような人にもどんな方向にも普遍の価値があるのであれば、それはそれで良いかもしれない。だが、そうではなく、たとえば、商人が軍人を手本とするような場合[*45]、また、不幸にして、行きついた目的観が低い場合は、どのようにするかが、問題なのである。

＊45 商人が軍人を手本とするような場合——模範とすべき人物が誤って選択された場合のこと。当然のことながら、まちがった結果、ないし、理不尽な産物が、もたらされることになる。

そこで、目的観の価値の有無・種類・大小についての検討が必要となり、それに照らして取捨選択の必要性が生じてくるのである。

第三節　指導主義の教育法の根拠

信の確立にいたるまでの研究の過程と、信の確立後における生活に実現の過程とを、混交したかたちで指導してはならない。[＊46] このことは、生活は信にもとづかなければまったくできないという前述の意をうけて、そうであるとすれば、

「どのような対象を信じて生活を遂げさせていくのか」を指導するにあたっての、先決問題なのである。

***46　信の確立……指導してはならない。**――具体的にいうと、ここの「信」は、創価教育法に対するそれを示唆しているのではないか。また、「研究の過程」と「生活に実現の過程」は、教育の二大目的とされる「真理の認識」と「価値の創造」に、それぞれ対応しているように思われる。　↓補注［53］

先覚の聖賢が、わたしたち衆生の信用を確立させるために、教えを開示された過程（すなわち説教の体系）と、それを信じて導かれ、最大幸福の生活に精進しようとするわたしたち凡夫の生活過程とは、正反対であるべきものである。*47

これについては、諸分科の学者が、受け持ちしている分業の小さな問題を研究し、真理を発見して、社会を信用させるまでの過程と、社会の大衆が、それを信じて各自の生活に応用し、不幸を免れている過程とを比較してみれば、一目瞭然であるだろう。ところが、そうであるにもかかわらず、真理を伝承する学徒が、この両方の態度の区別を意識せず、信用確立までの研究過程をそのまま踏襲しながら民衆を導いていこうとするから、大きな錯誤がもたらされ、道草を食う無益の浪費が生じることになる。それは、生活に関係する価値の本質をわきまえず、あらゆる事柄を真理の究明と混同しているために生じた、まことに残念な結果なのである。

＊47　先覚の聖賢が……正反対であるべきものである。――ここは、前段で提起された、「研究の過程」と「生活に実現の過程」とのちがいを、よりわかりやすく説明しているところ。→補注［54］

いわゆる真理が人生に役立つだけの価値があるか否か、それが多いか少ないかの問題は、体験によって生活のうえに証明するよりほかに解決の道はない。ゆえに、研究者は、信を確立させるために、種々の方便を用いて説明しなければならないが、ひとたび信が確立したのなら、人々は、いわれたとおりに従って応用してみれば良いのである。そして、予定どおりの結果が起きたのであれば、もはや、無条件に信じて良いのではなかろうか。もしも万一、いわれたとおりに結果が表れなかったならば、そこではじめて疑問を抱き、再び考え直すことも必要であろうが、その前に、はたして説のとおりに実行したのか否かを、検討しなければならないように思われる。つまり、原因となる条件に少しでもちがいがあれば、結果が同一にならないのは当然であるから、今一度正しくやってみるべきである。それでもなお、予定の結果が生じない場合には、その真理は未定であると断定し、そのときはじめて、再び研究し直す考えを起こしても良いのである。

しかし、その順序を転倒して、信用確立にいたる研究の過程をいつまでも繰り返すことの愚かさを意識しないのが、これまでの教育の欠陥なのである。それは、たとえば、道路を開通させるために、最初は荊棘《けいきょく》*48を切り開き、凹凸を平坦にするなどの苦労が必要になってくるのであるが、すでに立派な道路が開通した後にも、依然として、それを利用せずに、今一度同一の工作を繰り返すようなものであり、迂愚《うぐ》のいたり*[49]というのである。

＊48 荊棘――「荊」も「棘」も、いばら。とげのある小木の総称。したがって、「荊棘」は、いばらやとげなどがたくさん生えている荒れ果てた土地を意味し、前途多難なことのたとえに用いられている。

＊49 迂愚のいたり――世間の事情に通じておらず、常識を逸脱した、とても愚かな様子。

要するに、釈尊一代五十年の説法*[50]のうちの四十二年は、出世の本懐*[51]として法華経を説かれるまでの手段なのである。法華経が説かれた以上、それまでの諸経は塔を建てるまでの足代《あししろ》*[52]にほかならない。だから、立塔後にも、なお足代を除去しないのは、仏の教えに違背することになるのである*[53]。したがって、法華経を用いずに、相変わらず一切経を信用確立までの順序どおりに繰り返しているのは、やはり、研究と生活という正反対の二方法を区別できない結果であり、仏教の真髄が明確化されないから、種々の宗派に分裂して、たがいに無益な抗争が続けられているのである。

＊50 釈尊一代五十年の説法——天台大師は、釈尊の教えを、説かれた順序にしたがって、華厳《けごん》時（二十一日間）・阿含《あごん》時（十二年間）・方等《ほうどう》時（十六年間）・般若《はんにゃ》時（十四年間）・法華涅槃《ほっけねはん》時（八年間）の、五時に分類した。なお、入滅前の一日一夜に説かれた涅槃経は、法華涅槃時に含まれる。

＊51 出世の本懐——仏がこの世に出現した究極的な目的のこと。

＊52 足代——高いところへ登るために、材木などを組み立てて造り上げた、足場のこと。物事の基礎、準備、下ごしらえ、などを意味することもある。

＊53 仏の教えに違背することになる——　→補注［55］

結局のところ、それは、価値観と真理観との混交から生じてくるのであり、教育の仕事の立て直しは、そのような状態を払拭《ふっしょく》することから出発しなければならない、と確信する。すなわち、研究過程の結果として発見された真理を、人生に関係づけ、価値を持たせて、被教育者を指導しようとする者は、漫然と発見・研究の過程を再び繰り返すような思想系列に依拠することをやめなければならない。むしろ、それとは逆に、まずもって、その真理がはたして価値を持つか否かを実証させることにより、その人の信を確立させて、以後は再び疑いを起こして真理から遠ざかることがないようにし、それを生活の目的のために利用できるように、はたらきかけることが肝要なのである。

わたしたちが主張する指導主義の教育法の根拠はここに存しているのであり、国語・算術などの各教科のような部分的生活の指導から、修身道徳という全体的生活の指導にいたるまで、信用して疑うべきではない最大の目的が具体的に表現された手本を選定し、被教育者の到達点を明らかにして、それに向かって工夫をこらしながら進ませようとするのである。それは、生活の目的も明らかにせずに漫然と真理の研究に従わせて、真理発見の経路を反復させる方法や、目的を明らかにはしたが、低級のものに安んじているために、たちまちのうちに行き詰まり、その先は五里霧中[*54]の彷徨《ほうこう》[*55]に陥らせるような方法とは異なり、人間が知り得た無上・最大の目的を選定して、動揺や不信を防ぎ、これに到達するための最高価値の方法を研究して、被教育者を最初からまっすぐ進ませていくのである。

＊54　五里霧中——五里四方が霧におおわれて、西も東もわからなくなっている様子。転じて、現状を把握することができず、先の見通しがまったく立たないこと。また、心に迷いがあり、考えが定まらないことをさすこともある。出典は『後漢書』。

＊55　彷徨——さまよう、うろつく。目標を見失って、おろおろしているありさま。

後の第六章で説明する仏教における究極の教えも、この指導主義の教育法とまったく性質を一にしている、と理解することができる。なぜなら、既成の各宗・各派が、すべて、無上・最大にいたらない目的を示して人々を行き詰まらせ、はなはだしいのになると、目的を示す教祖みずからが感化の当体となり、人々を師弟相対という差別待遇[＊56]から永久に脱することができなくさせてしまうのに対して、それらの宗教を超越した仏教の究極にいたると、人間はすべて平等であること、また、根源の法である無上・最大の「妙法」[＊57]の功徳が明かされて、人々の生活が向かうべき無上・最大の目標が定まり、それに直達《じきたつ》する方法が授けられるからである。このことは、信にもとづいた価値の証明によれば容易に理解できるであろうし、一度理解すれば、従来の生活法はことごとく信用を失墜する。それゆえ、ここに敢然として、帰依の根拠を明らかにするのである。

＊56　**師弟相対という差別待遇**――師匠あっての弟子であり、師匠が上で弟子が下であるという、差別的な関係に位置づけられることをさしている。

＊57　**「妙法」**――仏の真意を説いた、不可思議で深遠な法。日蓮大聖人の仏法、すなわち、「南無妙法蓮華経」の三大秘法のこと。「正法」ともいう。↓補注［56］

第五章　創価教育学の体系とその根拠

第一節　創価教育学の知識体系

教師を相手とする職業指導原理としての教育学[*1]は、昔から、師範学校にも大学にも、教科として厳然と存在しているが、教壇の実際生活とはまったく没交渉であり、何の役にも立たないこと[*2]は、教師も生徒も知っている。それでも、官立学校のことであるから、何らの苦情も起こらず、数十年一日のように、無価値な講義が形式的に繰り返されてきた。このことが、他のすべての分業が合理的な進歩を遂げているにもかかわらず、教育のみが原始的な状態に停滞し、暗中模索の最低能率に甘んじて、沈滞した状態にとどまっている理由なのである。

＊1　教師を相手とする職業指導原理としての教育学――牧口は、改めて、教育学が、教師のための学習・生活指導に関する学であることを、確認しているのである。

＊2　何の役にも立たない――牧口は、このことを、「二階から目薬」であるといっている〔『全集・第五巻』、一六〜一七頁参照〕。

また、医学やその他の生活科学は立派な自然科学の体系を形成しているのに、教育学が依然として科学としての存在さえも疑われ、デュルケム氏[*3]のような人物ですら、科学とアートの中間に位置する実践的な理論に過ぎない[*4]といっているのは、どうしてなのであろうか。それは、きっと、哲学的に人間の性質を観察し、その本質から教育の方法を演繹しようとしているからである。ゆえに、本書は、従来の哲学的教育学とは着眼を一転し[*5]、一般自然科学の方法に準じて、教育実際の経験的な事実から帰納することにより、根本原理に到達しようとしたのである。

***3　デュルケム**――フランスの社会学者・教育学者（一八五八～一九一七）。↓補注［57］

***4　科学とアートの中間に位置する実践的な理論に過ぎない**――実は、デュルケムが「実践的な理論」に過ぎないといったのは、二十世紀初頭当時の教授学、つまり、今日でいうところの教育方法学のことなのである。↓補注［58］

***5　教育実際の経験的な事実から帰納する**――牧口は、『体系・第一巻』の第一編教育学組織論・第三章教育学の本質のなかで、教育学は、教師の教育作用を対象とした、「自然科学的研究法を採用する精神科学的応用科学」〔『全集・第五巻』、六一～六二頁参照〕である、と主張する。

したがって、創価教育学の知識体系は、左記のように図式化することができるだろう。

序[*6]

- 教育学組織論
- 教育目的論 ……………（第一巻）
- 教育原理としての価値論………（第二巻）

正

- 政策的方法論 … **教育改造論** …（第三巻）
- 実際的方法論 … **教育方法論** …（第四巻）
- 技術的方法論 … **学習指導論** …（第五巻）[*7]（近　刊）

（第五巻内容）

- 信用確立論
- 指導態度論
- 認識法指導論
- 評価法指導論
- 評価標準論
- 創価法指導論
- 生活指導論
- 不良性善導論
- 宗教教育論
- 教導[*8]段階論[*9]
- 教導程度論[*10]
- 学級経営論
- 学校統督論

流通（未刊）

- 郷土教育論[*11]
- 道徳教導論[*12]
- 国語（読み方・綴り方）教導論
- 算術教導論
- 地理教導論
- 歴史教導論
- 理科教導論
- 技芸教導論[*13]

＊6　序・正・流通――経典の教えを三段階（序分・正宗分・流通分）に区分して解釈する仕方。序分《じょぶん》は、趣旨や由来を説いて導入する序論の部分。正宗分《しょうしゅうぶん》は、本論ないし教えの中心的な部分。流通分《るつうぶん》は、教えを後世に広く伝えるために説かれた部分。牧口は、この三段階によって「創価教育学体系」を構造化したのである。なお、流通のなかに、体操・農業・商業などに関する教導論は含まれなかったようである。それは、体育や実業教育については、学校の外で学ぶ部分が多く、どちらかというと、実社会で身につけることの方が大事である、とされていたからではなかろうか。

＊7　第五巻――『体系』の第五巻は「近刊」となっているが、結局のところ、出版されることはなかった。したがって、ある意味で、「創価教育学」の「正宗分」すら、完結しなかったわけである。

＊8　教導――牧口は、本書の前年に著された「教育の態度を論ず（教育態度論）」のなかで、誤解を招き易い「教授」の代わりに、知識することを指導するという教師の独特な役割を明確化させるため、「教導」もしくは「学習指導」ということばを用いるようになった、と述べている。しかも、それは、実際生活における学習の指導、すなわち、「生活指導」をも包含していたのである〔『全集・第九巻』、一九頁参照〕。

＊9　教導段階論——これは、被教育者の学習生活を、時間を追って指導していく過程に関する考察のこと。

＊10　教導程度論——これは、やさしいものからむずかしいものへ、徐々に進行していく指導に関する考察のことではないか。

＊11　郷土教育論——ここだけは、教導論ではなくて、教育論になっている。→補注［59］

＊12　道徳教導論——当時は「修身」という科目のもとにおこなわれていたが、牧口は、あえて、「道徳」の語を用いているように思われる。

＊13　技芸教導論——これには、図画・手工・唱歌などの科目が含まれているのではなかろうか。

第二節　教育ないし生活の原理としての価値論の大意

教育の目的は、哲学者によってではなく、人類の目的とされるものに依拠して、定められるべきである。そして、アルフレッド・ノーベル氏[＊14]が、「遺産は相続することができるが、幸福は相続することができない」[＊15]というところの幸福こそ、教育の目的でなければならないと断定し、あらゆる価値は幸福の内容を表すもの[*16]とするのである。

＊14　アルフレッド・ノーベル――アルフレッド・ノーベル（Alfred Bernhard Nobel, 1833–1896）は、スウェーデンの化学者、工業家。ダイナマイトや無煙火薬などを発明し、莫大《ばくだい》な富を築いたが、孤独な性格のためか、私生活は必ずしも幸福ではなかったようである。その遺産は、遺言により、ノーベル賞の資金に当てられた。

＊15　「遺産は相続することができるが、幸福は相続することができない」――このことばが最初に引用されたのは、『体系・第一巻』の第二編教育目的論・第二章教育の目的としての幸福においてであった。出典は不明であるが、幸福と財産とは必ずしも一致しないという趣旨の文言について、牧口は、「わたし自身の一生中に、これほど力強き適切なる教訓を、言語のうえで受けたことがない」〔『全集・第五巻』、一三一頁参照〕とまで述べている。また、彼は、それを何度も引き合いに出しているのである〔『全集・第五巻』の一三八頁・三六八頁、『全集・第六巻』の一二三頁、『全集・第八巻』の三二三頁、などを参照〕。

＊16　あらゆる価値は幸福の内容を表すもの――牧口は、『体系・第二巻』の第三編価

値論・第一章緒論＝価値と教育のなかで、「幸福な生活とは、つまるところ、価値を遺憾なく獲得し実現した生活のことである。」〔『全集・第五巻』、二一五頁参照〕と主張する。

従来の教育法においては、知識または認識の指導についての研究がかなり積み重ねられてきたが、評価法と創価法の指導に関しては少しも意識的に研究されてはこなかった。それは、価値の本質が明確化されなかったからである。すなわち、教育全般の根本原理が明らかなっていないために、教育の意識的・計画的方法を確立することができなかったのであった。したがって、その根本原理を明らかにするためには、まずもって、認識と評価との両作用を区別すること[*17]から出発しなければならない。なぜかといえば、無評価の認識と、無認識の評価は、いずれも正しく成り立つものではないのに、世間では相当な知識人たちですら、往々にして、認識と評価とを混用しているために、意見の対抗および紛争が生じてしまうからである。

＊17　認識と評価との両作用を区別する――牧口は、認識と評価が、ヘルバルトのいう「経験」（真理を求めるはたらき）と「交際」（価値の創造につながるはたらき）との両作用に対応するものである、と洞察する。↓補注［30］

価値の概念*18は、まっさきに、真理の概念と区別されなければならない。認識の対象を如実に表現したものが真または真理であり、不如実な表現は虚偽である。つまり、真偽の判定とは、対象そのものではなくて、その表現の方法に関することなのである。これに対して、評価は、生活主体とその対象との関係状態をいうのであり、利害・善悪・美醜の三対は、生活関係の方面と、その正反とを表すものにほかならない。ゆえに、真理と価値とはまったく似ていない異質な概念であるから、真・善・美を等しく人生の理想のように考えた同類概念の系列は、利・善・美の系列に置き換えられねばならないわけである。

＊18　価値の概念――牧口は、次のように定義づけている。「価値は対象の生命に対する比重の謂《いい》である。」〔『全集・第五巻』、一七七頁参照〕

「対象と主観との関係状態を社会は価値と名づける」〔同上、二一九頁参照〕
「価値を人間の生命と対象の関係性という。」〔同上、二九三頁参照〕

こうして、価値の判定は、生活との関係の有無と、関係の質および正反（利害・善悪・美醜）と、関係の量（大小・軽重・深浅・濃淡・広狭・直接間接など）との、三段階を経過した評価作用によって完結するのである。ただし、価値判定のもとになる評価作用の標準は、認識作用のそれのように、客観的に構築することは不可能である。政治・経済・芸術・宗教などの生活の結果に関する判定が、まちまちに分かれて論争が絶えないのは、このことによっている。それゆえ、価値判定に際しては、同種類の具体的な事物を対照し、人生との関係を考えて、価値の大小・軽重などを比較するよりほかに道はない。そして、これについては、「日出《い》でぬれば星隠れ、巧を見て拙を知る。」ということこそ、わたしたちが求めている評価法の原理なのである。

つまるところ、価値は、生命の伸縮に対する比重*[19]に過ぎず、その判定の基準となるべきものは生活の目的観の遠近・大小であるから、第四章・第一節の図式「生活目的観進展の段階」と照らし合わせてみると、次の評価標準*[20]が成り立つであろう。

一、生活の目的観が遠大であればあるほど、対象の価値は軽小と判定され、近小になればなるほど、重大と判定される。

二、価値が大価値に対すると、反対の価値に変化する。たとえば、美が大美に対すると醜となり、利が大利に対すると害となるのと同じように、善が大善に対すれば悪に変化することになる。それとは反対に、醜が大醜に対すると美となり、害が大害に対すると利となるように、悪が大悪に対すれば善に変化するのである。だから、近小の利を与えて、遠大の利益を奪ったり、損害を与えたりするのは、悪魔*[21]であるが、「かわいい子には旅をさせよ」と、遠大の利益のために、近小の損害を与えるのは、親心であり、善神*[22]である。宗教・政治・経済などの正邪・善悪の判定は、この標準によれば明瞭になるのである。

三、価値判定の標準は、人格価値の高低と文化発達の程度によって異なってくる。[*23]

19　価値は、生命の伸縮に対する比重――牧口は、『体系・第二巻』の第三編価値論・第四章価値観において、次のように述べている。
「特に主観の生命の伸縮の原因となる関係に対しては、人々は利害といい、善悪といって、価値概念のなかに包括する。」〔『全集・第五巻』、二九二頁参照〕
「我が生命の伸長に力を与えるものを価値ありとするのである。」〔同上、二九九頁参照〕

20　評価標準――これは、当初、『体系・第二巻』の第三編価値論・第七章評価法及創価法において展開された考察〔『全集・第五巻』、三九〇～四〇二頁参照〕を整理・要約して、修正を加えたものである。　↓補注〔60〕

21　悪魔――「魔」と同義。人の心を悪い方へさそいこむもの。仏道修行を妨げる種々のはたらき。

＊22　**善神**――一般的には、福をもたらす神と解釈できるが、おそらく、牧口は、正法を受持した人々とその国土を守護する諸天善神（梵天・帝釈・八幡大菩薩・天照大神・四天王など）のことを念頭においているのではなかろうか。

＊23　**人格価値の高低**――これは、「目的観の大小」と「人格統一力の強弱」によって判定することができる、とされている。詳細については、『体系・第二巻』の第三編価値論・第六章人格価値・第三節人格価値の要素及び人格教育〔『全集・第五巻』、三八三〜三八九頁〕を参照していただきたい。↓補注〔32〕

第六章

教育ないし生活の根本原理としての仏教の極意

第一節　仏教の極意と現世の生活との関係

無限の時間・空間および精神・物質両界にわたる大宇宙の因果の法則に従った、最大価値の生活法を証明されたのが、仏教の極意[*1]にほかならない。そして、因果の法則というのは、自然科学の研究対象である物質的なものだけでなく、心と物との相互関係によって価値として現れる[*2]、因果倶時《ぐじ》の法則[*3]のことをも含んでいる。すなわち、因果一念[*4]または一念三千[*5]といわれる仏教の極意こそ、わたしたちの生活と密接に関係している法則の本体として、どのような人も尊崇しなければならない目的なのである。

***1　仏教の極意**——「妙法」、すなわち、「南無妙法蓮華経」のこと。

***2　心と物との相互関係によって価値として現れる**——牧口は、「対象と我との関係性を表現したものが価値である。」〔『全集・第五巻』、二一八頁参照〕と述べている。なお、本書の168～169頁の注を参照。

***3　因果倶時の法則**——「因果倶時」とは、一念という瞬間の生命に、原因と結果が倶《とも》に同時にそなわっていることをいう。一般に、因と果との間には何らかの時間的な差異がある（因果異時《いじ》）とされているが、仏教の極意である「妙法」を根本とした生活では、因となるおこないと果としての価値創造が同時的かつ一体的に繰り広げられることを、意味しているのではなかろうか。

***4　因果一念**——原因と結果がともに一念のなかにそなわっていること。「因果倶時」と同意。究極的にいうと、仏道修行と成仏の境涯は、一瞬の生命のなかに同時的に具足していることをさす。

***5　一念三千**——これは、仏教の極意を哲学的に表現した法門である、といえるだろう。↓補注〔61〕

仏教の極意は、生活に縁遠い真理の研究や説明などとは、まったく性質を異にするのである。もちろん、それは、真理の研究なのであり、因果の法則こそ、まさしく、偉大な真理に相違ない。けれども、真理の研究だけであれば、科学・哲学の領分にとどまっていて、いまだに宗教の領分へ一歩も踏み込んではおらず、技術・芸術ないし生活の領分へ入り込んでもいないことになる。人間の生活は、科学や哲学の研究にもとづいて成り立っているのではなく、学問が起こる以前に、人類の発生と同時に始まっている。ゆえに、価値を対象とする生活の科学ないし技術・芸術の科学は、価値に関係しない自然科学と同じように、人間の生活現象を対象として発生したものなのである。[*6]

＊6　この段落の論述は、「真理の認識」と「価値の創造」という二元的な思考が創価教育学の基軸になっていることを、暗示しているように思われる。そして、この対概念については、斎藤正二『牧口常三郎の思想』（第三文明社、二〇一〇年八月）の第一部・第一章を参照していただきたい。

そうであるから、学問から生活へ入ることができないのと同様に、神学や宗教学から宗教信仰に入ろうとするのは、まったく本末転倒である。[*7] 実際、神学や宗教学それ自体でさえ、必ずしも正当に作り上げられたものではないのである。ところが、それを成し遂げたと思っているのは、その実、虚妄《こもう》な観念の遊戯でしかないし、そんなものが実生活に応用されることはない。生活体験にもとづかない価値の学[*8]が、できるわけはないからである。

＊7　**学問から生活へ入る……本末転倒である。**——たとえば、牧口は、『体系・第一巻』の第一編教育学組織論・第四章教育学の研究法なかで、「科学は、いつも、実際経験の後から発達する」〔『全集・第五巻』、六八頁参照〕、また、「科学は、生活より出発するものであり、生活の事実の観察、考究のうえに組織さるべきものである」〔同上、七一頁参照〕と述べている。

＊8　**価値の学**——宗教は、人間の幸・不幸につながる価値問題に関するものであるから、神学や宗教学は、当然のことながら、生活体験にもとづいたものでなければならない、ということ。

この仏教の極意は、あらゆる宗教がめざしているところであれば、それ以上の生活法が存在しないかぎり、宗教の極意として位置づけられるにちがいない。しかも、それは、政治・経済・道徳、ならびに、それらの技術・芸術の、目標でもある。つまり、仮にも、人生を見かぎらず、幸福を願い不幸を避けようとして、政治・経済・道徳などの現世の生活から離れられないかぎり、それらはともに人間の生活において禁じることができない要求に応じて生起したものであるから、現在と未来の二世にわたる幸福を授けようとする宗教生活を、*9 冷眼視することはできないはずなのである。なぜかというと、それらの諸生活に従事する以上、だれでも人並みに最大価値の生活法を望まない者はないというのが、人情であるからだ。

＊9　現在と未来の二世にわたる幸福を授けようとする宗教生活——→補注［62］

それゆえ、いずれの生活方面においても、最大価値の生活法が出現した以上、それに帰一できないという理由が見当たらないのは、一度最新型の自動車に乗った者が、もはや不快な旧式自動車に乗る気にはなれず、まして、馬車や人力車などには乗りたがらないことが、証明しているのである。にもかかわらず、宗教にかぎって、正邪・善悪の見分けもつかず、種々雑多な宗教・宗派が雑然と並存・対立し、おたがいに競争・排斥し合い、いつまでたっても帰結するところを知らない状態にあるのは、なぜなのか。

それは、宗教が起こった当初の要求[*10]を忘れて、その目的は実生活と遊離した真理の究明などにあると誤解し、宗教の本質は、政治・経済・道徳などと同様に、最大価値の生活法を求めることにあるというのを、失念したためなのである。また、それは、最大価値の生活法を説いている宗教の正しさがひとたび証明された暁には、それ以下のすべての宗教がその存在理由を失い、あたかも「日の出後の衆星《しゅうせい》のごとく」なるのを恐れるために、職業宗教家[*11]などが公正な判断を下しえず、下したとしても証明を阻害することになるのを、一般大衆が看破しえない結果であるだろう。気の毒なのは、直接的な損害を受けつつあることを知らない、無知な大衆なのである。

＊10　宗教が起こった当初の要求――宗教の起源は、宗祖または教祖が、人々を苦悩と不幸から救済しようと思い立ったところから始まっている、といって良い。すなわち、宗教は、人間の幸福のために起こったわけであり、人間が神や仏を求めていったのである。

＊11　職業宗教家――神や仏に仕えることによって生計を立てている者のこと。これが、しばしば、政治的な権力と結託したり、民衆のうえにあぐらをかいたりして、独善的な振る舞いをなすという、ゆがんだ傾向性を呈しているのである。

第二節　仏教の極意の三大要点

因果の法則は、人間の現世だけでなく、時間・空間を問わず精神・物質両界において果てしなく厳然と存在し、そのなかで生きているわたしたちは、どのようにしても、その支配から免れることは不可能なのである。しかも、そこにこそ、現在生活の苦楽・禍福の根底がある。なぜなら、因果の関係は、はなはだ複雑・深遠であり、どんな科学者の力でもとうてい分析し尽くせるものではなく、一般の人々は、「どうにもならない運命」として諦《あきら》めてしまったり、諦めようとしているが、そう簡単に諦めきれる性質のものではないので、結局は「泣き寝入り」の状態に陥り、いつまでも煩悶《はんもん》・苦悩が続き、ついには、さまざまな悲劇を演じているからである。

そこで、この運命の法則を明らかにすることにより、その対策までも授けて、どのようにして「鬼は外、福は内」の生活[*12]を現在および未来に保証していくかが、仏教究極の正意《しょうい》なのである。

＊12　「鬼は外、福は内」の生活――不幸をもたらすものは排除し、幸福につながる因と縁は大事にしていくような生活のこと。

人間というのは、ほかの人ができたことであれば、自分にもできるであろうと考え、だれでも、最終的には、無上・最大の要求にまでいたらなければ、とどまることを知らないものである。だから、そういう人間の本性に従って、諸種の宗教の価値を、生活の体験にもとづいて、自由に公平に比較・検討させてみれば、ついには必ず、仏教の極意に到達せざるをえなくなるはずである。

種々の宗教は人々の希望に応じて生起したのであるから、仏教の極意はだれもが希望しているところであり、これを超えるものが現れない以上は、すべての宗教に通じるものである。そのうえ、このことは、人々の必要に応じて起こった政治・経済・道徳・技術・芸術などにも当てはまるから、宗教の極意であるのみならず、すべての生活法の極意である、ということができる。そして、これを超える方法が現れない間は、無上・最大の正法であるといっても良いのである。

よって、仏教の極意は、以下の三項目に要約することが可能である。

一、無限の時間・空間および精神・物質両界にわたる因果の法則を証明し、利害・善悪の根拠を示して、人生究極の目的を教え、最大価値の生活法に関する原理の確立を可能にさせている。

二、善悪の鑑識法とこれによる懺悔《ざんげ》・滅罪《めつざい》*[13]の法を授けて善人と化し、生活の根本的な立て直しを実行させ、泥中の蓮華《れんげ》のように清浄な存在となして、結果的に、過去の悪因を解消し、未来の善果を保証してくれている。それは、あたかも、以前につくった負債を返済して、信用を回復するようなものである。

三、入り乱れて巻き起こる内外の障魔*[14]を恐れないだけでなく、みずから進んでこれを駆り出して克服すること*[15]により、ますます信仰を深め、他を化《け》することによって*[16]、過去の負債を返済するだけでなく、それ以上の功徳を積んで、「毒を変じて薬となす」*[17]ように、禍《わざわい》を転じて福となす、最大幸福の域に達する法を授けている。

＊13　懺悔・滅罪――「懺悔」は、過去に犯した罪悪を告白し、悔い改めて、許しを請うこと。仏教では「さんげ」という。「滅罪」は、仏道修行に精進して、罪業・罪障

を軽減・消滅すること。

＊14 内外の障魔――「障」や「魔」は、生命の内部から発することもあれば、外部からの圧力として加えられることもある、ということ。↓補注〔46〕

＊15 みずから進んでこれを駆り出して克服する――ここは、あえて障魔を呼び起こしながら仏道修行に励んでいく、勇気の信仰を示唆されているところ。

＊16 他を化する――「化他」のおこないのこと。正法修行の両輪である「自行化他」の一つ。「自行《じぎょう》」は、自分が功徳を受けるための修行。「化他《けた》」は、功徳を受けさせるために、他者を教化《きょうけ》・化導《けどう》することをいう。↓補注〔63〕

＊17 「毒を変じて薬となす」――「変毒為薬」のこと。本書の45頁参照。

わたしたちの眼前に展開されている種々の世相・禍福・苦楽は、すべて、無限の過去の結果であるとともに、未来永劫《えいごう》の原因を形成するものであり、どんな人種の、どのような人でも、免れることのできない運命なのである。人間は、科学・芸術・道徳・政治・経済などの分野においては、その運命を知らず知らずのうちに信服《しんぷく》[*18]し実証していて、文化が発達した今日では、疑う余地もないと考えている。だが、過去・現在・未来の三世にわたることについては、凡眼《ぼんげん》では信じることができないから、仏は、種々の因縁・種々の譬喩《ひゆ》を用いて説明されているが、それでもなお、人々はなかなか信じきることができないので、自身の滅後の二千五百年先までのことを予言し[*19]、そのとおりに現証が起きたら決して疑ってはならないと、実証的な説明をされている。それが、まさに、宇宙の「大真理」[*20]というべきものであり、人間の生活はこれを原理としてはじめて、前途に光明があり、生活の軌道が見えてくるというのが、その第一なのである。

＊18　信服——信じて従うこと。

＊19　自身の滅後の二千五百年先までのことを予言し——釈尊は、法華経薬王菩薩本事《やくおうぼさつほんじ》品《ほん》第二十三において、滅後の正法千年・像法千年に続く末法のはじめの五百年に、みずからの教えの力が失われ、地涌の菩薩によって「妙法」が広められていくことを、予言したのである。 →補注［64］

＊20　宇宙の「大真理」——これは、釈尊が説いた教え、すなわち、「無限の時間・空

間および精神・物質両界にわたる因果の法則」のことをさしている。究極のところは、仏教の極意である「南無妙法蓮華経」のことにほかならない。

けれども、宇宙の「大真理」を、理性によって客観的に認識し、賛美しているだけでは、生活に役立つことはない。そこで、極めて少数の利口者は、それを生活に応用して価値を創造するのだが[*21]、他の大多数は、それを見習って生活しているに過ぎない。ゆえに、後者の場合には、理性のうえに、価値意識のはたらき[*22]が求められることになるが、価値意識が明確になると、必要以上のものには価値がなく、ものの独占は未来の貧困を結果する貪欲《とんよく》[*23]であることがわかってくるのである。

＊21 それ〔宇宙の「大真理」〕**を生活に応用して価値を創造する**――　→補注〔65〕

＊22 価値意識のはたらき――具体的には、美醜・利害・善悪について、関心を抱くこと。

＊23 貪欲――生命に巣くう根源的な三種の煩悩（貪《とん》・瞋《じん》・癡《ち》）のうちの一つ。おのれの欲するものに執着して、飽くことを知らず、非常に欲が深いことをいう。

たしかに、人間としてふさわしい生活を営むことがなかなかできなかった粗暴な時代には、全体の迷惑などはおかまいなしに、好き勝手に振る舞うことも、ある程度は許されていたかもしれない。しかし、個人の生活は全体社会の力によって安定することがはっきりしてきた今日においても、依然として昔ながらの貪欲によって言動をなすことは、あたかも、因果の法則が見えない子どもや青年が、当たり前におこなうべきことを平気で失策してしまい、全体に迷惑をかけているのと同様である。

とにかく、真の犯罪防止は、法律や道徳の制裁によってできることではない。無限の時間・空間および精神・物質両界にわたる因果の法則が理解されるようになってはじめて、社会の平和が得られ、人々の幸福が実現するのである。

ただし、それで、将来の悪因を防ぎ善因を継続するための基礎はできるとしても、過去の悪因をどのように回避し、現在以後の安全を保証するかという問題に対しては、懺悔《ざんげ》・滅罪が可能になる「妙法」によって、過去の悪因を中断し、今後の悪果を防ぐとともに、これまでの罪科の消滅ないし軽減が保証されるというのが、その第二なのである。

ところで、これは、法華経にいたってはじめて証明されたもので、それ以前の諸経は、このための準備であり方便に過ぎないということは、釈尊ご自身が、法華経の開経にあたる無量義経において、「四十余年には未だ真実を顕《あらわ》さず。」[*24]と仰せになったとおりである。それが、わたしたちの生活において実験証明されるから、信じざるをえない。わたしたちの同志となった人々は、その具体的な事例なのである。

*24 **「四十余年には未だ真実を顕さず。」**――無量義経の文。釈尊一代五十年の説法のうちでも、法華経以前の四十年あまりの間に説いてきた諸経は、仮の教えであるということ。→補注［66］

しかしながら、懺悔によって枝葉的な小罪は消滅できたとしても、謗法《ほうぼう》[*25]（正しい最上の法則を説き明かした法華経に背く）という根本的な大罪は、そう簡単に滅《めっ》することができないから、法罰《ほうばち》*26または障魔という名称によって表される災害が起こり、以前からの借金を返済するのと同じように滅罪させていく。しかも、その功徳を他者にも分かち、人を救うことにより、積極的な「変毒為薬《へんどくいやく》」に相当するような転禍為福《てんかいふく》*27となし、それによって、成仏（生死を超越した最大幸福の境涯）という無上・最大の幸福に到達するための法を証得《しょうとく》させる*28というのが、その第三なのである。

*25 謗法——誹謗《ひぼう》正法の略。法華経の正しい教えに背いて信じることができず、かえって反発し、憎んで、悪口をいうこと。また、正法を護持《ごじ》し広める人を誹謗したり、信仰をやめさせたりする人をさすこともある。

*26 法罰——正法に背き反対したことによって受けざるをえなくなる罰のこと。詳しくは、第七章・第三節を参照。

*27 転禍為福——文字どおり、禍《わざわ》いを転じて福となす、という意味。

*28 証得させる——「証」は、あかす、あかしをたてる。「得」は、自分のものにする、身につける。仏教では、いずれも、さとり、さとることを意味する。それゆえ、ここ

は、「妙法」の力によって「無上・最大の幸福に到達するための法」を体得することができる、ということ。

とはいえ、それでもなお、個人的な生活の無明《むみょう》[29]をなかなか脱しきれないから、まだまだ理想にはほど遠い状態であるだろう。だが、真の全体主義[30]に目覚め、すべての人に対して親心のような慈悲で接し、ともどもに三世の大法に冥合《みょうごう》して、生死を超越すれば、完全な成仏の域に達することができるのは、疑いないのである。[31]

＊29　無明――物事をありのままにとらえることができない迷いの生命。真理や道理に明らかでないこと。衆生の生命に本然的《ほんねんてき》にそなわっている根本的な迷いのことを、「元品《がんぽん》の無明《むみょう》」という。

＊30　真の全体主義――第四章・第一節の図式「人格分裂（目的観念の段階）」〈本書、129頁〉を参照。

＊31　ともどもに三世の大法に冥合して、生死を超越すれば……疑いないのである。――ここでは、いわゆる「自他ともに幸福な生活」〈『全集・第五巻』、一四二頁参照〉

が思念されているようである。しかも、それは、ともどもに過去・現在・未来にわたる「三世の大法」（南無妙法蓮華経）に「冥合」（根底的な部分にいたるまで合一して、すべてにおいて差し障りがないこと）し、あらゆる苦しみや迷いを乗り越えて、本来の生と死に向き合うことを、含意しているのではなかろうか。

第三節　釈尊と日蓮大聖人との関係

以上のような広大無辺の不思議な法則が存在し、わたしたち一切衆生の生活を支配している[*32]ということは、どんなに理知的な人でも、とうてい思い及ばないのではなかろうか。それゆえ、日蓮大聖人が「妙法」をどれほど強く説明されても、いたずらに世間から嘲笑《ちょうしょう》されるばかりで、信用されることはなかったのであった。しかし、生活に関係する価値の体験的な証明に依拠すれば、どのような人でも、この驚くべき神通力[*33]を否定しえなくなるのである。

＊32　一切衆生の生活を支配している——ここの「支配」は、他者の思考や行動を思い

どおりに左右するということよりも、むしろ、何らかの原理・原則が重要な因となって、人間の考え方や行動の仕方にそれ相応の影響を及ぼすことを、意図しているのではなかろうか。

***33　神通力**――一般的には、何事でも成し遂げることができる、超人的で自由自在な能力のこと。神力・通力ともいう。ここでは、仏教の極意（妙法）の偉大な功力《くりき》を意味している。

もっとも、釈尊の教えでさえ、そうなのである。法華経の説法の場に、多宝如来[*34]や上行菩薩[*35]などが現れて、その真実を証明されたとしても、理解に及んだのは当時のわずかな衆生だけでしかなかった。また、滅後においては、天台・妙楽・伝教などの四依《しえ》の人師《にんし》[*36]が解釈につとめられたにもかかわらず、わたしたち凡夫が理解できるような程度にまではいたらなかったのである。

***34　多宝如来**――東方の宝に満ちた清浄な国土に住む仏。虚空会《こくうえ》の儀式がはじまる見宝塔品《けんほうとうほん》第十一で出現し、宝塔のなかから、大きな声で、「釈迦牟尼世尊《しゃかむにせそん》の説きたまう所の如《ごと》きは、皆《み》な是《こ》れ真実なり」〔『妙法蓮華経』、三七三〜三七四頁参照〕と証言した。

***35　上行菩薩**——従地涌出品《じゅうじゆじゅっぽん》第十五において、釈尊の本弟子として登場した地涌《じゆ》の菩薩の上首《じょうしゅ》である四菩薩（上行・無辺行・浄行・安立行）の筆頭者。上行は、生死の苦しみに束縛されない、自由自在な境涯を体して、本仏の垂迹という姿で涌出《ゆじゅつ》する。日蓮大聖人は、一往、その再誕として末法に出現したのである。

***36　天台・妙楽・伝教などの四依の人師**——「四依の人師」とは、仏滅後、正法を護持して弘通《ぐつう》し、衆生のよりどころとなった導師のこと。「四依の論師」ともいう。

↓補注［67］

その結果、今までの歴史が証明しているように、さまざまな仏教の教えが存在することによって、かえって思想が混乱したのであった。だから、日蓮大聖人が、法華経に説かれているとおりに、末法の日本に出現し、*37 その文々句々を御一生に示顕《じげん》して、生活との関係を証明されなければ、法華経は、単なる雄《ゆう》渾《こん》・壮麗な構想の小説という、文学的鑑賞の作品にしか過ぎなくなってしまっていたのである。

***37　日蓮大聖人が……末法の日本に出現し……**——日蓮大聖人は、法華経の予言どお

りに、外面の姿としては上行菩薩の再誕、内心の悟りでは久遠元初の自受用身《じじゅゆうしん》の再誕として、末法の日本に生まれ、法華経の真実を証明しているのである。

したがって、釈尊のみでも、日蓮大聖人のみでも、単独では、どのような苦心惨憺《さんたん》の証明も、人々の信用はなかなか得られないのである。つまり、前仏と後仏とが*[38]、たがいに相応《あいおう》じたときにこそ、はじめて人々の信用が得られるようになるのであり、この照応する必然的な関係は、釈尊滅後二千年間、インド・中国・日本の三国に出現された多くの高僧・大徳・聖賢と比べて、特殊なものであることが理解されるだろう。法華経に説かれた最大法は、無上であり、一乗の「妙法」*[39]として、過去・現在・未来のすべての仏が一様に承認し賞嘆《しょうたん》される、普遍妥当性を有している。このことは、わたしたちがその最大法を教育の実際に応用できることによっても、証明されるところなのである。

＊**38　前仏と後仏**――「前仏」は仏教の開祖である釈尊、「後仏」は末法の御本仏である日蓮大聖人。

***39 一乗の「妙法」**――「一乗」は、「一仏乗」ともいう。成仏のための唯一の教えの意。したがって、ここは、「妙法」（南無妙法蓮華経）という、あらゆる人々が成仏できる教えのこと。

そして、人々が会得しなければならない最大の生活法は、人間に共通の性質として、どんな人でも希望するものであるから、ひとたびそれが出現して証明されたのであれば、他の一切の生活法は顧みられるべきではないのである。それは、いくら多くても差し支えのない真理とはまったく異なった、価値を特質としているので、上下・貴賤にわたる諸法の並存が許されるはずはない。ゆえに、現在における多くの宗教・宗派は、単なる相異のみによって別々に生存しているが、それらは、価値の大小を比較検討することによって、整理されなければならないわけである。

ところで、釈尊も日蓮大聖人も、法華経が無上・最大の生活法であると説いているが、釈尊の仏法は、在世の八年および滅後の正像二千年間に流通《るつう》した、白法《びゃくほう》と名づける東洋的な生活法*40であり、日蓮大聖人の仏法は、末法万年に流通する日本ないし世界的な生活法としての大白法《だいびゃくほう》*41なのである。しかも、その両者が体している衆生の生命との関係の価値には、月と太陽とのように、大と最大との差異が厳然と存在していて、それは、まさしく、時勢の相違に適合するのである。

＊40　釈尊の仏法は……白法と名づける東洋的な生活法――「白法」とは、清浄な教えのこと。釈尊の仏法（白法）とは、在世の八年間に説かれた法華経のことをさす。その教えは、釈尊滅後、正法千年・像法千年の間に東洋に流布し、それ相応の力を発揮した。

＊41　日蓮大聖人の仏法は……大白法――「南無妙法蓮華経」の三大秘法を根本とする日蓮大聖人の仏法（大白法）は、末法万年にわたり、日本・東洋のみならず、世界中に流布する生活法であるということ。

仏滅後、正像二千年を過ぎて末法に入れば、仏法のためにかえって闘諍言訟《とうじょうごんしょう》を生じて、白法隠滅《おんもつ》*42し、それに代わって大白法が出現すると、釈尊が親しく予言されたことが的確に実証され、日蓮大聖人が「上野殿御返事《うえのどのごへんじ》」のなかで、「今、末法《まっぽう》に入《い》りぬれば、余経も法華経もせん《詮》なし、ただ南無妙法蓮華経なるべし。」[*43]と仰せられたことが、現実に証明されているのである。このことは、他のすべての宗教・宗派が、惰性的に存続し、「日の出後の衆星《しゅうせい》のごとく」、もはや現実生活の指導原理としての価値を失い、たまたま小利益を与えることができたとしても、かえって大損害の原因を作り出してしまうから、教育上には一顧されないのみか、有害無益の存在であると見なされているので、容易に理解できるように思われる。

＊42 末法に入れば……白法隠滅し――末法の最初の五百年（闘諍堅固）には、仏教のなかで絶えず争いが起こり（闘諍言訟）、釈尊の教えが滅んでしまう（白法隠没）、ということ。

＊43 「今、末法に入りぬれば……ただ南無妙法蓮華経なるべし。」――『御書新版』一八七四頁、『御書全集』一五四六頁参照。↓補注［68］

第四節　日蓮大聖人の教え

生活に関する価値の有無・多少は、実際生活の体験によって証明するよりほかに方法がないことは、前述のとおりである。

生活から離れた思索・研究や、価値発達の歴史をひもとくようなことは、他人の財産を計算するのと異ならない。釈尊一代五十年の説法のなかで、法華経の序説である無量義経では「四十余年には未だ真実を顕《あらわ》さず。」、また、法華経方便品《ほうべんぼん》第二では「正直に方便を捨て　ただ無上道を説く」[44]といわれているのは、このことを諭されたものであるだろう。それなのに、今日においてもなお、一切経[45]の研究を企てたり、それを勧誘したりすることは、木に縁《よ》って魚を求めるような迂愚《うぐ》でしかないのである。[46]

＊44　**「正直に方便を捨て　ただ無上道を説く」**――↓補注［69］

＊45　**一切経**――仏教にかかわるあらゆる著述の意。経（仏の経典）・律（仏が定めた

戒律）・論（経典の注釈）、および、中国・朝鮮・日本へ伝えられた経文の解釈・伝記・歴史の記録などを編纂・結集したものの、すべてをいう。

＊46 木に縁って魚を求める——木によじのぼって魚を探すこと。目的と手段が合致しておらず、不可能なことをあえてしようとすることのたとえ。方法を誤ってしまうと、何事も成就しない、という意味。出典は『孟子』。

それと同じ理由により、釈尊の出世の本懐である法華経を、今日のわたしたちが理解するには、そのなかで説かれているように末法に出現して、仏法の真理を実生活において証明された、日蓮大聖人を信じ奉り、教えられたとおりに実践躬行《きゅうこう》し、＊47価値を創造することによって証明していくよりほかに、方法はないのである。そのためには、日蓮大聖人の仏法の根本である三大秘法にのっとり、本門の本尊に、本門の戒壇において、本門の題目を唱えることが、肝心である。しかも、それは、純真な信にもとづく行《ぎょう》によってのみ証明することができ、そうしてはじめて理解しうるようになるのであり、どのように努力しようと、哲学的な読書や思索や研究によってできることではないのは、前に述べたとおりなのである。

＊47　実践躬行――みずからが実際におこなうこと。

正法は正師につかなければ体得できないというのは、このことを意味している。なぜなら、宗教の本質は価値であり、[＊48]価値は生活体験の証明よりほかに、認識の方途はないからだ。それは、十円紙幣として流通している絵紙《えがみ》の価値の有無は、実際に交換してみるよりほかに知る方法がないのと、同じなのである。

＊48　宗教の本質は価値であり――牧口は、「宗教の本質は、政治・経済・道徳などと同様に、最大価値の生活法を求めることにある」〔本書、178頁〕と述べている。

そうであるから、正しい信行者《しんぎょうじゃ》[＊49]でなければ、日蓮大聖人の本当の教えはわからないし、釈尊の真意も正しく解釈することができないので、まことに驚くべき結論にたどりつくことになる。したがって、世界中の仏教徒は、正法に接すると、こぞって憤慨し怨嫉《おんしつ》するのである。

＊49　正しい信行者――仏法を正しく信じて行ずる者。牧口は、「法華経の信者と行者と学者及び其研究法」（一九四二年十二月）のなかで、「大善生活をした人を信じて行をすれば、その価値がわかり、信が起こるのである。」〔『全集・第十巻』、一五八～一五九頁参照〕と述べている。

だが、釈尊の所説に関する見解がまったく正反対に乱立して帰一するところを知らなくても、議論よりは事実が如実に証明してくれるはずである。すなわち、いかなる宗教・宗派・哲学といえども、日蓮大聖人の仏法と対峙《たいじ》して法論をおこなってみると、必ずや、犬が獅子《しし》に向かうように、[＊50]正面からは太刀打ちできるわけがないのである。それは、およそ六百六十年の間、[＊51]日蓮大聖人の教義を破った者が出現しなかったこと、また、三千年来、釈尊の仏法を破った学者が一人もいなかったことから、容易に理解することができるだろう。嘘《うそ》と思うのであれば、いつでも試みてみれば良いのである。

＊50　犬が獅子に向かうように――『御書』には、次のような文言が見受けられる。

「犬は師子《しし》をほう《吠》れば腸《はらわた》くさる《腐》。」〔『御書新版』一六八七頁、『御書全集』一二一九頁〕
「師子王を吼《ほ》うる狗犬《くけん》は、我が腹をやぶる《破》。」〔『御書新版』六八三頁、『御書全集』一五二五頁〕
「犬が師子をほゆれ《吼》ばはらわた《腸》くさる《腐》。」〔『御書新版』二〇四六頁、『御書全集』一五九五頁〕

＊51　六百六十年の間——日蓮大聖人が、一二七九（弘安二）年十月に出世の本懐を遂げたことを宣言してから、本書が著された一九三七（昭和十二）年九月にいたるまで、六百五十八年がたっている。

「智者《ちしゃ》に我が義やぶられずば用いじとなり。」[＊52]というのは、「開目抄《かいもくしょう》」における日蓮大聖人の宣言であるが、その精神は、今日においても、創価教育学会によって堅持されている。現に、わたしたち凡夫が、本書のような議論を展開できるほど、自信と勇気を体していることが、疑いえない証拠なのである。そして、このことは、おそらく、わたしたちを正々堂々と打破する者がなく、かえって陰で怨嫉《おんしつ》の感情を抱いて遠ざかるであろうということによって、たちまちのうちに立証されるように思われる。

＊52　「智者に我が義やぶられずば用いじとなり。」――『御書新版』一一四頁、『御書全集』二三二頁参照。→補注［70］

なるほど、このような仏教の極意に到達するまでには、想像もできないほどの悠久な時間がかかり、無数の諸仏の力が与《あずか》っているにちがいない。法華経方《ほう》便品《べんぼん》第二に、「仏は、かつて、百千万億無数《むしゅ》の諸仏に親近《しんごん》し、ことごとく諸仏の無量の道法を行じ、勇猛精進《ゆみょうしょうじん》して、名称はあまねく聞こえ、甚深未曾有《じんじんみぞう》の法を成就して」[＊53]、また、「仏の成就したまえるところは、第一稀有難解《けうなんげ》の法なり。ただ、仏と仏とのみ、乃《いま》し能《よ》く、諸法の実相を究尽《くじん》したまえり。」[＊54]とあるのは、その説明にほかならない。しかも、釈尊は、一代五十年の説法のうち、「四十余年には未だ真実を顕《あらわ》さず。」と仰せられた後、八年間にわたって、「正直に方便を捨てて　ただ無上道を説く」と法華経を説かれ、出世の本懐を遂げられたので、衆生の信仰がはじめて確立することになったのである。

＊53　「仏は、かつて……成就して」——↓補注［71］

＊54　「仏の成就し……たまえり。」——↓補注［72］

しかしながら、その広大無辺な真理は、わたしたち凡人がたやすく理解できるようなものではない。ゆえに、釈尊滅後の二千余年の間、インド・中国・日本の三国において、経文は読誦《どくじゅ》され講釈されてきたが、その真理は、極めて少数の者を除いて、わたしたちの生活とはまったく関係ない、不可解な謎となっていた。そして、たとえそうであったとしても、正像二千年の間は大して差し支えはなかったのであるが、二千年後の末法に入っては、もはやそれではすまされないようになったので、末法の御本仏日蓮大聖人がこの世に生まれてきたのである。[＊55]

＊55　末法の御本仏日蓮大聖人——日蓮大聖人は、一二二二（承久四）年二月十六日に安房（千葉県南部）小湊の漁村に生まれ、十六歳で出家。一二五三（建長五）年四月二十八日、三十二歳のときに、立教開宗を宣言し、それからあしかけ二十七年後

の一二七九（弘安二）年十月、五十八歳のときに、出世の本懐を遂げたことを宣言し、一二八二（弘安五）年十月十三日に入滅している。↓補注［73］

だから、この前仏と後仏との照応関係によって完成された、いわゆる五重の相対の教相《きょうそう》*56は、哲学的に顧みれば、際限のない記述を必要とするであろう。しかし、それは宗教の研究に任せておいて、価値論的に考えれば、「日の出後の衆星《しゅうせい》のごとく」という原理にもとづき、無価値なものを列挙するだけで良いので、左記の図式を第四章の論述と照らし合わせれば、おおよそのところは理解が得られるようにしておこう。

五重の相対の教相*[56]

宗教
- (一) 内外《ないげ》相対*[57]
  - 外道《げどう》(非仏教) ＝ キリスト教・イスラム教・儒教・神道など、および、その他の新宗教。因果の法則を無視した天造説・宿命説*[58]などを、仏教と区別していう。
  - 内道《ないどう》(仏教)
    - (二) 大小《だいしょう》相対*[59]
      - 小乗教《しょうじょうきょう》 ＝ 阿含《あごん》経によった小乗の戒律にもとづく律宗・倶舎《くしゃ》宗・成実《じょうじつ》宗*[60]など。
      - 大乗教
        - (三) 権実《ごんじつ》相対*[61]
          - 権大乗《ごんだいじょう》 ＝ 浄土の三部経による浄土宗・浄土真宗などの念仏宗*[62]。大日経などによる真言宗*[63]。楞伽《りょうが》経による禅宗*[64]など。
          - 実大乗《じつだいじょう》
            - (四) 本迹《ほんじゃく》相対*[65]
              - 迹門《しゃくもん》 ＝ 法華経前半十四品の迹仏の説、天台宗*[66]などのよるところ。
              - 本《ほん》門《もん》
                - (五) 種脱《しゅだつ》相対*[67]
                  - 脱《だっ》益《ちゃく》 ＝ 法華経後半十四品の久遠実成《くおんじつじょう》の仏の説、日蓮宗各派がよっているところ。
                  - 種《しゅ》益《やく》 ＝ 法華経寿量品文底《じゅりょうほんもんてい》の本仏の説、日蓮大聖人の本当の教え。

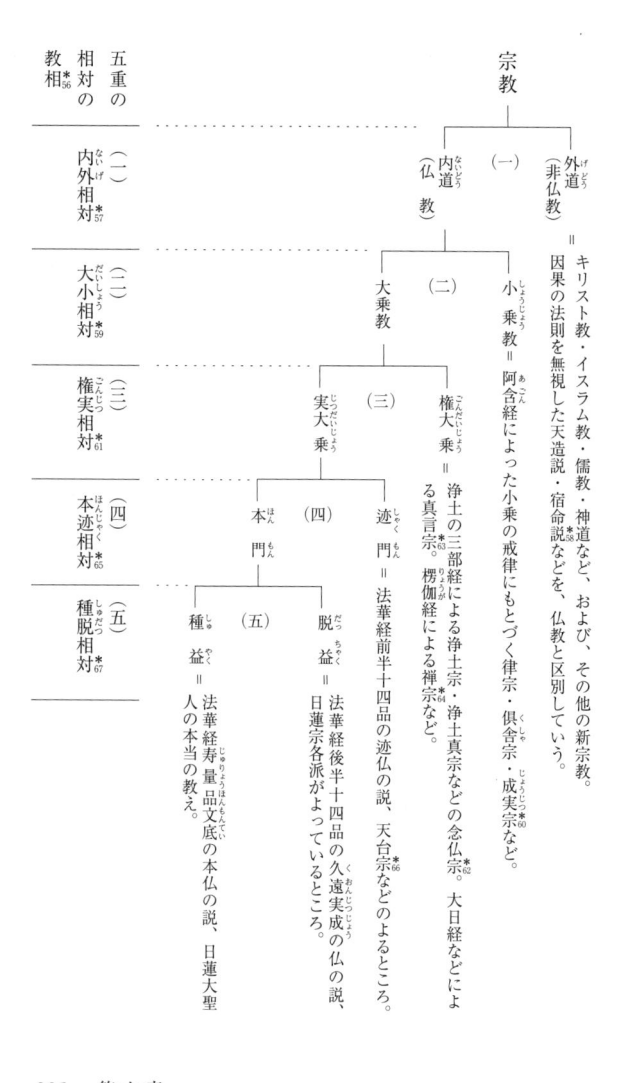

＊56　五重の相対の教相――これは、一切の思想・宗教、なかでも釈尊の一代聖教を、五つの次元（内外・大小・権実・本迹・種脱）で分類・体系化し、その高低・深浅・優劣を決定していくこと。日蓮大聖人は、「開目抄」のなかで、この宗教批判の原理を用いて、「南無妙法蓮華経」の三大秘法が最高の教えであることを明かしている。

＊57　内道と外道（内外相対）――三世にわたる生命の因果の法則を説き明かした「内道」（仏教）と、それを説いていない「外道」（非仏教）との比較。したがって、外道よりは内道の方がすぐれている。

＊58　天造説・宿命説――「天造説」は、キリスト教などで説かれる天地創造説。「宿命説」は、あらゆることが前世から決定されている運命であり、人間の力ではどうしようもないものであるという説。

＊59　大乗教と小乗教（大小相対）――自利と利他の両面にわたる菩薩道を説いて、多くの衆生を成仏へ導く大乗教と、自己の解脱のみを目的とする声聞《しょうもん》・縁覚《えんがく》の道を説き、少数の衆生しか救済できない小乗教との比較。もちろん、大乗教の方がすぐれている。

＊60　律宗・倶舎宗・成実宗――これらは、南都六宗（倶舎・成実・三論・律・法相・華厳）のうち、小乗教に属する宗派。依経である阿含経は、釈尊が、天台宗の教判

である五時（華厳・阿含・方等・般若・法華涅槃）の第二番目に十二年間説いた教えで、小乗の経典として位置づけられている。

＊61　実大乗と権大乗（権実相対）――法華経（実大乗）では、十界互具・一念三千の法門が明かされ、みなが成仏する直道が示されているが、それ以外の大乗経典（権大乗）では、二乗・女人・悪人などは成仏できず、歴劫修行の教えが説かれている。当然、権経（かりの教え）よりも、実経（真実の教え）の方がすぐれていることになる。

＊62　念仏宗――浄土三部経（無量寿経・阿弥陀経・観無量寿経）を依経とし、念仏をとなえて阿弥陀仏の浄土である極楽世界に往生することをめざす宗派。その思想は中国の唐代に大成され、日本では、法然（一一三三～一二一二）が浄土宗を、親鸞（一一七三～一二六二）が浄土真宗を開宗した。なお、法然は、「捨閉閣抛」と述べて、正法である法華経を誹謗し、親鸞は、もっぱら他力による往生を旨とした。

＊63　**真言宗**――空海（七七四～八三五）が、中国の密教思想を伝えて開いた宗派。善無畏・金剛智・不空らがインドから唐にもたらした、大日経・金剛頂経・蘇悉地経などを依経とする。空海（弘法大師）は、大日如来・薬師如来を本尊とし、法華経は、釈尊一代の教説のうちでも第三の劣にあたり、戯論であるといっている。

＊64　**禅宗**――座禅によって悟りにいたろうとする宗派。釈尊が楞伽島（スリランカ）で説いたとされる大乗経典（楞伽経）を依経として、中国の菩提達磨が開宗。唐代以後に盛んになり、日本へは、栄西（一一四一～一二一五）が臨済宗を、道元（一二〇〇～一二五三）が曹洞宗を伝えている。なお、この宗では、「不立文字・教外別伝」（真の仏道は、文字によって伝えられている教法ではなく、別に心をもって伝えたものである）と教えている。

＊65　**本門と迹門（本迹相対）**――法華経二十八品のうち、後半十四品の本門と前半十四品の迹門との比較。前半の迹門では、釈尊が、今世ではじめて成仏した（始成正覚）という垂迹の姿で、万人の成仏を明かしているけれども、いまだ「理の一念三千」でしかない。後半の本門では、釈尊が、実は非常に遠い過去に成仏していた（久遠実成）という本地を明かし、成仏の根源の法である「事の一念三千」が説かれている。いうまでもなく、本門の方がすぐれている。

＊66　天台宗——中国隋代の天台大師（五三八～五九七）によって実質的に開かれた宗派。法華経を依経とし、一念三千の法門を明かしているが、迹門を表、本文を裏と位置づけ、あくまでも「理」の次元にとどまるものであった。日本では、伝教大師（七六六ないし七～八二二）が、入唐して天台の義を学び、帰国後に天台宗を開き、比叡山延暦寺に大乗の戒壇を建立するために尽力した。

＊67　種益と脱益（種脱相対）——法華経如来寿量品《にょらいじゅりょうほん》第十六の文底に秘められた日蓮大聖人の仏法（南無妙法蓮華経）と文上の釈尊の仏法との比較。釈尊の仏法は、過去世に善行を積んだ有縁の衆生を成仏させる本果妙・文上脱益の法門。日蓮大聖人の仏法は、あらゆる衆生を成仏させる「種・熟・脱」の三益《さんやく》を具《そな》えた本因妙・文底下種益の法門。もちろん、末法においては、「南無妙法蓮華経」を信受する以外に、成仏への道はない。

なお、以上のことは、第四章・第一節の図式「生活目的観進展の段階」と対照すれば、大体のところは了解できるように思われる。もちろん、詳細に関しては、改めて別の研究をおこなうことが必要になってくるであろう。

第七章　宗教研究法の革新と家庭・国家の宗教革命

第一節　宗教研究法の転回

価値の有無を実証することによって宗教の去就を定め、価値の大小を比較検討して宗教の高低・深浅を明確化することにより、無上・最高の宗教を選定し、これに帰依して、最大幸福の地位に登り、そこで安住できるようになることが、万人の希望であり、宗教の起こった理由にほかならず、教育の期すべき理想でもある。したがって、それに到達させようとするのが、仏教の極意なのである。

ただし、科学的認識の過程[*1]をたどっていては、その目的を永久に達成できるはずはない。なぜかといえば、価値判定は技術的・芸術的な体験の経路を踏むことによってはじめて可能になるというのは、前述のとおりであるからだ。

＊1　**科学的認識の過程**——これは、観察・帰納にもとづいた自然科学的な認識の過程のこと。「信の確立にいたるまでの研究の過程」〔本書、151頁〕と同義。すなわち、「発生・進歩の原因から結果を導き出そうとして、生活の歴史的な道程をそのまま繰り返〔す〕」〔本書、24頁〕こと。

そこで、まずは、師匠とするに足るような正しい人の言を信用して、教えられたとおりに実行し、体験によって価値の有無を証明したうえで、無価値である主観的な観念論を捨てて、さまざまな人々の言動に左右されることなく、ひたすら生活関係の法を信じていくのである。そして、さらに、どうして価値が証明されるのかを経文および道理に問いただし、いよいよ信仰を確立して、価値の遠大と近小とを比較対照的に研究しながら、ついに無上・最高の極意に達し、ここにはじめて恐れるところのない安全な境地にいたることになる。「一信、二行、三学」[*2]という、科学のそれとはまったく異なった研究法が、すなわち、これであるが、この研究法は、すべての技芸ないし生活法の研究に適用されるべきものであり、現に無意識的にどのような技芸の修業においても実行されているのである。

＊2　「一信、二行、三学」——自然科学の「智解法」とは異なった、価値科学の「信解法」のこと〔『全集・第九巻』、九〇～九一頁参照〕。「智解法」から「信解法」への脱皮は、それまでの価値現象の認識法が誤っていたことが判然としたからである〔本書、24頁参照〕。もちろん、「信解法」は、「妙法」という「仏教の極意」を基盤としたものにほかならない。↓補注［74］

このような宗教研究法の転回は、二十世紀までの伝統から見れば、驚くべき異説として反対されるかもしれない。けれども、宗教に対する人間の最初の要求が、生活とかけ離れた単なる真理の究明などではなく、幸・不幸の運命にかかわり、現在から未来にかけての生活の安定にあることに気がついて、他の一切の価値現象と本質において差異がないということに覚醒《かくせい》すれば、おのずから理解されるのではなかろうか。そうなると、世界各国における無数の宗教の比較・統合も案外に造作なく可能になり、各家庭・各国の宗教革命もそれほど困難ではないことが、明らかになるにちがいない。

日蓮大聖人は、「立正安国論《りっしょうあんこくろん》」[*3]において、次のように結論されている。

「汝《なんじ》、早く信仰《しんこう》の寸心を改めて、速《すみ》やかに実乗《じつじょう》の一善に帰《き》せよ。しからば則《すなわ》ち、三界《さんがい》は皆仏国《みなぶっこく》なり。仏国それ衰《おとろ》えんや。十方《じっぽう》はことごとく宝土《ほうど》なり。宝土何《なん》ぞ壊《やぶ》れんや。国に衰微《すいび》無く土《ど》に破壊《はえ》無くんば、身はこれ安全、心はこれ禅定《ぜんじょう》ならん。この詞《ことば》、この言《ことば》、信ずべく、崇《あが》むべし。」[*4]

*3 「立正安国論」――一二六〇（文応元）年七月、日蓮大聖人が三十九歳のとき、鎌倉幕府の実質的な最高権力者である北条時頼に提出した国主諫暁の書。正法を立てて国を安んずるために著された論文。主に念仏宗を破折《はしゃく》している。

*4 「汝、早く信仰の寸心を改めて……信ずべく、崇むべし。」――『御書新版』四五

頁、『御書全集』三二頁参照。　↓補注［75］

もしも、これを素直に受け入れることができるなら、世界の平和・国家の安寧・家庭の幸福など[*5]は、求めずして得られるようになるだろう。そして、こうした崇高・熱烈な金言が、空しいことに、教育界においてさえも一顧されないでいるのは、まことに痛恨のいたりといわねばならない。根本を培養しないで枝葉の繁栄を期していこうとするから、衰弱してしまうのは当然なのである。

＊5　世界の平和・国家の安寧・家庭の幸福――牧口は、個人の幸福と社会の平和・繁栄とが両立することを、ひたすら望んでいたのである。　↓補注［76］

第二節　半狂人格の暴露

以上の推論には少しもまちがいはない、と確信する。したがって、そうした説明だけでもわからないことはなく、わかった以上は快く信じなければならず、信じたからには、少しの不安もなく、速やかに実行して、生活の目的である価値を獲得しなければならないのが、人間の天性なのである。[*6]

＊6　人間の天性——牧口は、「大善生活法の提唱」（一九四一年八月）のなかで、「最高価値の大善生活法は、人生の理想として、何人《なんびと》も渇望するところのもの」であり、「わたしたちの生活と緊密な関係を持つにいたった事物に対して、取捨選択をしなければならない場合は、何人も、害悪よりは利善を、利善のなかでは小・中よりは大をと、ついには最大価値のただ一つに達しなければ、やむことを得ないのが人情である」と論じている〔『全集・第十巻』、九～一〇頁参照〕。

ところが、実際の生活においては、なかなか、そうたやすく意のままにならないだけでなく、かえって反対の現象さえ表れ、はなはだしいのになると、仇《きゅう》敵《てき》のように怨嫉《おんしつ》または軽蔑《けいべつ》によって報いられるのが普通であるのは、どうしてなのであろうか。これは、実に驚くべき疑問なのである。現に、本書を読んでくださっている、各位の心持ちはどうかというと、おそらくは、たちまちのうちに、この矛盾に直面しておられるのではないか。そして、どこにその原因を求められ、どのようにして、その矛盾を調和し、人格の分裂を防ごうとされるのであろうか。

こうしてみると、認識と評価との両作用はまったく性質が異なっていること[*7]を意識し、感情に走らず冷静に内省して、真の原因を求めて対策を講じ、それによって人をも指導するのが、教育者の科学的な態度ではあるまいか。

＊7 認識と評価との両作用はまったく性質が異なっている——認識と評価、真理と価値のちがいについては、第二章・第五節、および、第五章・第二節の論述を参照。

さて、冷静な科学的態度になり、古今東西の歴史をふりかえりながら考察してみると、宗教改革[*8]を障害する事情には、二大要素が挙げられるように思われる。すなわち、第一は、指導者としての職業宗教家のおごり高ぶりであり、第二は、指導される大衆の狂態である。

＊8 宗教改革——ここでは、宗教のための人間ではなく、人間のための宗教という観点から、既成の宗教のあり方を革新するという、広義の意味で用いられている。

教祖または宗祖は、時勢の必要に応じて出現し、それにふさわしい教えを立てられて、おのれの生活など少しも顧みることはない。しかし、教えに対する信が確立された後は、その教えによって衣食する職業宗教家たちが主導権を握るようになり、時勢の変遷によってより高級な宗教でなければならない時代が到来し、これに応じた教えが出現して、「日出《い》でぬれば星かくる」[*9]というような状況になっても、民衆の評価力が乏しいのに乗じて、人々を救おうとした教祖に背反し、人々に救われようとする自家本位の見地[*10]から、あらゆる奸策《かんさく》を弄《ろう》して[*11]、高級な宗教に反対するのである。それは、あたかも、新たな文化機関が発明されると、そのために損害を被る旧来の同種の文化機関が、あらゆる術策を用いてそれを妨害するのと、同じなのである。

＊9　「日出でぬれば星かくる」――このことばは、日蓮大聖人の「撰時抄《せんじしょう》」から引用されたものではなかろうか。↓補注［77］

＊10　自家本位の見地――教祖の教えのとおり、民衆救済に精進しなければならないのに、かえって、布施や供養に支えられているにもかかわらず、民衆を支配し傍若無人

に振る舞おうとする、手前勝手な考え方や立場のこと。

＊11 あらゆる奸策を弄して——「奸策」は、悪賢いたくらみ。「弄する」は、もてあそぶこと。それゆえ、ここでは、人を陥れるためのはかりごとを、思いのままにめぐらすことを意味する。

しかも、宗教の場合は非常に深刻であり、価値判定がはなはだ困難であるために、古来いたるところで激烈な宗教戦争が起こってきた[＊12]し、宗教の本質を知らない政治家などに対しては、火中の栗を拾うのと同じように、触れることを恐れさせている。だが、それは「評価法」[＊13]が成立していない昔のことであり、「大善に反対する善人は直ちに悪人に変じ、大悪に反対する悪人は善人と評価される」[＊14]という前記の評価原理が理解されるべき今日において、少なくとも価値意識を有している指導的な立場の人々は、以前のように、軽々しく利己的な職業宗教家の尻馬《しりうま》に乗って[＊15]、自分自身を破滅させるような言動をなすことはないであろう。

***12　古来いたるところで激烈な宗教戦争が起こってきた**――歴史をふりかえってみると、洋の東西を問わず、三大世界宗教（キリスト教、イスラム教、仏教）のいずれにおいても、教義上の衝突に起因する、政治的・経済的な利害がからんだ激しい武力抗争が、幾度も展開されてきたのである。

***13　「評価法」**――物事の美醜・利害・善悪に関する価値判定の方法。

***14　「大善に反対する善人は……と評価される」**――これは、第五章・第二節で、「価値が大価値に対すると、反対の価値に変化する。」、したがって、「善が大善に対すれば悪に変化する」「悪が大悪に対すれば善に変化する」と明確化された、評価標準の第二項を踏まえたものである〔本書、170頁参照〕。

***15　尻馬に乗って**――「尻馬に乗る」は、他人の考えに分別もなく同調し、軽はずみに支持したり宣伝したりすること。つまり、無批判に付和雷同することを意味している。

そのような態度は、世間的な生活や、近小な目的または遠大ではあるが虚妄な目的しか持っていない低級な宗教に対して、常識の範囲内においてのみ通用するのであり、無上・最大目的観の最高級な宗教[*16]に対しては、もはや適用しがたいのが普通であるから、知識人などにとっては、少しも油断できないところなのである。まして、一般の大衆においては、なおさらである。なぜかというと、近小な目的観の生活者が、遠大な目的観の生活者に対峙《たいじ》すると、「日の出後の衆星《しゅうせい》のごとく」、価値判断の力を失うことになるのは、社会的地位の高低とはまったく関係がないからである。

＊16　無上・最大目的観の最高級な宗教——もちろん、日蓮大聖人の仏法のこと。宗教の高低・深浅については、第六章・第四節の図式「五重の相対の教相」〔本書、205頁〕を参照していただきたい。

善を好み悪を憎み、利に就き害を避け、美を愛し醜を嫌うのが、人間共通の心理である。[＊17]ところが、もしも、時と場合によって、これとは正反対の判断を下し、矛盾した生活を現出させているのであれば、それを狂人[＊18]といわないで何というのか。たとえ、あからさまにそうはいわなくても、不統一な人格として信用しなくなるのは、自衛上やむをえざる手段なのである。狂人として待遇されることはないにせよ、このように、他人からは遠慮なく指弾されても仕方がない不統一な人格が、自分自身の姿であるとしたら、まことに驚くべきであり、恥ずべきことではなかろうか。

***17** **善を好み悪を憎み……人間共通の心理である。**――これは、「美・利・善」という新しい価値分類を踏まえたとらえ方である。 ↓補注〔78〕

***18** **狂人**――牧口は、「価値判定の標準」（一九四二年二・三月）のなかで、正しい道理がわからない者は「狂」であり、わかっていても従おうとしない者は「怯《きょう》」である、といっている〔『全集・第十巻』、三六頁参照〕。

こうした人格分裂の醜態[*19]は、他人の指摘によって自覚される程度であれば、まだまだ反省して矯正することは可能である。しかし、異常人というのは、目の当たりに指摘されたとしても容易に覚醒《かくせい》しがたいところに、その特質が見受けられる。しかも、そうなってしまうと、冷静さを取り戻すまでには多少の時間が必要であり、何とも手がつけられない。そして、このような狂的現象は、普段の生活においてはめったに起こらないので、もっとも驚くべきであり、また、もっとも恥ずべきことであるにもかかわらず、ひとたび最大目的観の法華経に対し奉ると、一般の人々のみならず、高級な人格者と評される人々にまで、あまねくいたるところで経験されるから、油断大敵なのである。悪魔とは、これをさしているのではなかろうか。*20

***19　人格分裂の醜態**——発言と行動が一致しておらず、理性と感情とが衝突し合う、不統一な人格のこと。第四章・第一節の図式「人格分裂（目的観念の段階）」〔本書、129頁〕を参照。

***20　悪魔とは、これをさしている**——たとえば、牧口は、「近小の利を与えて、遠大の利益を奪ったり、損害を与えたりするのは、悪魔である」〔本書、170頁〕と述べている。

「親に背いて敵につき、刀を持ってみずからを傷つける」のが狂人であるとしたら、最高価値の生活指導法を信じることができず、これに背く者も、やはり、狂人であるだろう。ただし、そうした事態は、日常生活における枝葉末節の問題については少しも現れることがなく、生命の根底的な部分に触れる法華経の御力に出会うときにのみ、どうしても隠すことができずに現れる心の反映であるから、それを半狂人格[*21]の暴露というのである。

＊21　半狂人格――たとえば、普段は紳士・淑女として振る舞っているが、肝心なことになると、途端に血相を変えて、怨嫉《おんしつ》・軽蔑《けいべつ》の念を表出する、半ば狂乱したような人物のこと。→補注［79］

単なる哲学上の真理であれば、従うか否かは各々の勝手であるが、最高価値の生活法となると、それに対する希望を捨てないかぎりは、望まないわけにはいかない。ゆえに、ここにおいて、理性と感情の衝突が起こり、そのうえに理性と価値意識との衝突も起きて、二重・三重の人格分裂が生じ、醜態を暴露して、他人を惑わすとともに、おのれの人格をも傷つけることになるのであるが、それは最高価値の生活法を教える法華経にかぎって起こる特有の現象であるから、法華経が人物鑑定の鏡となる[*22]のである。

***22　法華経が人物鑑定の鏡となる**――究極的には、「南無妙法蓮華経」を信受しうるか否かが、人物の正邪・善悪などを見定めるための基準になる、ということ。

もちろん、二重・三重の人格分裂は、法華経に対峙《たいじ》しなければ生じない現象であるから、それを避けたら良いではないかという考え方も成り立つかもしれない。けれども、その現象は、正直な教えであるからこそ起こる、諂曲《てんごく》の反映であり、個人主義[*23]の暴露であるから、日常の浅薄な交際ならともかく、こみ入った根本的な結合生活をともにするのであれば、その相手にとっては、危険極まりなく、常に警戒を怠ることはできないようになる。そして、かりに、そうであるとすれば、まずは当人自身が、速やかに反省して、矯正しなければならない。とくに、人の師表としての立場にある者[*24]は、なおさらである。わたしたちが、教師を選定するための標準として、日蓮大聖人の仏法を信受することを第一に試み、善良教師の価値を証明しようとしたのは、そういう理由によっているのである。

＊23　個人主義——牧口は、利己主義、自己中心主義のことをいっている。

＊24　人の師表としての立場にある者——「師表」とは、人々の手本となり、師となる人物のこと。いうまでもなく、ここでは学校教師のことをさしている。

第三節　法罰《ほうばち》の意義

従来における世界の教育制度は、教訓を主としているので、教えることが可能な通常人格を対象とし、学んでいこうとする自覚がなく、教えを受けようとしない異常人格は、手がつけられない者として教育の圏外に放任し、刑罰などの威力によって、かろうじて罪悪を防御するのみにとどまっている。[＊25] これに対して、既成の宗教は、現世の小利益によって愚かな人々を惑わすような淫祀《いんし》邪教[＊26]はさておき、おおむねのところは観念論的な未来観に偏しているので、[＊27] 結局のところは、各人の自覚に訴えることしかできないし、哲学・科学の真理観とほとんどちがいはなく、価値意識を欠いているから、現世の救済には何の役にも立つことはないのである。

＊25 **従来における世界の教育制度は……とどまっている。**——従来の学校は、従順な子どもたちだけを相手にしてきた、という意味か。

＊26 **淫祀邪教**——いかがわしいものを祭り、世の中に害毒をふりまく、よこしまで下等な宗教のこと。

＊27 **観念論的な未来観に偏している**——現実の生活から遊離したかたちで人々を救済しようとすること。

ところが、人間が人間を取り締まる法律や道徳については、綿密さと厳重性を加えれば加えるほど、それから逃れる道が考え出され、その方が常に一歩ずつ進んでいる。つまり、どのような法律といえども、現世において罰せられないように悪事を企てる者に対しては、何の権威も持てなくなっているのが実情である。まして、道徳的な制裁などは、なおさらなのである。

このようにして、現世的な制裁を意識しないほど道徳性が欠乏している人格にとっては、政治も法律も道徳も宗教も無力な存在となったことが、現在の世相が険悪になっている真の原因なのである。だから、普段は大多数であると思われている善人も、個人的な近小目的観の世間においてはそうであるかもしれないが、全体的な遠大目的の社会になるとたちまち悪人に化す[*28]というのであれば、教育作用の力が及ぶ範囲[*29]は極めて狭小なものになってしまうことになる。

＊28　普段は大多数であると思われている善人も……たちまち悪人に化す——第七章・第二節では、「大善に反対する善人は直ちに悪人に変じ、大悪に反対する悪人は善人と評価される」という評価原理が紹介されている〔本書、170頁、218頁参照〕。

＊29　教育作用の力が及ぶ範囲——このことについては、再度、第二章・第七節の考察を参照していただきたい。

したがって、教育は、何を根拠として本来の使命を果たすべきかを、再検討しなければならない時機に到達しているように思われる。宗教の復活の要求が各国ともに起こってきたのは、このことによるのである。

しかし、従来の既成宗教は、昔ながらの惰性的な存在であるばかりでなく、実際的な価値を少しも持っておらず、「宗教は阿片である」*30という反宗教的な宣伝に対してさえ、正面から弁解する方途を持たぬほど、無気力になってしまっている。それゆえ、これからの宗教は、教育の基盤となるために復活するという新しい要求に、正しく対応していくことができる性質のものでなければならない。そして、そのためには、科学的な検討に耐えられるだけでなく、現在・未来の二世にわたって安全生活を保証できる力を有していることが肝要になってくる。すなわち、既成宗教の基礎的概念ではとうてい理解することができない仏教の極意が、従来の宗教すべてを包含し、しかも、それ以上に位置づけられる超宗教として、登場しなければならないわけである。

＊30 **「宗教は阿片である」**——このことばは、しばしば、反宗教的な態度をうながすために、マルクスの「ヘーゲル法哲学批判・序説」（一八四三）から援用されている。だが、マルクスは、必ずしも、宗教それ自体を否定していたわけではない。彼は、

実際の生活に役立たず、非現実的な天上での幸福を説いている、従来の幻想的な宗教のあり方を、「民衆の阿片」という表現で指弾したのである。

かくて、新たに登場した超宗教については、何よりもまず、制裁的な威力が問われなければならない。なぜなら、刑罰の力のない法規は、どれほど綿密であっても、名ばかりで実《じつ》がないのと同様に、悪人を罰するくらいの力を持たない神さま仏さまは、善を保護する力を持っておらず、人間が信頼するに足らない存在でしかないからである。ゆえに、宗教の価値の有無・多少に関する判定に際しては、まずもって、罰するだけの力があるか否かをためしてみて、その結果次第で取捨・去就を決めていくのを、標準とすることが必要なのである。

ところで、法華経を信じ行じている者を誹謗《ひぼう》[*31]すると、たちまちのうちに現象が表れることが、身近な日常生活のなかで実験できるし、そのことが経文のなかに明記されているから、驚かざるをえない。法華経には、「もしまた、この経典を受持《じゅじ》せん者を見て、その過悪を出《いだ》さば、もしは実にもあれ、もしは不実にもあれ、この人は現世に白癩《びゃくらい》の病を得ん。もし、これを軽笑《けいしょう》すること有らば、まさに、世世に……もろもろの悪重病あるべし。」[*32]「説法者を脳乱せば　頭破《こうべわ》れて七分《しちぶん》に作《な》ること　阿梨樹《ありじゅ》の枝のごとくならん」[*33]「もし人は悪《にく》み罵《ののし》らば、口は則《すなわ》ち閉塞《へいそく》せん」[*34]というふうに、種々の原理が明かされている。それとは反対に、正しい信行者《しんぎょうじゃ》の生活は、現在と未来にわたって守護され、「現世安穏にして、後に善処に生じ」[*35]という利益を享受することが保証されているので、一度実験証明した以上は、どうしても信じざるをえないのである。

＊31　**誹謗**――「誹」も「謗」も、そしる、の意。悪くいう、非難すること。法華誹謗は最大の罪にあたる。

＊32　**「もしまた……悪重病あるべし。」**――普賢菩薩勧発品第二十八《ふげんぼさつかんぼつほん》の文。→補注［80］

＊33　**「説法者を脳乱せば……ごとくならん」**――陀羅尼品《だらにほん》第二十六の文。→補注［81］

＊34　**「もし人は……閉塞せん」**――安楽《あんらく》行品《ぎょうほん》第十四の文。→補注［82］

＊35　**「現世安穏にして、後に善処に生じ」**――薬草喩品《やくそうゆほん》第五の文。→補注［83］

そのような法罰は、これまで発見された知識にもとづいて、いまだに発見されていない世界を理解しようとし、理解を超えたもののすべてを迷信として葬り去ろうとする、科学万能の自然科学者たちにとっては、簡単に受け入れられることではないであろう。しかし、体験によって証拠が示されたのであれば、否定しようがない。認識と評価とを区別し、価値と真理とを混交しなければ、少しも無理なことではないのである。

したがって、前節で述べたような人格分裂は、脳乱の姿にほかならず、正法に背くことそれ自体がすでに罰を受けていることになる。そして、そのままの生活が続くかぎり、種々の障魔に煩わされて、さまざまな災禍に遭遇することも、決して不思議ではないのである。

このようにいうと、おたがいに憎しみ合うこと以外に考えられない、わたしたち凡夫*36の見解からすれば、法罰などといっても、まったくもって忌み嫌う対象となり、それから逃避して災難を免れさえすれば、幸福に生活できると速断するかもしれない。だが、それこそ、まさに、因果の法則と永久の生命[*37]とを信じることができない、浅はかな考えの結果なのである。

***36　おたがいに憎しみ合うこと以外に考えられない、わたしたち凡夫**——これは、いまだ仏性を覚知することができず、迷いの世界で生きている、凡夫の性《さが》を、象徴的に表現しているところ。極端ないい方かもしれないが、愚かな人間の本質を見事に洞察しているように思われる。

***37　因果の法則と永久の生命**——「因果の法則」とは、いうまでもなく、「妙法」（南無妙法蓮華経）のこと。また、「永久の生命」とは、三世（過去・現在・未来）にわたり、生命は永遠である、との意。

一度犯した罪は、よほどでなければ永久に消滅するものではないことが理解されるようになると、いつかは悔悟・滅罪しなければならない永久の重荷となって、みずからを苦しめるにちがいない。だから、すでに免れえない運命であるとわかったら、一時も早くその重荷をおろしてやることが慈悲であり、そこに法罰の真の意義[*38]があるのである。

主・師・親の三徳[*39]を備えられていることによって仏として尊崇される、大慈悲の大覚者[*40]に、憎しみの心が露ほどもあるはずはない。そうであるなら、一時も早くお叱《しか》りを受けて、罪障の消滅をめざそうとするのが、賢明の策ではなかろうか。「行解《ぎょうげ》既に勤めぬれば、三障四魔、紛然《ふんぜん》として競い起こる」[*41]という前記の現証も、決していやがるべきではない。こうした遠大な慈悲を悟らず、目前・近小の利害に拘泥する人こそ、真にあわれむべき無知者なのである。

＊38　**法罰の真の意義**――法罰は、憎しみではなく、迷える凡夫を救済せんとする、慈悲心によるものであるということ。

＊39　**主・師・親の三徳**――一切衆生が尊敬しなければならないもの。本書の73頁参照。

＊40　**大慈悲の大覚者**――「慈悲」は、仏・菩薩が、衆生をあわれみ、いつくしむ心。また、その苦しみを取り除き、楽しみを与えること。「覚者」とは、仏のこと。すなわち、真理に目覚め、悟りに達し、他をも導いていこうとする人の意。したがって、「大慈悲の大覚者」とは、具体的には、末法の御本仏・日蓮大聖人のことをいう。

＊41 「行解既に勤めぬれば、三障四魔、紛然として競い起こる」——天台大師『摩訶止観』巻五の文。本書の137頁参照。

日蓮大聖人は、「種々御振舞御書《しゅじゅおんふるまいごしょ》」のなかで、「遠流《おんる》・死罪の後《のち》、百日・一年・三年・七年が内に、自界叛逆難《じかいほんぎゃくなん》とて、この御一門《ごいちもん》どしうち《同士打》はじ《始》まるべし。」[*42]といわれている。そして、この予言は、「四信五品抄《ししんごほんしょう》」で、「優陀延王《うだえんおう》は賓豆盧尊《びんずるそん》者《じゃ》を蔑如《べつじょ》して七年の内に身を喪失《そうしつ》し、相州《そうしゅう》〔北条時宗〕は日蓮を流罪《るざい》して百日の内に兵乱《ひょうらん》に遇《あ》えり。」[*43]と述べられているように、現実のうえで証明されているのである。

＊42 「遠流・死罪の後……どしうちはじまるべし。」——『御書新版』一二二八頁、『御書全集』九一二頁参照。→補注［84］

＊43 「優陀延王は……兵乱に遇えり。」——『御書新版』二七〇頁、『御書全集』三四二頁参照。→補注［85］

また、大聖人は、頭破七分《ずはしちぶん》や無眼者《むげんしゃ》や臨終の黒変《こくへん》など[*44]のさまざまな現証にもとづいて、因果の道理を説明されている。しかも、これらは、わたしたちの生活においても普遍の法則であることが手近に実証されるから、疑うことができないのである。わたしたちの親族・友人・知己・先輩などの関係者を見渡すと、右の百日・一年・三年・七年は周期的なリズムのようなものであり、因果の道理は意識的に試してみれば必ず適中するということを、どんな人も経験するに相違ない。

＊44　**頭破七分や無眼者や臨終の黒変など**――ここでは、正法を誹謗《ひぼう》し、法華経の行者を迫害すると、どのような罰の現証が表れるかということについて、その具体的な事例が挙げられているのである。

「頭破七分」は、頭が七つの部分に砕け壊れること。「頭破作七分《ずはさしちぶん》」ともいう。「無眼者」は、目が見えない人。転じて、仏法に無知である者のこともさす。「臨終の黒変」は、亡くなるときに色が黒くなること。地獄に堕ちる証拠であるとされている。

たとえば、世間的にはいくら親しい間柄であったとしても、話題がたまたま法華経になり、ことに「南無妙法蓮華経」というお題目になると、たちまち反感を抱き、怨嫉《おんしつ》・軽蔑《けいべつ》して、別人のような形相を呈するようになる。すると、たいがいは、右の周期的なリズムに従って、種々の災難が起こってくるのである。当人は、それでも、往々にして、誹謗《ひぼう》それ自体が頭破作七分《ずはさしちぶん》の現象であることに気がつかず、さらに大きい痛烈な現象が起きてはじめて、意識することになる。ただし、その時期や状態は、わたしたち凡夫には予測することができないし、もとより例外も多いのが実情である。

また、それだけでなく、法罰[*45]がもっとも早く表れそうな大悪人が、かえってそうではないという実例もあるために、宗教の専門家でも不安があり、容易に現証のことについては触れない傾向があるようだ。けれども、日蓮大聖人が、「四条金吾殿御返事《しじょうきんごどのごへんじ》」のなかで、「仏法と申すは勝負を先《さき》とし、王法《おうぼう》と申すは賞罰《しょうばつ》を本《もと》とせり。」[*46]と仰せになっているように、法罰こそ宗教の生命というべきもの[*47]であり、これがなければ信・不信は各自の自由だという哲学的な真理論になってしまうので、生活原理を求めてここまでたどりついたからには、決して回避すべきではないのである。

＊45　法罰がもっとも早く表れそうな大悪人が、かえってそうではないという実例もある——常識的には考えられないことであるが、その理由は、次の三法則の第三において明らかにされている。

＊46　「仏法と申すは……王法と申すは……」——『御書新版』一五八五頁、『御書全集』一一六五頁参照。宗教の一番肝心なところは、現実のうえで幸福生活という明確な結果が得られるか否かに存している、という意味であるように思われる。

＊47　法罰こそ宗教の生命というべきもの——牧口によれば、法罰という現証は、一往はピンチなのであるが、再往は幸福をつかむためのチャンスにほかならないのである。

そこで、試みに、次の三法則を提起して、信者・不信者の検討を待つことにしよう。

一、真実の信仰[＊48]が強盛であればあるほど、周囲の関係者に現証が早く起きるようである。

二、信仰者との因縁が多ければ多いほど、早く現証が表れる。すなわち、関係の親疎・遠近の程度によって、現証の遅速が生じる。

三、関係者の罪根の軽重の程度によって、現証の遅速の差があり、はなはだしいのは、どれほど強く誹謗《ひぼう》しても、現世において何の法罰もない者がある。しかし、このことは、すでに法罰の観念が転倒し、憎しみではなくて慈悲の表れであることがわかるようになれば、容易にその理由は判明する。つまり、速やかに懺悔《ざんげ》・滅罪することによって「変毒為薬《へんどくいやく》」の荷をおろさせていただくのが早ければ早いだけ、信仰者にとっては願わしいことなのである。それとは反対に、箸《はし》にも棒にもかからない悪人の安全生活を送らせてやりたいというのが、大法[*49]の慈悲であるのなら、重場合には、いくら罰を与えても何の効果もないから、仏は機会がおとずれるときまで放任されるのではないか、と解すべきであるだろう。日蓮大聖人は、「開目抄《かいもくしょう》」*50のなかで、「順次生《じゅんじしょう》に必ず地獄《じごく》に堕《お》つべき者は、重罪を造るとも現罰《げんばち》なし。一闡提人《いっせんだいにん》これなり。」*51と説かれているが、これは、死刑の宣告を受けた者は、どのような重罪を犯したとしても、それ以上の罰を加えようがないのと同じだ、という意味に解釈されているのである。

＊48 真実の信仰——日蓮大聖人の仏法に帰依し、教えのとおりに信行学にはげむこと。

＊49 大法——「南無妙法蓮華経」の三大秘法。

＊50 「開目抄」——一二七二（文永九）年二月、日蓮大聖人が五十一歳のとき、佐渡流罪中に述作し、門下一同に与えた御書。「開目」とは、真実の仏を知らない一切衆生の眼《まなこ》を開く、との意。大聖人こそ主・師・親の三徳を備えた末法の御本仏であることが明かされた、「人本尊開顕の書」とされている。

＊51 「順次生に……一闡提人これなり。」——『御書新版』一一一二頁、『御書全集』二三一頁参照。 ↓補注［86］

ふつうに教えることができる通常者を相手とする従来の教育が、結局のところは、非常に極限された範囲内だけにしか役に立たぬことになるのとは対照的に、法罰によって目を覚まさせ、強い刺激を加えて反省させることができるのであれば、ここにはじめて、真の教育が広くいきわたるようになるのである。それゆえ、これ以外に断じて名案がないのなら、どんなに仏教を嫌う者でも、反対することはできないのではなかろうか。

第四節　結論

問題が、あまりに広大であり、あまりに根本的であり、認識にとっても評価にとっても、従来の基礎的概念とあまりにかけ離れているのに対して、提出者であるわたしたちがあまりに卑賤《ひせん》*52な存在であるために、最後の友人・先輩さえも、惑耳驚心《わくにきょうしん》*53して、愛想尽《あいそづ》*54かしをするにちがいない。

*52　卑賤——身分や地位が低く、取るに足りないこと。ここは、謙遜して述べているところ。

＊53 惑耳驚心――法華経で説かれた一念三千の法門や草木成仏の法門は、仏教を学ぶ人々の耳を惑わし心を驚かしたということ。妙楽大師が用いたことば。難信難解《なんしんなんげ》であることを示唆している。

＊54 愛想尽かし――「あいそうづかし」とも読む。とてもいやになって、相手にしなくなる。相手に対する好意や信頼感が持てなくなって、かかわり合わないようにすること。

けれども、現に、近くでは、わずかではあるが、日蓮大聖人の仏法を信じて、実際生活のうえで成功したという証明を成し遂げた人々が存在していること。また、遠くは、「南無妙法蓮華経」が仏教の極意にほかならないことを確認し、このように首尾一貫した仏法でなければ現世の濁悪《じょくあく》＊55の病弊を根治することはとてもできないと信じられるようになったからには、毀誉褒貶《きよほうへん》など問題ではない。とにかく、稀有《けう》であるかもしれないが、ただひたすら、後賢の鑑識を待つ＊56のみなのである。

＊55　**濁悪**――人々の生命が濁り、罪悪がはびこり、乱れきっていること。なお、法華経方便品《ほうべんぽん》第二のなかには、「諸仏は五濁悪世《ごじょくあくせ》に出《い》でたまう。」〔『妙法蓮華経』、一二四頁参照〕、「我《わ》れは濁悪世《じょくあくせ》に出《い》でたり」〔同上、一四二頁参照〕という文言が見受けられる。

＊56　**後賢の鑑識を待つ**――著者は、後世の賢人たちが、創価教育法の実験証明について、その真偽・良否・善悪を、はっきりと見定めてくれることを期待しているのである。

しかし、どのような場合であっても、社会的生活を営んでいるかぎり、非合法的な手段に訴えるようなことは、戒めなければならない。したがって、合法的な手段によって解決していくための対策を合理的に論証すれば、わたしたちの任務は終了する。その後の採否は、各位の自由にまかせるよりほかに道はないのである。

とはいうものの、現状に陶酔して、個人の立場を小さく維持することは、避けなくてはならない。なぜかといえば、かりにも、何らかの革新を成就するために会議を重ねているのであれば、姑息《こそく》な弥縫策《びほうさく》[*57]によってかえって病弊を重くするよりは、根本的な原因を治療するまでにいたらなければならないからである。よって、不幸なことに、今は、創価教育法が採用されないとしても、その正しさがすでに一度わかった以上は、生きることを放棄しないかぎり、永久に忘れられることはないであろう。

＊57　姑息な弥縫策――「姑息」は、一時的な間に合わせ。その場しのぎ。「弥縫策」は、失敗や欠点などをとりつくろうこと。要するに、これは、安易な方法に頼ってしまう、ということ。

「馬鹿の知恵は後から」[*58]といわれることがある。凡夫の生活は、先が見えないから、常に不安がつきまとっているが、思い切って実践した跡をふりかえってみると、安心の境地に達することも可能になってくるのである。たとえば、水泳を陸上から眺めているだけでは、永久に恐怖心を払拭《ふっしょく》することはできないが、一度飛び込んで浮かぶことができた体験をした後は、難なく泳げるようになる。

そして、宗教生活も、まさに、そうなのである。

＊58　「馬鹿の知恵は後から」――　↓補注［87］

前述したように、近小目的は、遠大目的からでなければ、定まることはない。しかも、近小目的の教えに従って満足していた者が、遠大目的の教えに出会えば、必ず恐怖して怨嫉《おんしつ》することが決まっているのは、仏の所説のとおりなのである。

だが、偽らない師友を選び、有害無益でないことを確かめたうえで、狐疑《こぎ》せ[＊59]ずに、ひとたび価値を体験してみると、どうか。その後は、平坦な道路を歩むように、ついには、十方無礙《むげ》に[＊60]して、何の恐れもない、安全な生活に到達することができるのは、前記の同信者がすでに証明しているのである。

＊59　狐疑――キツネ（狐）のように疑い深く、あれこれと迷い、なかなか決心がつかないこと。

＊60　十方無礙――「十方」は、東・西・南・北の四方、東北・東南・西北・西南の四

隅と上・下。すべての方面・方角のこと。「無礙」は、障礙《しょうげ》（障碍）、すなわち、さわり・妨げのないこと。「無碍」とも表記する。ここは、あらゆる事柄に対する自在の境地、恐れることのない安心の状態を意味している。

自分のことだけは除外して考える僻《へき》*61がある虚偽の全体主義者*62は、恐怖や怨嫉《おんしつ》とは関係がないと冷眼視するかもしれない。ところが、これは、現世だけの遠大目的の教えを最大と決めつけていた者が、三世にわたる最大目的の教えに出会ったために、「日の出後の衆星《しゅうせい》のごとく」、または、「獅子《しし》の前の犬」のようになった現象であるから、それこそ、本人のためにも、多くの追随者のためにも、自覚・反省を必要とする、目下の緊急問題なのである。なぜかというと、当事者は、自分よりも下位の者に対する態度を上位の者にもそのまま当てはめて、知らず知らずのうちに下剋上《げこくじょう》*63という悪化状態に陥っていることを覚らずに、善が大善に反対すれば直ちに悪に変化するという評価原則が厳然と存在していることを、まったく知らないからである。

＊61 僻――考え方がかたよっている様子。また、ひねくれるとか、ひがむことをさす。ここでは、正しい考え方ができないことが、強調されているように思われる。

＊62 虚偽の全体主義者――第四章・第一節の図式「人格分裂（目的観念の段階）」（本書、129頁）を参照。

＊63 下剋上――臣下が主君に取って代わるように、下位の者が、上位の者を打ち負かして、権勢を手中にするということ。正邪・善悪が逆さまになった状態や、乱世の社会的風潮を、さすこともある。

あるいは、今の世の中でこんなことをいっても、「百年河清《かせい》を俟《ま》つがごとし」[＊64]との誹《そし》りを受けてしまうかもしれない。たしかに、為政者が遠大な目的を見定めていない間は、そうだろう。それでも、ほかに名案がないかぎり、また、わたしたちの提案が採用されない間は、百年でも千年でも、教育の真の改良はできるわけがなく、人生の最大幸福は望めないどころか、病はいよいよ倍増するに決まっているのである。ゆえに、遠大な目的が見えない間は仕方がないかもしれないが、見えるようになった以上は、声を大にしていわなければならない。なぜなら、「慈なくしていつわり親しむはこれ彼が怨《あだ》なり。彼がために悪を除くはこれ彼が親なり。」[*65]（章安大師）とあるように、慳貪《けんどん》の罪[*66]はまことに重いものであるからだ。

＊64 **「百年河清を俟つがごとし」**——「百年河清を俟つ」ないし「河清を俟つ」とは、黄土で常に濁っている黄河の水が清く澄むようなことは、いつまで待っても決してありえない、ということ。これは、いくら期待しても実現する見込みがないことのたとえ。出典は『春秋佐史伝』。

＊65 **「慈なくして……彼が親なり。」**——↓補注［88］

＊66 **慳貪の罪**——「慳貪」とは、物を惜しみ、欲深くほしがること。また、情けをかけず、意地が悪くて、残酷であること。つまり、いわねばならないことをいわないのは、無慈悲な罪にあたる、というのである。

日本の教育界に不人気である著者が仏教の極意にまで言及するのは、火に油を注ぐようなものであると、最後の同情者までも見かぎってしまうかもしれない。しかし、軽蔑《けいべつ》して黙殺されるよりは、怨嫉《おんしつ》されて正しさが確認できることを、幸せと思うようにしよう。それは、日蓮大聖人が法華経に説かれている原理を証明されたのと、同様の関係に位置づけられることを、確信しているからである。

仏教の極意にもとづかなければ創価教育法の信用は成り立たず、創価教育法によらなければ教育の革新ができるはずはない。それゆえ、千百の会議を重ねたとしても、世界平和の実現[*67]などは、とうてい不可能である、と断言することができる。価値意識にもとづく創価教育の証明は、仏教の極意に帰依し奉るための一番の早道なのである。

＊67　世界平和の実現——昭和初期の日中戦争のさなかに、このようなことばが発せられていることは、それ相応に着目されてしかるべきであるだろう。

実際のところ、創価教育法の実験証明は、この信仰にもとづいたために、はじめて完成されることになった。つまり、大宇宙の因果の法則に従って、最大価値の生活を送るためには、仏教の極意である「南無妙法蓮華経」の三大秘法を、正直に信ずる以外にないのである。日蓮大聖人の仏法を信じることができさえすれば、どのような人にも真の教育は可能になるが、信じられない諂曲《てんごく》の者にはとうていできはしないと、断定する理由もわかるであろう。

こういうと、あまりに偏狭で排他的であると批判されるかもしれない。けれども、それは、価値意識を持っていない真理論者の偏見であり、人間の欲望は最大にして唯一なものに集まるという心理的な法則を知らず、正邪と善悪とはたやすく一致することができると思う、まちがった考え方[*68]によるものなのである。

＊68　正邪と善悪……まちがった考え方——正邪と善悪とは、内容においてまったくちがっている、ということ。→補注［89］

日蓮大聖人は、「如説修行抄《にょせつしゅぎょうしょう》[*69]」で次のように述べている。

「天下万民《てんかばんみん》、諸乗一仏乗《しょじょういちぶつじょう》と成って妙法独《ひと》り繁昌《はんじょう》せん時、万民一同に南無妙法蓮華経と唱え奉《たてまつ》らば、吹く風《ふ》枝《えだ》をならさず、雨壌《つちくれ》を砕《くだ》かず、代《よ》は羲《ぎ》・農《のう》の世となりて、今生《こんじょう》には不祥《ふしょう》の災難を払《はら》い、長生《ちょうせい》の術《じゅつ》を得《え》、人法《にんぽう》共に不老不死の理《ことわり》顕《あらわ》れん時を、各々《おのおの》御覧《ごらん》ぜよ。『現世安穏《げんぜあんのん》』の証文《しょうもん》、疑いあるべからざるものなり。」[*70]

＊69　「**如説修行抄**」――一二七三（文永十）年五月、日蓮大聖人が五十二歳のとき、佐渡流罪中に述作し、門下一同に対して与えた書。「仏の教えのとおりに修行する」という、信心のあり方が教示されている。

＊70　「**天下万民……疑いあるべからざるものなり。**」――『御書新版』六〇一頁、『御書全集』五〇二頁参照。　↓補注［90］

こうした生活を願わぬ者があるだろうか。有益な結果を願いながら、無害の原因をいやがるのは、「羹《あつもの》に懲《こ》りて膾《なます》を吹く」[*71]ような、半狂人格者であるに相違ないし、そういう人物に真の教育ができるわけがない。そして、このことこそ、本因《ほんいん》の信念がない者には本果《ほんが》の教育はとうていできない[*72]と断定せざるをえない、本当の理由なのである。

***71 「羹に懲りて膾を吹く」**——熱い汁もの（羹）を飲んでやけどしたので、細かく切った冷たい生肉（膾）さえも、吹いてさまして食べる、ということ。一度失敗したのにこりて無益な用心をするとか、ひどく恐れ疑うときに用いられる。現在では、他人の用心し過ぎをひやかす場合が多い。出典は『楚辞』。

***72 本因の信念がない者には本果の教育はとうていできない**——一般に、「本因」とは物事の根本的な原因、「本果」とは本質的な結果。仏法では、仏道を成就（成仏）するための修行と、本有常住の仏性を開きあらわし絶対的な幸福境涯を築くこと。つまり、牧口は、仏教の極意である「南無妙法蓮華経」を根本としなければ、最高・最善の教育はおこないえない、と主張しているのである。

補注

はしがき

［1］いまだ四面楚歌の状況下に置かれており

牧口は、「大善生活法の実践」（一九四一年十二月）のなかで、次のように吐露している。

「『論より証拠』という日本古来の俗語は、わたしたちの生活に対する研究法の方向を明示しているのに、かえって邪魔して、それを悪道に導いているのが、今のいわゆる智者・学匠である。

そこで、夜と昼とを取りちがえたことになったのは、今日のいわゆるインテリ階級である。いわく、知ってからでなければ、信じられぬと。

こうして、生活と学問、生活と宗教とは、関係のない別々のものと誤解し、それが正解であるとするようになった。

わたしたちは、これを元に戻すために骨を折っているのであるが、何分、多勢に無勢。天下滔々《とうとう》たる学者に対して、わたしたちの微力ではどうにもしかたがなく、創価教育学を発行したとしても『馬耳東風』。

やむを得ず、同志諸君の実験証明の力を待つよりほかに方法がないとあきらめ、著書をやめて、この実験証明にうつったのである。これは、『愚人にほめられたるは第一のはじなり』と仰せられた、日蓮大聖人の本当の御弟子になって開眼《かいげん》されたからである。それでも、やっぱり、愚人にほめられたさの名誉心がこびりついていたために、大衆に呼びかけていたのだが、これも思いちがいで、少数の同志を見いだすほかに方法がないということが、失敗してみてはじめて悟ることができたのである。馬鹿の知恵は後からというのは、たしかに真理である。」〔『全集・第十巻』、二一二頁参照〕

なお、「著書をやめて」とあるのは、『体系』の第五巻、および、それ以降の書物の出版を中止して、という意味に解することができる。そして、このことについては、補注［47］を参照していただきたい。

また、文中の『愚人《ぐにん》にほめ《褒》られたるは第一のはじ《恥》なり』という御文は、「開目抄《かいもくしょう》」から引用されたものである〈『御書新版』一二一頁、『御書全集』二三七頁参照〉。

［2］仏が衆生を悟りに導くまでの三段階（下種・調熟・解脱）

「下種《げしゅ》」とは、仏が衆生に、仏になる種子を下すことであり、衆生が仏法にはじめて縁したときをさす。「調熟《ちょうじゅく》」とは、過去に下種された仏種が、次第に成長して、機根《きこん》、すなわち、衆生が修行をするための能力や素質が、調ってくること。「解脱《げだつ》」とは、仏種が成長し終わり、苦悩から解放されて、仏の境涯にいたることをいう。

日蓮大聖人は、「秋元御書《あきもとごしょ》」のなかで、次のように明言している。

「種《しゅ》・熟《じゅく》・脱《だつ》の法門《ほうもん》、法華経の肝心《かんじん》なり。三世十方《さんぜじっぽう》の仏は、必ず妙法蓮華経の五字を種として仏に成り給《たま》えり。」〈『御書新版』一四五八頁、『御書全集』一〇七二頁参照〉

なお、「種・熟・脱」がはじめて明かされたのは、法華経迹門《しゃくもん》の化城喩品《けじょうゆほん》第七においてであり、三千塵点劫《さんぜんじんてんごう》という昔に出現した大通智勝仏《だいつうちしょうぶつ》の第十六王子〈釈尊の過去世の姿〉から下種された衆生が、後に在世の釈尊にめぐりあった声聞《しょうもん》たちであることが説かれている。また、さらに、本門《ほんもん》の如来寿量品《にょらいじゅりょうほん》第十六では、釈尊が成道したとされる久遠《くおん》（五百塵点劫《ごひゃくじんてんごう》）からの「種・熟・脱」が明らかにされている。そして、もちろん、後者の方が肝心なのである。

［3］百発百中の普遍的な方法

牧口は、『体系・第四巻』教育方法論の第一編教育方法論 緒論・第四章教育方法論の体系において、左記のような考察を展開しているのである。

「教師の実際生活に没交渉である哲学的教育学を廃棄して、それを実用的技術学として蘇生《そせい》させるためには、科学的・実証的などというよりは、むしろ、医学的建設といった方が手っ取り早い、と信じている。

たとえ消極的な防御と積極的な助長との区別があったとしても、等しく人間の生命を仕事の対象としている姉妹科学でありながら、医学があのように広大な実用科学となっているのに比して、教育学が教師の職業に対して存在の価値さえ認められていないような体たらくにあるのは、なぜなのか。医学が、経験によって進歩した技術ないし治療法を研究の対象とし、その成功・失敗の因果関係を明らかにして組織されているにもかかわらず、教育学は、今までどおり、教育技術に縁遠い哲学者に依頼し、その学者たちはみな、人間の性質を哲学的に探索して、それから教育の方法を導き出そうとすることのみに腐心していた、結果なのである。

教育学を医学の程度までに組織立てなければ、合目的な真の教育はできない。そして、教育学は、医学のようにできあがったならば、はじめて確立され、沢山の分科をもつ広汎な領域にわたる創価能力の涵養《かんよう》を指導する、一大創価技術学となるだろう。横に多種分科に分けられるとともに、縦に学科の総別と習熟との程度によって、幾多の階級に区別されること、あたかも、医学において内科・外科・眼科・歯科・産科婦人科などの横的分科のほか、学問の研究や技術の熟練の程度によって博士や名医から藪医師までの差別があるようなものでなければならない。

東京などで第一流の大家の診断を請う場合に、ちょっとした診察にでも五十円や百円の謝礼を包まなければならず、また、第一流の芸人や芸術家などの招聘《しょうへい》には一夕で数千円の報酬をするのは、決して怪しまれることはないのだが、教育技術も科学的研究と相まって、伝承し洗練されて百発百中の功果に達するだけの自信が教育者に確立すれば、やはり、同様の待遇を甘受しても差し支えないのではあるまいか。もちろん、ことさらに求めて、そのようなことがおこなわれるべきではないが、教育技術が医学やその他の生活技術と同等にまで伝統される暁には、決して架空の夢想ではないであろう。せめて理想だけでもそんなところにおいて精進することが、自卑《じひ》・自棄の教育者には大切なことである、と信じている。

もしも、教育学が医学と同様な価値をもつものとして成り立ち、それがいまだ学問史上にないものであるならば、日本の学者は区々たる感情をもって嫉妬《しっと》・黙殺などをせず、正々堂々と世界の学界に提出するのは、当然なことではないか。幾億の児童・生徒・学生の救済事業であり、国際連盟の重大な一要項となるのではなかろうか。

教育方法学の体系は医学のそれに倣えといっても、あえて現在の医学が完全であるとするのではない。現在の西洋医学は分科・分業に偏していて、生命の全体観からの総合・統一において大欠陥があることは認めなければならず、そこに昔からの東洋医学にのっとるべきものがあるだろう。ただ、教育学は、西洋医学における分科の域どころか、まだその原始状態にさえも達していないから、まずもってそれを模倣せよ、というのである。」〔『全集・第六巻』、三三六～三三八頁参照〕

ちなみに、牧口は、日蓮大聖人の仏法に確信を抱くようになると、「百発百中」という表現を、好んで用いているように思われる。

「百発百中」〔『全集・第十巻』、二二五頁〕
「百発百中の生活法則」〔同上、一三二頁〕
「百発百中の法則性」〔同上、一三九頁〕
「百発百中の法則」〔同上、一四二頁〕

［4］「日の出後の衆星のごとく」

これは、もともと、法華経の教えがもっともすぐれていることを表現したことばであり、本書の第六章・第七章のなかで、たびたび登場する。

牧口は、日蓮大聖人が記した、次のような文言を踏まえて、用いているのではなかろうか。

「報恩抄《ほうおんしょう》」

「彼《か》の〔大日・薬師・阿弥陀・観音などの〕経々《きょうぎょう》にしては大王・須弥山《しゅみせん》・日月《にちがつ》・良薬《ろうやく》・如意珠《にょいしゅ》・利剣《りけん》等のようなれども、法華経の題目に対すれば、雲泥《うんでい》の勝劣《しょうれつ》なるのみならず、皆各々当体《みなおのおのとうたい》の自用《じゆう》を失う。例せば、衆星《しゅしょう》の光の一つの日輪《にちりん》にうば《奪》われ、諸《もろもろ》の鉄《くろがね》の一つの磁石《じしゃく》に値《あ》って利性《りせい》のつき《尽》、大剣《だいけん》の小火に値って用《ゆう》を失い、牛乳《ごにゅう》・驢乳《ろにゅう》等の師子王《ししおう》の乳に値って水となり、衆狐《しゅうこ》が術《じゅつ》一犬に値って失い、狗犬《くけん》が小虎《しょうこ》に値って色《いろ》を変ずるがごとし。」〔『御書新版』二五七頁、『御書全集』三二六頁参照〕

「この由《よし》〔法華経以前の教えでは成仏できなかったこと〕を弁《わきま》えざる末代《まつだい》の学者等、ならびに法華経を修行《しゅぎょう》する初心《しょしん》の人々、かたじけなく阿弥陀経《あみだきょう》を読み念仏《ねんぶつ》を申して、あるいは法華経に鼻を並べ、あるいは後《のち》にこれを読んで法華経の肝心《かんじん》とし、功徳《くどく》を阿弥陀経等にあつらえ《誂》て西方《さいほう》へ回向《えこう》し往生《おうじょう》せんと思うは、譬《たと》えば、飛竜《ひりゅう》が驢馬《ろば》を乗り物とし、師子《しし》が野干《やかん》をたの《頼》みたるか。はたまた、日輪《にちりん》出現の後の衆星《しゅしょう》の光、大雨の盛《さか》んなる時の小露《しょうろ》なり。」〔「下山御消息《しもやまごしょうそく》」『御書新版』二九六頁、『御書全集』三六〇頁参照〕

第一章

［5］「病の起こり……倍増すべし。」

日蓮大聖人は、物事の道理をわきまえていない人が、知ったかぶりして手を出せば、事態はますます悪化する、と述べているのである。

前後の文脈は、左記のとおり。

「平左衛門尉《へいのさえもんのじょう》は上《かみ》の御使《おんつか》いのようにて、『大蒙古国《だいもうここく》は、いつか渡《わた》り候《そうろう》べき』と申す。日蓮答えて云《い》わく『今年は一定《いちじょう》なり。それにとっては、日蓮已前《いぜん》より勘《かんが》え申すをば御《おん》用《もち》いなし。譬《たと》えば、病《やまい》の起こりを知らざる人の病を治《じ》せば、いよいよ病は倍増すべし。真言師《しんごんし》だにも調伏《じょうぶく》するならば、いよいよこの国、軍《いくさ》にまく《負》べし。あなかしこ、あなかしこ。真言師、総じて当世《とうせい》の法師《ほっし》等をもって、御祈《おんいの》りあるべからず。……』」〔『御書新版』一二四一頁、『御書全集』九二二頁参照〕

牧口は、この御文をとおして、門外漢が、教育の病の根源を見定めることをせず、やみくもに改革の手立てを加えたとしても、状況は改善されるどころか、よりいっそうひどくなってしまうということを、警告しているのである。

［6］日本の教育制度は……適切な治療を施さなければならない。

牧口は、『体系・第三巻』の第四編教育改造論・第九章学制改革案論のなかで、日本の教育制度の問題点を、次のように洞察する〔『全集・第六巻』、一八八～一九二頁参照〕。

まず、①～⑦は、教育事業について明瞭な目的意識を欠如していることから生じる病理である、とされている。

①国家社会の教育費は莫大《ばくだい》なものになっているにもかかわらず、学校を卒業しても就職難・生活難に陥る者が増加しているように、能率がそれにかなっていない。

②多くの学校が上級学校への準備教育に堕《だ》していて、真の教育にはほど遠い状態にある。それは、卒業に付随する特権の弊害によるもので、人々はこの特権を得ようとして学校に集まり、教育中毒の症状を呈している。

③教育制度が画一的であるということ以上に、どの段階における教育も、生活とかけ離れた非実際的なものになっている。

④教育が不生産的であること。つまり、利・善・美という三方向の価値創造を目的とする教育が十分に施されておらず、勤労教育が欠如している。

⑤知育偏重といわれるが、実際は、知育の過重というよりは知育の方法を過った詰め込み主義に陥っているために、知育偏軽という弊害をもたらしている。

⑥知育偏重・徳育重視が叫ばれているが、その実態は徳育方法の欠乏にある。

⑦鑑賞教育については、考え方が定まっておらず、不安な状態を脱していない。

また、⑧〜⑬は、①〜⑦の状態を反映するかたちで生じる、教育方法上の欠陥なのである。

⑧いまだに、明確な教育方法が見いだせず、暗中模索の状態にある。

⑨教員養成および検定制度に不備があるため、優良教員がなかなか得られない。

⑩教員の採用・登用に一定の標準がなく、行政官の手加減に一任され、情実が横行している。

⑪教員の監督・指導については何の定見もない。行政からの干渉・圧迫が加えられる結果、教育者の自発的な意気を喪失させてしまい、教育の最低限の能率しか発揮しえなくなっている。

⑫以上の各方面の教育政策について、いまだ確立したものはなく、それを審議すべき機関もない。

⑬教育政策確立の源をなす教育方法上の研究および実証のための機関もない。

そして、彼は、教育制度の抜本的な改革案の要旨を、おおよそ、次のように提示するのである〔同上、一九八～一九九頁参照〕。

①知識することと価値創造の指導を教育の主眼とし、学問専攻という偏った生活をさせずに、学業並行の生活を送らせて、広い意味での教育経済の手段によっ

てこの目標を達成するという観点から、初等・中等・高等の教育全体を根本的に整理・改廃・補充する。

②各段階の諸学校における教育の実際化を図り、生活に即した教育を施すように改良する。

③学校卒業に付随する特権を廃止し、特別な職業のための特定の試験制度を設け、進学準備教育の自然消滅、入学難の除去を期す。

④学校教育の社会生活化を図り、無意識的な社会生活者を計画的生活にまで導くようにする。

⑤教育の個人生活化を図り、教育の機会均等の精神を反映させる。

⑥教育能率の増進のために、各方面の教育方法の研究を奨励する。

⑦以上の改良教育の負担に耐えるだけの人材を得るために、教員養成機関の改造をなすこと。

⑧教員の検定制度および登用制度の改革。

⑨教権確立のために、監督権に制限を加えるとともに、学校の自治機関を指導する。

⑩教育行政および教育統制の諸機関の整理・改廃。

⑪教育争議調停機関ならびに教育擁護機関の指導・奨励。
⑫教育研究機関の設置。
⑬教育方法の改良とともに、教育材料として重要な国字の改良に着手する。

［7］価値現象に関する認識法の研究が不十分であった

牧口は、『体系・第四巻』教育方法論の第一編教育方法論 緒論・第三章教育方法論の研究法のなかで、価値現象としての教育の認識法をめぐって、次のように論じている。

「教育学者の研究以前、とうの昔から、人類がおこなってきた教育技術があり、その技術の伝統は、人類の有史以前からの経験的知識の累積にほかならない。したがって、わたしたちは、それを研究対象にすえて、直観し記述した材料を蒐集《しゅうしゅう》し、それらを比較し対照して、分析し総合し、学習成績の良好という結果をもたらした教育方法の成功という原因を見いだし、そのことによって、目的と手段との相応において教育上の因果法則を認識して、これを新しい場合に応用する際の原則とするのである。」〔『全集・第六巻』、三二四頁参照〕

「技術が師匠から弟子に伝わったのと同様に、技術に関する学問は基礎的な説明科学を原理として演繹されるよりは、既成技術の現状とその歴史的発達とを比較・観察して体系づけ、それを実際証明によって検討して真理を承認するようにするのが、正当な研究であるといわねばならない。それが妥当であるとすれば、教育学も、当然のことながら、技術学として、他の同類の応用科学と同様に、この研究方法を採用するのが近道である。わたしが本書において採用した方法が、それにほかならないのである。」〔同上、三一五頁参照〕

［8］あえて膨大な知識体系に依拠して説明しようとする

牧口は、『体系・第四巻』教育方法論の第一編教育方法論 緒論・第三章教育方法論の研究法において、次のように論じている。

「児童研究や心理学から方法を得ようとするのは、迂遠《うえん》である。今までの教育者は、児童の性質を研究しさえすれば、教育法はおのずから出てくるものと考えていた。そこで、それらの専門家である心理学者の尻馬《しりうま》に乗って踊ろうとしていたのである。二十世紀の今日まで、はたして、それから、どのようなものが生産されたのか。何もないではないか。そして、これは、何ゆえであるかというと、研究方法がまったくまちがっていたからである。それは、心理学の研究法をかれこれいうのではない。教育学の研究法のことを、いっているのである。」〔『全集・第六巻』、三〇〇～三〇一頁参照〕「全世界の各国の教員が、生きた子どもを引き受けて、どのようにしたらよいかと迷惑している焦眉《しょうび》の問題は、『精神の啓発ないし陶冶《とうや》の方法はどういうものか』ということなのであり、哲学者が講義している教育の本質や、教育学の性質などではない。もちろん、それを無視するわけにはいかないが、それは方法を探求するための詮索《せんさく》であり、本質のための本質研究ではないのである。もしも、教育学の研究対象の中核が方法にあって、これが教師にとって焦眉の急であることが明らかになったならば、それを得るための手段としては、教育の本質の認識を人間の本質から演繹し、その後で、方法観をさらにそれから探索しようとする迂路《うろ》をたどるよりは、今少し近道がありはせぬかと、考え直す必要があるのではなかろうか。はたして、そうであるとすれば、その近道は、すべての自然科学が経過してきた道のほかに、何があるか。そして、これをよそに見て、わざわざ他に求めようとするのには、何の理由があるのだろうか。」〔同上、三〇七～三〇八頁参照〕

〔9〕価値現象に関する普遍的な指導法の研究

牧口は、『体系・第四巻』教育方法論の第三編教育技術論・第二章教育技術鑑賞論において、次のように述べている。

「教育学の本当の問題は、教師自身のはたらき方よりは、子弟をしてどのように価値あるはたらきを成し遂げさせるのかという、指導法を研究することにある。兵に将たるよりは、将に将たることの研究が、教育学の本領なのである。自分だけのはたらきだけでは、どれほど偉大な力を持っていたとしても、限度は知れたものであるが、人をはたらかせることが自由にできるのであれば、これほど有力なことはないだろう。そこに、教育者の社会に対する偉大な役目があり、教育法研究の広大なる動機がある。」〔『全集・第六巻』、四六二〜四六三頁参照〕

〔10〕それは何よりも指導主義の教育法によってもたらされたもの

「指導」とは、○○させることを意味しない。それは、被教育者ないし学習者が、さまざまな物事を自分の力で自分らしく学んでいけるように、かたわらから援助し、はげまし、見守ることを、いうのである。

したがって、牧口は、『体系・第三巻』の第四編教育改造論・第三章教師即教育技師論のなかで、次のように主張する。

「教師は、あくまでも、みずからの地位を自覚し謙遜《けんそん》して、側面よりの被教育者の補助者・誘導者・産婆役として、被教育者自身がなす活動の幇助者《ほうじょしゃ》たることを忘れてはならない。」〔『全集・第六巻』、五四頁参照〕

また、彼は、『体系・第四巻』教育方法論の第一編教育方法論　緒論・第一章国家教育の破産と対策において、以下のように述べているのである。

「言語によって代表される真理を認識し、記憶するばかりでなく、それを生活に応用して、善と利と美とを創造する能力を増大するよう、被教育者を嚮導《きょうどう》することが、すなわち、教師の本務だということである。」〔同上、二四七頁参照〕

なお、「幇助者」は、力を添えて、かたわらから助ける人。「嚮導する」は、先に立って、導いていくこと。いずれも、被教育者・学習者が主役であることを示唆している。

〔11〕価値的考察の『人生地理学』

牧口は、『体系・第二巻』の第三編価値論の序において、次のように述べている。

「なお不思議なのは、拙著『人生地理学』との関係である。人生地理学は、地人関係の現象を研究対象として、その間における因果の法則を見いだそうとしたもので、まったく価値現象を研究していたのである。それは、今、本書において価値概念を分析し、ついに、その本質を評価主体と対象との関係力なりと定義したことによっても、判然とするだろう。すなわち、その当時は価値という名称にまではいたらなかったとはいえ、すでに、薄膜《はくまく》一重のところにまで接近していたのであるが、これを意識しなかっただけに過ぎない。今から見ると、まことに馬鹿らしいことであったのである。」〔『全集・第五巻』、二〇六頁参照〕

「歴史の対象が価値であると同様の意味において、地理学の対象も価値である。されば、価値問題とわたしとの因縁は、三十余年を超えている。……

何ゆえに、このような難解の価値問題に没頭しなければならないほどに、因縁が深いのであろうか。それは、わたしの学問の対象が、常に生活を離れないからであろう。『人生地理学』は、人間の生活現象の地理的分布を対象とし、それにおける因果の法則を見いだし、そのことによって、社会の空間的各方面の連帯性を闡明《せんめい》しようとするものであり、『創価教育学』は、被教育者の生活を指導する方法上の因果法則を探求していこうとするものであるからだ。

人生が価値の追求であるということは、繰り返す必要はないだろう。したがって、人生と離れ得ざる科学の研究にあっては、何人《なんぴと》でも、価値問題は、回避することを許されない、前提でなければならないわけである。」〔同上、二〇七頁参照〕

ちなみに、彼は、『体系・第三巻』の「緒言」において、教育は、「人間の生活分業中、もっとも複雑・至難で大計画を要する創価事業」〔『全集・第六巻』、七頁参照〕である、と記している。

[12] たまたま宗教革命によって生活法を一変して、すでに八年。

『実験証明』が発表された一九三七（昭和十二）年九月から八年さかのぼるとすれば、牧口が日蓮大聖人の仏法に帰依したのは、一九二九（同四）年ではないか、と推察することができる。しかしながら、実は、この八年を、「まるまる八年」とするのか、「足かけ八年」とするのかによって、大きなちがいが生じてくる。なぜなら、前者の場合は二九（同四）年、後者の場合は三〇（同五）年になるからである。

ところで、牧口は、『体系梗概』の「結語＝法華経と創価教育」のなかで、「創価教育学体系の研究が次第に熟し、まさに第一巻も発表しようとしたころ、不思議の因縁から法華経の研究に志し、そして、進み行く間に、わたし自身の宗教観に一大変革をきたした。」〔『全集・第八巻』、四〇五頁参照〕、また、「第一巻発表以後であるが、端《はし》なく法華経を信解《しんげ》するにより」〔同上、四一一頁参照〕と述べている。つまり、日蓮大聖人の仏法に心底から確信を抱くようになったのは、「まさに第一巻も発表しようとした」、一九三〇（同五）年の秋ごろ、ということになる。

したがって、当面のところは、次のような可能性を提示することができる。

すなわち、少なくとも一九二九（昭和四）年の夏から秋ごろまでには、確固たる態度で「法華経の研究」に取り組んでいたのではないか。そして、三〇（同五）年の秋ごろには、本格的な「宗教革命」が成し遂げられた、ということなのである。

ただし、このことについては、より精確な再検討が必要不可欠であるだろう。

［13］ はじめて教壇に立ち……しみじみと感じている。

「文型応用主義」の萌芽は、北海道尋常師範学校の在学中に求めることができる。

牧口は、「四十五年前教生時代の追懐」（一九三六年七月）において、「偶然にも、それ〔高等科一年の作文の教案〕が、四十五年の今日まで、捨てきれなかっただけでなく、拙著『創価教育学』の全編を貫く思想の中核のようなものである」〔『全集・第七巻』、四一〇頁参照〕と述べている。つまり、「文型応用主義」は、牧口が長年探求してきた普遍的な指導法のアルファでありオメガであるとしても、過言ではないのである。

牧口は、師範学校を卒業し、附属小学校の訓導になってから、このことをさらに敷《ふ》衍《えん》する。左記の二つの論考は、それを証拠立てている。

「如何にして読書と作文とを連絡あらしむべき乎《か》」（一八九八年三月・六月）〔同上、二七一～二七七頁参照〕

「作文教授につきて」（一八九八年七月～九九年一月）〔同上、二八九～三二〇頁参照〕

その後、彼は、東京市内の小学校の校長をつとめるようになってから、読み方と綴り方（作文）の連絡を図る指導法の開発に取り組み、次の二つの研究発表を寄稿した。

「綴り方教授の科学的研究」（一九二一年七月）〔同上、三九五～四〇八頁参照〕

「文章範型応用主義の綴方教授」（一九二一年八月）〔『教育界』第二十巻・第九号（明治教育社発行）、六七～七二頁〕

そして、後者の論考ではじめて、「文章範型応用主義」ないし「文型応用主義」という用語が提示されているのである。

ところで、牧口は、『大系概論』の第六巻綴方教導の研究において、次のように述べている。

「綴り方の研究が一番多いようであるが、わたし自身の見聞が狭いせいか、いまだに文章の本質に即した創作指導方案が確立したことを聞いていない。これまでの、だれにでも考えられる作文訂正の自然的教授法や、随意選題課題などの枝葉末節では、少数の秀才でないかぎり、いつまでたっても、まとまった文章は書けないと思う。

文型応用主義の綴り方指導法は、意識的・計画的に、まとまった文章の創作に導くことができる、と信じている。文章の形式といっても、従来のような、文章の要素また一部分の語法・文法にとどまらず、文章全体の形体などの諸方法をも包含するのである。この文章全体の構造・形体などこそ、今後、文学者が直観し、比較し、統合して、文章の法則にまで到達すべきものであり、文章が、それにのっとって、だれにでも創作しうるようになるべきなのである。

模範となる文章を分析・解剖し、段・節・句・語などの各要素に到達して、その意義を明確化する。次に、それらを連続・統合して、全体にもどって再構造に達した後に、同型異内容の他の範文を作って提出し、これを原文と比較して、共通点を見いだし、法則性を認識できるようにする。さらに、ここにおいて、応用の仕方が道理にかなっていれば、既修の同型であることがわかってくるので、原文とは別の内容が自由に表現できることを意識させていく。そして、これに類似した応用範囲を指導して自作をうながし、ついに、完全な自由製作ができるようにするのである。」〔『全集・第八巻』、一九〇頁参照〕

ただし、「文型応用主義」ということばは、『体系』全四巻のなかには存在していない。それは、「創価教育学緒論」（一九三〇年十一月）や『体系梗概』には、編者の意向で使用されているが、再び登場するのは、『実験証明』においてなのである。

なお、その具体的な中身については、とくに、伊藤貴雄「牧口常三郎の教授法」〔『創価教育』第3号（創価大学創価教育研究所、二〇一〇年三月）、一八五～一九七頁〕を、ご一読いただきたい。

［14］読み方と綴り方とが区分され、両者が有機的に関係づけられておらず

牧口は、『大系概論』の第七巻読方教導の研究・書方教導の研究において、以下のように主張するのである。

「綴《つづ》り方と直ちに連絡され得ないような、従来の読み方教授は、世論にいうところの非教育的で偏知な自然的教育である。読み方教授の目的が内容か形式かなどという論争は、教育学の素養がない素人間の閑問題であり、内容即思想でなくて、国語即形式であるべきはもちろん、『文学の研究対象が文自体であって、それ以外であってはならぬ』とのモールトンの『文学形体論』巻頭の宣言と、合致するものである。

国語教授の目的が確認されたとすれば、従来の形式といえば文の原素または部分と速断しがちな態度を改め、文全体の構成を主眼とすることに目覚めて、達成方法を講究しなければならない。文章の表現する内容の理解・鑑賞の徹底にいっそうの努力を要するのはもちろんであるが、それにもまして、内容を表現する方法上の研究を指導して、文章創作に資するように改善されなければならない。

文自体の直観とともに、多くの他の文体との比較・統観によって、あたかも自然科学のように、文章の法則に到達させることを、この科の要旨としなければならない。文則文語とよくいわれる文章法則の全体を抽象させるためには、各要素部分である語法・句法ならびに修辞法などの自然科学的研究が工夫されなければならない。文の解釈すなわち抽象概念の具体化が図られて、文法がなおよく講究されるとともに、文型応用主義によって知行の合一が図られなければ、国語教授の使命は達せられないものと見なされなければならない。」〔『全集・第八巻』、一九一～一九二頁参照〕

なお、引用文中の「文則文語」は、文章法則（文則）にのっとった、正しい文章語（文語）、という意味にとらえられるのではなかろうか。

［15］著者が校長……四つの小学校

牧口が校長に就任した尋常小学校と在任期間は、左記のとおりである。

東盛　一九一三（大正二）年四月～一六（同五）年十二月（兼任期間を含む）

大正　一九一六（大正五）年五月～一九（同八）年十二月

三笠　一九二〇（大正九）年六月～二二（同十一）年四月

白金　一九二二（大正十一）年四月～三一（昭和六）年四月

ただし、大正を退任後、半年ほど（一九一九年十二月～二〇年六月）、西町の校長をつとめている。

なお、綴り方だけでなく、東盛・大正では書き方、三笠では生活指導、白金では地理科、などにも力が注がれていたようである。

[16] 国字改良案

このことについては、次の二点が具体的に提示されている〔『全集・第六巻』、四〇八～四一二頁参照〕。

①通用漢字の数を可能なかぎり減少させる。民間の新聞では三千ほど用いられており、国定教科書では約千八百字に制限されているが、さらにそれを減らしていく。

②在来の字体を二分の一に圧縮した「半仮名文字」を使用する。結果的に占領紙幅は半分になる。

また、牧口は、文章を書く際の注意点を、十五項目にわたって列挙しているのである〔同上、四一五〜四一六頁参照〕。

[17] それらは……方法の価値を証明することになった

書き方（習字）において実験証明されたのが、いわゆる「骨書《ほねが》き応用主義」、すなわち、「骨書き透《す》き写し法」であるようだ。

それは、たとえば、半紙の下に手本を敷き、その文字の中心部分だけを鉛筆で書いて骨組みを作り、それをなぞって筆で書く、だれでも容易に取り組むことができるやり方なのである。この方法は、とくに、習字が苦手な教師の場合に、はっきりと効果が表れる、とされている。なぜなら、苦手な教師は、かえって必要以上に一生懸命練習するし、児童に対しても熱心に指導するようになるので、しばしば、能筆な教師よりも、素早く好成績を挙げることができるからである。〔辻武寿編『牧口常三郎箴言集』第三文明社、一九七九年六月、九七頁参照〕

牧口は、『体系・第四巻』教育方法論の第一編教育方法論 緒論・第二章教育方法論建築の基礎に横たわる先決問題のなかで、書き方の指導について、次のように論じている。

「〔各分科学者は、〕体操・習字・図画・手工などの技能科においては、教師の技能さえ上達すれば、教え方などは大した問題ではない、といっている。もとより、指導をおこなうためには、ある程度の技能上の知識と熟練とが必要であるに相違ないが、それさえあれば、おのずから、教育上の指導が可能であるとまでいうのは、知識の伝達主義、すなわち、詰め込み主義の謬見《びゅうけん》に、堕《だ》した結果であるといわねばならない。もっとも、教材に関する学問研鑽の程度と指導術のそれとが一致しがたい、一般の知的教科とは、おのずと性質を異にするし、概して、技能科の熟練者につけておけば、比較的知識の上達も早いにはちがいないから、できるなら、専科教師の資格を取得できるほどの熟練が、各本科教師にとって望ましいことに異議はないけれども、それがはたして、どれほどの可能性を持つかということについては、子細に顧みて論議しなければならない。

試みに、習字の一科について考察してみよう。一つの学校において、いわゆる習字の教師が十分につとまるほどの書き手は、はたして幾人いるか。毎学年の末に修業証書を子弟に書いて与えるのを恥じないだけの腕前を有している者は、おそらく、数人とはいないだろう。他の技能科においても、同様である。実際において、このように僅少《きんしょう》・稀有《けう》の程度の力量をすべての教師に望むことは、百年河清《かせい》を待つようなものである。望むことはできても、おこなわれる見込みはほとんどつかない議論である。それなのに、実際に可能であるかのように、希望と実現とを混交していることを意識することができず、漫然と、教師の技能が未熟だから子弟の成績が悪い、ゆえに、子弟の成績を上達させようとするのであれば、当然のことながら、教師のそれに対する修養が第一であると、軽卒に速断するようなありさまでは、その浅薄を笑わざるを得ないのである。」〔『全集・第六巻』、二七六～二七七頁参照〕

「〔教師は、〕研究方法上の手本となっても、教育材料として模範となってはならない。おそらく、これは、従来の伝統的な教育方法観とは、氷炭相容《あいい》れないところであると怪しまれるであろうが、次の一例で、それが真理であることを、容易に承認することができるだろう。

習字の教授を参観すると、教師は、必ず範書をして、児童に見せなければならない、と考えられている。そこで、範書を恥じるほど悪筆な教師は、他人に代筆を頼んで、その責任を果たそうとする。これが、かえって、教育の目的に反した有害な手段であることが、どうしてわからないのであろうか。その理由は、以下のとおりである。

どれほど能筆な教師でも、国定教科書に選ばれた手本の筆跡以上のものは、容易に書くことができないはずである。まして、平凡者や、たいそう悪筆を恥じている者においては、なおさらであるだろう。それなのに、手本をそっちのけにして、わざと目立つように範書をおこない、これに倣えというにいたっては、まことに烏滸《おこ》の沙汰《さた》ではなかろうか。大人の目から見ると何とも思わないかも知らないが、純真な児童の身になったら、どんなであろう。教科書に記されているのは、いくら書道の大家のものでも、木版刷りの手本であるから、美醜・善悪の判定標準がまだ成り立っていない、児童の目からすれば、直接崇拝の教師の方が、はるかに強大な刺激である。日本一の大家が書いた手本より、下手の教師に似るのは、当然の勢いであり、それが実際の成績なのである。しかも、このことが教育の要領を得ていると誤解しているのが、世の中である。だから、せっかくの国定教科書も、その内容をきちんと理解せず、うぬぼれている教育実際家のせいで、二三文の価値もなく、蹂躙《じゅうりん》されているではないか。

体操でも、図画でも、そのとおりではなかろうか。唱歌などは、幸いに、その科の性質上、このような弊がないのは仕合せといわねばならないが、修身科などをこの調子でやられたら、何とすべきか。もしも、習字教授に教師の範書を必要とするということが真理であるとするのであれば、修身においても、歴史においても、模範的な人格よりは教師自身に倣え、ということになりはしないだろうか。

大人に対しては何でもないことのようでも、純真無垢《むく》の児童にとっては、人の子を賊《そこな》うという大変な結果になることを恐れなければならないから、わたし自身は、教材としての模範となってはならない、と決めている。そこで、わたしは、常に、青年教師に向かって、次のように戒めてきたのである。すなわち、習字の教授にあたり、教師は手本と子どもとの間に入り込み、手本の直接的な感化を受ける、邪魔をしてはならない。教師に範書の必要があるとすれば、手本をどのように模倣させるべきかという、指導の精神を逸することなく、教師は、それの手段として、部分的に筆法を分解して授ける程度に留《とど》めなければならない。それが、国定教科書制度の趣旨である、と。」〔同上、二七八〜二八〇頁〕

「方法の価値」という文言には、以上のような背景があるように思われる。

なお、可能であれば、『教育界』第一八巻・第二号〔明治教育社発行、一九一八年十二月〕の三六〜四〇頁に掲載されている論考、「東京市大正尋常小学校に於ける書方教授の研究」を参照していただきたい。なぜなら、そのなかでは、「自動的骨書敷写法」の実践事例が詳説されているからである。そして、校長である牧口は、実地授業の後の講演で、次のように述べたとされている。

①この方法は、前任の東盛小学校長時代から主張しているが、なかなか認められてこなかった。

②この方法によれば、能筆の教師でなくても、必ず成績は上昇する。

③その理由は、この方法が、児童自身をして、自発能動的に、骨書き敷写から臨書へと向かわせていくからである。

［18］推理作用の指導

牧口は、『体系・第二巻』の第三編価値論・第三章認識観のなかで、次のように洞察する。

「これは、何と同じ、または、異なっている。これは、以前に直覚した何と同または異だと比較して判断するのは、簡単な弁別のはたらきであるが、推理という作用となると、この異同を弁別するはたらきのうえに、分析作用、すなわち、概念の全体を組織している要素に分析する作用が、加わってくるのである。」〔『全集・第五巻』、二五五〜二五六頁参照〕

また、彼は、『体系・第四巻』教育方法論の第二編教材論・第一章教材の選択及排列のなかで、次のように述べている。

「つまるところ、記憶によっての生活よりは、推理によっての価値多き生活を指導する方法こそ、教育方法学のねらいどころで、本書の力説するところなのである。」〔『全集・第六巻』、三六六頁参照〕

[19] 教科書に記載された事項の分布を地図上に表現することができる

牧口は、すでに、『地理教授の方法及内容の研究』（一九一六年九月）の第四編地理教科書の改造及活用・第十七章地理教授の主眼教科書を地図とせよの冒頭において、次のように主張しているのである。

「従来の地理教授のもっとも主要な教授用具は、文章をもって現した地理教科書であり、これを了解させる附属物として、地図が附図という名称で添えられている状態であるが、わたしの研究の到達点である現在の見解においては、これは本末の順序をまったく転倒したものである、と思う。よって、わたしは、従来の主従の位置を転倒して、地理教授における教具の本体を地図とし、文章をもって現した地理教科書は、その地図を読み、かつ、了解するための方便物として、地図に附属するというふうに改良しなければ、地理教授の真価は発揮することができない、と信じているのである。小学校の程度においては、主として、地図の説明、もしくは、それの敷衍《ふえん》と補充を中心とし、なかなか地図に書き現しえない事柄を、やむを得ない手段として、文章に書いておくというような程度に、地理教科書を定めておき、児童・生徒が了解することのできる程度において、地人関係の理法、または、地理的要素相互間の関係の理法などを、便宜に記載するという方針にもとづきながら、教科書を編成するのを、合理と信じているのである。」〔『全集・第四巻』、一九二頁参照〕

［20］沢柳政太郎

沢柳政太郎（一八六五〜一九二七）は、信州（長野県）松本の出身。一八七五（明治八）年に東京へ移住。府立第一中学、東京大学予備門を経て、八八（同二十一）年に帝国大学文科大学哲学科を卒業し、文部省に入る。また、東京専門学校や哲学館で心理学や社会学を講義した。

一八九二（明治二十五）年に文部省を辞し、九三（同二十六）年大谷尋常中学校校長、

九五（同二十八）年群馬県立中学校校長、九七（同三十）年第二高等学校校長、九八（同三十一）年第一高等学校校長などを歴任。九八年には文部省普通学務局長に就任し、尋常小学校を四年制に統一することや、授業料の無償化に尽力した。

一八九八（明治三十一）～九九（同三十二）年高等商業学校校長、一九〇一（同三十四）年高等師範学校校長、〇二（同三十五）年広島高等師範学校校長。〇六（同三十九）年から二年間は文部次官として、義務教育年限を四年から六年に延長、奈良女子高等師範学校の開設、東北帝国大学の創設、九州帝国大学の設置の決定、などに携わっている。

一九〇九（明治四十二）年十二月には貴族院議員に勅選され、死去するまで在任。〇九～一〇（同四十三）年には東京高等商業学校校長、一一（同四十四）年に東北帝国大学初代総長、一三（大正二）年には京都帝国大学五代目総長になるが、大学自治権をめぐるもめごとをきっかけに、一四（大正三）年に退官した。

その後、一九一六（大正五）年からは、帝国教育会会長。一七（大正六）年には成城小学校を創設して、ドルトン・プランを導入するなど、大正期の自由主義教育運動に貢献。二六（昭和元）～二七（同二）年には大正大学の初代学長になった。

主著に、『教育者の精神』（一八九五）、『実際的教育学』（一九〇九）、『我国の教育』（一九一〇）、などがある。

[21] みずから同校で実際の授業をおこなった

牧口は、このことについて、『体系・第四巻』教育方法論の第三編教育技術論・第二章教育技術鑑賞論のなかで、次のように述べている。

「大正七年の春、わたしが東京市大正小学校の校長であったときのこと、故沢柳政太郎氏を会長とする教育教授研究会から、わたしに対して地理教授に関する研究発表の委嘱があった。そこで、わたしは、月並みの講演では不徹底の憾《うら》みがあるから、試みに実地授業の一例を示した後で講演をしようと引き受けた。

何でもないことであるにもかかわらず、小学校長が奮発して、みずから実地授業をして見せるというので、たいそう興味をそそったらしい。参観者は、各区からの教員はもちろん、沢柳文学博士をはじめ、当時の東京市教育課長であった守屋恒三郎、下谷区長の戸野周次郎、東京府立第一高等女学校長の市川源三、日本女子大学教授河野清丸文学士、東京高師訓導の高橋氏などの諸氏に加えて、数名の雑誌記者も参加し、文字どおり立錐《りっすい》の余地もなかった。

題目は『台湾の地理』であるから、日本が近年、南方の常夏の島に米倉と砂糖倉の二つを建設したということから始めて、台湾の地位・地形・地貌・地積・地味・地質・気候・住民などに区別し、地人関係を論じて、産業・政治・文化などの説明をなすこと一時間。終了後、若干の解説および講演をおこなって、地理学科は附図といわれている地図こそ教科の本位とするべきで、それを説明しているに過ぎない地理の教科書は、附録として取り扱われなければならず、主客転倒すべきである、という意味の発表をして、参加者の批評を求めた。

特別に反対の意見が提出されるはずもなく、なかには、お世辞やら追従《ついしょう》やら、月並みの批評もあった。しかしながら、相当な権威者が臨席しているので、真剣味あふれる議論の最後に、沢柳会長は、『わたしは十数年間、全国の諸学校の実際授業を見てきたが、今日のような会心の授業を見たことがない。つまるところ、それは、教授法ばかりでなく、地理学の造詣《ぞうけい》の深さにもとづいたものである。』と、激賞したのである。ゆえに、大正小学校の職員一同はとても喜んで、後で盛んな茶話会を催し、その席上においては、ある程度の追従も交えてはいるであろうが、どうしてあのような授業ができたのかという、感嘆のことばも漏れ出ていた。

また、このことが、当時の雑誌『普通教育』に掲載されることになった。年はとっても、やっぱり人間である。ほめられて、いやな気がするわけがない。もしも、こんな気分のままに今後も練習を積んでいけば、他日において教員の職を首になってから、全国に教育行脚を試みても、緞帳《どんちょう》芝居くらいはうっていけはしないかと、心ひそかに感じられたものである。

いや、それはともかく、いやしくも恩給年限までこの業に携わっている以上、どれほど複雑・困難な最高級の技術であるにせよ、全国の教育実際家のなかには、教育技術に堪能《たんのう》な熟練者が相当な数にのぼっているにちがいない。ねがわくは、この道のために、その自覚をうながし、かつ、自重を請い、他の諸々の技術と肩を並べ得るまでに発達させたいものである。それがためと思えば、手前味噌《てまえみそ》に陥ったような右の記述も、まんざら無価値ではあるまいと信じている。」〔『全集・第六巻』、四五〇〜四五一頁参照〕

〔22〕どれも等しく人間の知能の啓発を目的とする

『体系・第一巻』の第一編教育学組織論・第五章教育学組織の内容・第三節教育方法の

区分において展開されている、牧口の主張は、おおよそ以下のとおりである〔『全集・第五巻』、九六～一〇一頁参照〕。

知育・徳育・体育の三つの区別は、教育学上ほとんど自明の理であると見なされているが、その三育が相対峙し並立するというとらえ方は、現実を正しく把握していない。知育でない徳育や体育が、実際において成り立つはずはなく、体育の基礎のうえに立つ知育、知育の基礎のうえに立つ徳育というふうに、段階的もしくは根幹・枝葉の関係の観点から、観察・叙述されるべきである。

それゆえ、従来の三育並立概念を放棄して、知育・体育から構成される二育並行パラダイムを提起する。つまり、幸福の根底である健康を目的とする体育と、体育と並行的におこなわれ、価値創造の基礎となる知育を、教育の柱とするのである。換言すれば、体育的に知育し、知育的に体育し、両者がおたがいに背反したり妨害し合ったりしないように指導するのが、本来の教育なのである。

〔23〕 修身道徳科

周知のように、「修身」は、第二次世界大戦が終結するにいたるまで、初等・中等学校において、道徳教育の柱として位置づけられていた教科。「国史」（日本歴史）などとあいまって、「臣民の道徳」の形成に多大な影響を及ぼした。

一八七二（明治五）年の「学制」ではとくに重視されていなかったが、七九（同十二）年の「教育令」によって一つの教科として成立。翌八〇年の「改正教育令」からは小学校の筆頭教科にすえられて、天皇中心の国家体制を強化するうえで大きな役割を果たすことになる。とりわけ、九〇（同二十三）年に「教育勅語」が発布されてからは、絶対的な国家主義の立場から、儒教思想の「忠孝」を基本とする道徳の浸透が図られるようになった。そして、「修身」の授業では、恣意的な教訓・感化が首尾よくおこなわれるように、あらかじめ定められた徳目に即して、歴史上の人物に関するエピソードなどがしばしば利用されていたのである。

したがって、牧口が強いて「修身道徳科」と表記したのは、本来の徳育のあり方を示唆するためであったのではないか、と思われる。なぜなら、彼は、国家主義の下で身を修めることよりも、本来の人間らしい生き方が培われていくことを、重視していたからである。なお、この点については、補注［31］と［48］を参照していただきたい。

[24] もっと深い理由がある

牧口は、『体系・第四巻』教育方法論の第三編教育技術論・第二章教育技術鑑賞論のなかで、次のような結論にたどり着いている。

「教育技術といい、また、教育法というだけでは、日本古来の何々道という語に対照すると、まだ意を十分に尽くしがたいものがあり、多少の誤解を生ずる恐れがある。よって、むしろ『教育道』として、学と術と人格との渾一体《こんいったい》を意味することが適当である、と確信する。

どれほど精緻《せいち》な名文を用いて表現するとしても、言語を超越した技術の妙味は伝えることができず、技術という名称すらも、誤解の種子となる恐れがある。つまるところ、教育道の奥義には、剣道などの免許皆伝と同じように、術の熟練とそれについての理解・説明の学とを統合・渾一《こんいつ》した人格でなければ到達しがたいものであり、したがって、道場という教育研究所における幾年かの研磨・熟練の成績によってはじめて、教員の免許皆伝は与えられるべきものなのである。

そうであれば、いわゆる教育道の内容は何かというと、教育についての信・行・学の三大要素の統合・渾一にほかならない。すなわち、人格の中心となる人生最高の目的観念の確立に必要な正法の信仰と、教育方法の実習および熟練と、その理解・説明に欠くことのできない教育学との、渾然《こんぜん》とした統一がそれなのである。

ゆえに、今後において国家が設立すべき教育道場としては、教育技術練習所としての小・中学校、それを中心とする教育学の研究所、それらの指導の基本原理および人格の涵養《かんよう》のための信仰の修養所という、三つの機関を完備しなければならない。現在の師範学校は、その一つさえも、完全に具備していないのは、実に悲しいことなのである。」〔『全集・第六巻』、四四六頁参照〕

[25] 知識の注入を本体とする、昔ながらの古いやり方

牧口は、『体系・第四巻』教育方法論の第一編教育方法論 緒論・第二章教育方法論建築の基礎に横たわる先決問題のなかで、次のように論じている。

「因襲の久しき教育といえば、直ちに知識の詰め込みと心得、その病弊が教育制度の根幹・枝葉の全般に弥漫《びまん》し、教育改革を唱えるすべての先輩が口を極めて排撃したにもかかわらず、痼疾《こしつ》は依然として癒《い》えず、排撃するという教育者自身が、やはり、そ

の病弊に溺《おぼ》れていることを意識していない。たとえ知ったとしても、滔々《とうとう》たる大勢はどうにもしようがないとして黙視するのが、前掲諸例の証明しているところで、すなわち、教育が行き詰まった理由なのである。

それゆえ、この根強い謬見《びゅうけん》が完全に排除されないかぎり、いくら叫んでも、改良案の実行はおぼつかない。よって、いたるところでこれの排撃を試み、ついでに随時、それの代案を暗示してきたが、いまだまとまった改良案を提出するまでにはいたらなかった。

しかし、ここにいよいよ、それを提出する時機に達したので、重ねて蛇足を加えているのである。ねがわくは、わたしたちの微衷《びちゅう》を諒とし、煩《はん》を厭《いと》う私情を転じて、この病弊の打開に協力されんことを。」〔『全集・第六巻』、二八三頁参照〕

また、彼は、「教育態度論（続き）　創価教育学講座（第三講）」（一九三六年四月）のなかで、次のように述べている。

「注入主義の教授は、記憶作用のみを鼓吹《こすい》し、推理作用を圧縮するがゆえに、一見たくさんの知識を供給するようでも、その実《じつ》、貧弱な知識の断片であり、生活力の範囲を制限するものである。」〔『全集・第九巻』、一八頁参照〕

「詰め込み主義は、学習指導などを意識する余裕のない、放任主義である。無指導の態度といってよい。」〔同上、二二頁参照〕

［26］犬養氏の賛意を表する題辞

『体系・第一巻』の冒頭に掲げられた犬養毅による毛筆の題辞は、次のとおり。

「天下無不可
教之人亦無可
以不教之人」
（天下に教うべからざるの人無く
またもって教えざるべきの人も無し）

その意味は、次のように解釈することができるだろう。

「天下に、教えなくても良いような人は、存在していない。また、それは、すなわち、教えない方が良いような人も存在していない、ということなのである。」

なお、『体系・第三巻』の発刊に先立って寄せられた賛意は、「故犬養木堂翁より著者に宛てたる書簡」として、『体系梗概』の一頁に掲げられている。

「敬啓《けいけい》　貴著創価教育学体系　御恵贈下《くださり》　御厚意難有奉存候《ありがたくぞんじたてまつりそうろう》

貴氏ニ鳴謝《めいしゃ》　并《ならびに》　文安を祷《いのり》候　不具

三月十一日　　犬養　毅

牧口常三郎殿」

そして、犬養毅の「題辞」および「書簡」について、詳しくは、『評伝 牧口常三郎』（第三文明社、二〇一七年六月）の三二五〜三二七頁を参照していただきたい。

［27］田辺寿利

田辺寿利（一八九四〜一九六二）は、北海道の釧路生まれ。札幌師範学校を中退後、上京して、一九一八（大正七）年に日本大学専門部卒、二一（同十）年に東京帝大社会学科（選科）中退。はじめは、在野の学者として、フランス社会学の導入につとめ、コントやデュルケムに関する研究を推進。二四（同十三）年の日本社会学会創立に尽力し、二九（昭和四）年のフランス学会や、三六（同十一）年の日仏社会学会の設立にも、積極的に携わった。後には、言語社会学の先駆的研究をなし、戦後は、東洋・水産・東北・金沢などの各大学教授を歴任するなかで、水産社会学の途を開き、漁村社会の実証研究もおこなっている。主著に、『フランス社会学史研究』（一九三一）、『言語社会学叙説』（一九四三）、『フランス社会学成立史』（一九六五）。また、昭和戦前期までに、デュルケムの訳書として、『社会学研究法』（一九二八）、『社会分業論・第一分冊』（一九三二）、『教育と社会学』（一九三四）、などを出版した。

ちなみに、一九三〇（昭和五）年の時点で、田辺は、すでに、フランス社会学研究に秀でた人物として、学究者の間では、それ相応に認められていたようである。けれども、彼は、まだまだ、しかるべき立場をもたぬ青年学徒であった。しかも、牧口にとっては、二十歳以上も年少の、札幌師範中退の後輩なのである。ところが、『体系・第一巻』に寄せられた三つの序文は、田辺のものを冒頭にすえて、新渡戸稲造、柳田国男と続いている。牧口が、田辺に対して、衷心より敬意を表していたことがうかがえよう。とくに、デュルケム学説の理解については、田辺との交流によるところが大であったにちがいない。

［28］新渡戸稲造

新渡戸稲造（一八六二〜一九三三）は、現在の岩手県盛岡出身。一八七三（明治六）

年、東京外国語学校英語科に入学。七七（同十）年に札幌農学校へ進学し、内村鑑三らとともにキリスト教に入信。卒業後、東京大学文学部の選科に入学。八二（同十五）年札幌農学校予科の教授になるが、八四（同十七）年には私費留学して、アメリカのジョンズ・ホプキンス大学に入学。その後、八七（同二十）年には札幌農学校の助教授に任命され、大学を中退し、官費でドイツへ留学して農業経済学の博士号を取得する。九一（同二十四）年にアメリカ人女性と結婚し帰国して札幌農学校の教授に就任したが、体調を崩して九七（同三十）年に退職し、群馬で療養中に『農業本論』（一八九八）を出版。また、カリフォルニアで転地療養したときに、英文の『武士道』（一九〇〇、日本語訳書は一九〇八）を書き上げた。

一九〇一（明治三十四）年台湾総督府に勤務。〇三（同三十六）年京都帝大教授を兼ね、〇六（同三十九）年には植民政策の論文で法学博士。同年、東京帝大教授との兼任で、第一高等学校の校長。一一（同四十四）～一二（同四十五）年に渡米した後、一三（大正二）年に健康上の理由で一高を辞職。その後、拓殖大学学監、東京女子大学の初代校長などを歴任。一九二〇（同九）～二六（同十五）年には、世界の平和のために、国際連盟事務局次長として活躍した。

新渡戸と牧口の交流は、新渡戸が『人生地理学』（一九〇三）を読んで感嘆し、牧口に手紙を出したことから始まった、といわれている。また、一九一〇（明治四十三）年に新渡戸の提唱で発足した「郷土会」（牧口・柳田も参加した）は、彼が国際連盟の仕事に従事することになったため、休止されることになった。

[29] 柳田国男

柳田国男（一八七五〜一九六二）は、現在の兵庫県神崎郡福崎町の出身。旧姓は松岡。一九〇〇（明治三十三）年に東京帝大法科大学政治学科を卒業後、農商務省に入り、法制局参事官、内閣書記官記録課長などを経て、貴族院書記官長となり、一九（大正八）年に退官。翌二〇（同九）年には朝日新聞に入社して、二四（同十三）〜三〇（昭和五）年には論説委員をつとめている。

学生時代には叙情詩人として知られるようになったこともあったが、三十代半ばごろから民俗学に関心を寄せて、一九〇八（明治四十一）年ごろから自宅で「郷土研究会」を始めている。また、一〇（同四十三）年には同会を発展させて、新渡戸稲造が世話人、柳田が幹事となり、「郷土会」を発足。一三（大正二）年からは雑誌『郷土研究』を刊行。三二（昭和七）年に朝日新聞を退職してからは、郷土研究や民間伝承の比較研究により、伝統的な庶民生活を明らかにすることをめざして、民俗学に専念したという。戦後は、枢密顧問官、学士院会員、日本民族学会初代会長をつとめている。

著書は多数で、代表作に、『遠野《とおの》物語』（一九一〇）、『蝸牛考《かぎゅうこう》』（一九三〇）、『桃太郎の誕生』（一九四二）、などがある。

なお、『定本　柳田国男集・別巻第五』（筑摩書房、一九七一年）に収録されている年譜によると、柳田と牧口の出会いは、一九〇九（明治四十二）年五月、英文学者の馬場孤蝶の紹介で、富士見小学校の首席訓導であった牧口が、柳田宅を訪ねたのが最初であるとされている〔同書、六二二頁参照〕。おそらく、それは、柳田を中心とした「郷土研究会」へ加入するためであったのではないか、と考えられる。

二人の交流が密になるのは、一九一〇（明治四十三）年十二月に発足した「郷土会」で同席するようになってからのようである。たとえば、一一（同四十四）年の五月に、柳田と牧口は二人で農村の調査旅行をおこなっている。甲州の谷村から道志谷、月夜野を抜けて、相模に出る小旅行であったという。

［30］評価と認識とを混交

牧口は、『体系・第二巻』の第三編価値論・第二章真理と価値＝認識と評価のなかで、次のように記している。

「認識の対象は、認識主体の生命の伸縮に直接関係がないか、軽微な関係を持つにとどまった現象である。したがって、認識主体は、これに対して極めて軽微な主知的反応をなし、冷静にその成り行きを眺望し客観するだけである。

これに反して、いわゆる評価の対象は、認識主体の生命に何らかの軽微でない関係を持つ現象である。したがって、評価主体は、それとは無関係の冷静な態度では、安心することができない。すなわち、静観する智的反応だけでは満足せず、より強くより全体的で全我的な作用のうえに、感情的で主観的な反応を起こし、快と苦を両端とする主観的状態の間に系列する評価標準に照らし合わせ、そのなかの相応の程度に感得することによって、対象を評価する。

この両作用が、認識作用であり、評価作用すなわち評判であるのに、上述のように、よく混同されているのは、思索の不足にもとづいているからなのである。」（『全集・第

五巻』、二四三〜二四四頁参照〕

そして、彼は、ヘルバルトの経験と交際という対概念が、認識と評価との両作用に相当するものである、といっている。

「かの経験と交際との両作用は、認識と評価との両作用に対応するものである。いわゆる経験と称する作用は、認識主観が冷静な態度で、外在または内在している客観的な現象を、実際生活とそれとの関係を少しも顧慮することなく、ありのままに、その成り行きを傍観するのである。これに反して、交際は、相手を冷淡な態度で静観することができず、実際生活に対して何らかの影響力を及ぼす関係者として観察し、進んで情的に反動して、力的にその影響を甘受し快く味わうとともに、その力に相応するだけの価を払っていくのである。

したがって、認識主観は、環境と接触交渉する際に、二つの手段を有していることになる。ただし、その交渉は、接近しなければ認知が不可能になるように、おのずから制約されている。そうであれば、二つの手段といっても、自然の制約範囲内における接近の種類にほかならない。ところが、その経験と交際は、ヘバルトおよびその主義者が、教育の手段として取り上げた二つの名称のものに過ぎないようである。

甲　経験——感覚的または知識的交渉

乙　交際——感情的または情意的交渉」〔同上、二四四～二四五頁参照〕

［31］真実の全体観

牧口は、「大善生活法即ち人間の平凡生活に」（一九四一年十月）のなかで、次のように述べている。

「〔日蓮大聖人の仏法を根本とする〕大善生活は、個人主義生活や独善主義の生活ではなく、まして、臆病《おくびょう》な寄生主義の生活でもなくて、勇敢な全体主義の生活であることがわかるであろう。全体主義とはいえ、おのれを忘れるがために、いうべくしておこなわれえない空虚な偽善生活ではなく、自他ともに共栄することによってはじめて完全円満な幸福に達することができる、真実の全体主義生活のことである。」〔『全集・第十巻』、一四頁参照〕

牧口は、利己的な個人主義者や、口先では公共の利益を唱えながら、実際には自分のことしか考えていない、偽善主義者とは、対照的な生活を示唆している。つまり、彼は、個人の利益を守りながら、公益のために貢献する、社会的に有為な生き方を、

「真の全体主義」もしくは「真実の全体観」と表現するのである。

[32] 人格価値

牧口は、『体系・第一巻』の第一編教育学組織論・第一章緒論の冒頭において、次のように述べている。

「創価教育学とは、人生の目的たる価値を創造し得る人材を養成する方法の、知識体系を意味する。

人間には物質を創造する力はない。われわれが創造し得るものは価値のみである。いわゆる価値ある人格とは、価値創造力の豊かなるものを意味する。この人格の価値を高めんとするのが教育の目的で、この目的を達成する適当な手段を闡明《せんめい》にしようとするのが創価教育学の期するところである。」〔『体系・第五巻』、一三頁参照〕

ちなみに、彼は、『体系・第二巻』の第三編価値論・第六章人格価値のなかで、人格には左記のような三等級がある、と論じている〔同上、三七三〜三七四頁参照〕。

①いることを一般から希望される人。

②いても悪くはないが、いなくても大した影響はないという人。

③いることによって困っている。できれば、いない方が良いと嫌われている人。
そして、もちろん、周囲の人々から望まれるような人を育てることが肝要なのである。

[33]「青は藍より出でて藍より青し」

もともとの文は、中国の思想家・荀子《じゅんし》の「青取之於藍、而青於藍。」(青はこれを藍より取りて、しかも藍より青し。)である。天台大師《てんだいだいし》は、これを引用し、『摩訶止観《まかしかん》』巻一において、「従藍而青《じゅうらんにしょう》」(藍よりして而《しか》も青し)と記している。

青色は、藍より作られるが、その色を重ねていけば、もとの藍よりも濃くなっていく、ということ。これは、学問を探究することによって、知識・知恵がよりいっそう高められること、また、弟子が師匠以上に立派に成長していくこと、などのたとえに用いられている。

日蓮大聖人の仏法では、信心を教わった人が、教えてくれた人よりも、ますます人格が光り輝いていくことをいう。

〔34〕個性

牧口は、『体系・第三巻』の第四編教育改造論・第六章（甲）師範教育改造論のなかで、次のようにいっている。

「家庭の大切な如意宝珠である子どもの個性を純真に育て上げて、文化の生活に適合するような、善い人格に陶冶しようとする教育技術」〔『全集・第六巻』、一二六頁参照〕

また、第十章半日学校制度論においては、その意義を以下のように説明する。

「被教育者をして、半日は学校生活に、他の半日は生産的な実業生活を送らせようとするのである。すなわち、学校生活外の半日を、あるいは父母の職業を手伝わせ、あるいは力相応の職業に従事させ、あるいは他日の生活に関係がある専門の学習に従わせ、あるいは特別な個性に応じた教育または体育を施すものにして、徒食・遊惰《ゆうだ》ができないように、官民協力、挙国一致、奨励および制裁を設けようとするのである。」〔同上、二〇九頁参照〕

これらの文言を顧みただけでも、牧口がいかに個性を尊重していたかが、わかるだろう。

ところで、牧口は、『体系・第四巻』教育方法論の第一編教育方法論 緒論・第二章教育方法論建築の基礎に横たわる先決問題のなかで、次のように述べている。

「個性でない共通性、もしくは一般性があるのか。そして、一般性または共通性でない個性はあるのか。……また、個性を人間性以外に求めることができるのか。もしも、人間性以外に個性があったとしたら、大変ではないか。……

要するに、いかに尊重するべき個性でも、人類性の外に求めることができないのであれば……人間性以内に求めていくべきであり、すべての人間通有の一般性または共通性のことではないか。そうであれば、個性とは人類の内に求めるべきであり、人類の内に求めるのであれば、共通性と同じではないだろうか。……人類性を失わずにいながら、他の何人《なんぴと》とも異なっている、天上天下・唯我独有の性質はないか。それこそ、個性の名にふさわしいものではないか。」〔同上、二六七頁参照〕

つまり、牧口によれば、共通性ないし一般性あってこその個性であるから、個性尊重を教育方法上の根本原理とすることは、結局のところ、「無方法の自由教育に堕《だ》する」〔同上、二七二頁参照〕ことになる。したがって、彼は、次のように結論づけているのである。

「教育上、個性を眼中におかない、というのではない。顧慮するのはもちろんであるが、教育方法をそれから演繹しようとしてはならない、とするだけである。」〔同上、二七二頁参照〕

「教育方法の前提として個性を考える場合においては、まずもって、いかに個性を厳《げん》縮《しゅく》すべきかが問題となるであろう。要するに、教育においては、自然的な個性の一般化的陶冶から始められ、そのうえで、個別化をもって終結されなければならない。」〔同上、二七三頁参照〕

[35] 無等等の指導法

牧口は、これを、「仏が、仏と無等である凡夫を、仏と等しい存在へ導いていくことと同義である」ような指導法、ととらえている。ただし、それは、教師の立ち位置が仏と同じようなものであるということを、意味しているのではない。

彼は、『体系・第四巻』教育方法論の第一編教育方法論 緒論・第二章教育方法論建築の基礎に横たわる先決問題のなかで、次のように述べているのである。

「一般教師が、おこがましくも、子弟の進路の目標となり、模範になるという、素朴な観念を持つのは、もってのほかの妄想であり……おのれが聖賢の業を気取るようなことは、僭越のいたりであるといわねばならない。……

教師は、自身が尊敬の的たる王座を降《くだ》って、王座に向かうものを指導する公僕となり、手本を示す主人ではなくて、手本に導く伴侶となる。」〔『全集・第六巻』、二八九頁参照〕

したがって、ここでは、教師が、可能なかぎり、仏のような慈悲を体して子どもたちに接することが大事であるということが、示唆されているのではなかろうか。このことについては、補注［38］も参照していただきたい。

なお、「無等等の指導」というのは、おそらく、法華経方便品《ほうべんぽん》第二で説かれている、「如我等無異《にょがとうむい》」（我が如《ごと》く等しくして異なること無からしめん）という文言にもとづいているのではなかろうか。

ちなみに、その前後は、以下のようになっている。

「舎利弗《しゃりほつ》よ当《まさ》に知るべし　我《わ》れは本《も》と誓願を立てて
一切の衆《しゅ》をして　我が如《ごと》く等しくして異なること無からしめんと欲《ほっ》しき
我が昔の願いし所の如きは　今者《います》已でに満足しぬ
一切衆生を化《け》して　皆《み》な仏道に入《い》らしむ」〔『妙法蓮華経』、一三〇～一三一頁参照〕

〔36〕小学校より大学までの青少年の教育は、すべて半日制度に変更

牧口は、『体系・第一巻』の緒言において、次のように明言する。

「教育制度も教育方法も生産的・創価的に改革されねばならぬ。不生産的な怠惰者、すなわち、神経衰弱患者の発生が、防止されなければならぬ。それがためには、生ぬるい実業教育振興策くらいでは、まだ姑息《こそく》である。真の実業教育は、非実業的な教育家の手からこれを戻し、実業家自身をしてなさしめねばならぬ。これ、身心平衡、専門普通の教育並行の趣旨による、半日学校の主張をなすゆえんである。」〔『全集・第五巻』、六頁参照〕

また、彼は、『体系・第三巻』の第四編教育改造論・第十章半日学校制度論のなかで、次のように述べているのである。

「小学校より大学までの学校における学習生活を半日に制限することであるが、これには、能率増進の目的をもって教授法の改革を計り、従来の一日分を半日で修めしめることを前提とする。わたしの創価教育学は、主としてこれを達成するための研究で、その完成のうえには、優に半日をもって一日分の能率を挙げ得ることを、確信するも

のである。」〔『全集・第六巻』、二〇九頁参照〕

第三章

[37] 生活指導主義の教育法

そもそも、一九三〇（昭和五）年春ごろの『大系概論』においては、「真理の認識」と「価値の創造」が、教育の二大目的とされていた〔『全集・第八巻』、一六七～一六八頁参照〕。しかも、それらは、「学習指導」（信の確立にいたるまでの研究の過程）と、「生活指導」（信の確立後における生活に実現の過程）に、それぞれ対応しているように思われる〔本書、151頁参照〕。

そして、一九三〇（昭和五）年十一月～三四（同九）年六月の『体系』（全四巻）をとおして、力点が置かれていたのは「学習指導」の方であった、といえるだろう〔『全集・第六巻』、二八四・二八七頁参照〕。少なくとも、三五（同十）年春ごろの『体系梗概』までは、「知識の構成・心意の啓発・興味の喚起を主眼」とする「学習指導主義」が標榜《ひょうぼう》されていたのである〔『全集・第八巻』、三九六頁参照〕。

したがって、一九三七（昭和十二）年九月の『実験証明』のなかで、突然のように、「創価教育法」が「生活指導主義の教育法」であると明言されているのは、刮目すべきことであるにちがいない。なぜなら、それは、牧口教育学が、その時点にいたるまでに、何らかの大きな飛翔・飛躍を遂げていたことの、まぎれもない証左にほかならないからである。

実際、牧口は、日蓮大聖人の仏法への「信」を確立し、本格的に「宗教革命」運動に邁進《まいしん》し始めると、それ以後は、「根本の法」にもとづいた「価値創造」のあり方を、真剣に問うようになった〔本書、89～90頁参照〕。それゆえ、「研究の過程」において真理を求める「学習指導主義」は、「生活に実現の過程」において「美・利・善」の価値を生み出す、「創価」の「生活指導主義」へと高められていくのである。

なお、詳細については、古川敦『牧口常三郎と創価教育学』（論創社、二〇〇九年一月）の四五～四六頁および一二八～一二九頁を参照していただきたい。

［38］「正直」と「慈悲」

たとえば、牧口は、『体系・第四巻』教育方法論の第一編教育方法論 緒論のなかで、次のように述べている。

「正直の模範こそ、教師の生命である。」〔『全集・第六巻』、二七八頁参照〕

「正直を生命とする教育の本質」〔同上、三四四頁参照〕

「教育は、最優・最良の人材にあらざれば成功することができない、人生最高至難の技術であり芸術である。これは、世上の何物にも代えがたい、生命という無上宝珠を対象とすることによっている。それゆえ、母の愛と父の慈とを代表することのできる者だけが、成功することができるのである。」〔同上、二五三頁参照〕

また、彼は、『体系梗概』の「結語＝法華経と創価教育」のなかで、「創価教育学の教育法」も、他の分業と同様に、「最高の正直による最大の慈悲という法華経の精神にもとづいた、自行化他《じぎょうけた》の合法的生活法である」と述べている〔『全集・第八巻』、四一一頁参照〕。

[39]「一代聖教のなかに……くもりなし。」

牧口は、この御文をとおして、人物を評価する際には、法華経が、すべてを見透かして映し出す、鏡の効果を発揮するという意味で、大いに役立つことを強調しているように思われる。現代語訳は、おおよそ、次のようになるだろう。

「釈尊の一代聖教のなかでも、法華経は、明鏡のなかの神鏡である。銅鏡などは、人の姿は映すかもしれないが、心を映すことはない。法華経は、人の姿を映すばかりでなく、心をも映すものなのである。しかも、現在の心を映すだけでなく、過去の業や未来の果報まで、まざまざと映し出すのである。」

[40]「しかも、この経は、如来の現に在すら、なお怨嫉多し。いわんや滅度の後をや。」

これは、釈尊が、法華経はもっとも難信難解であることを、薬王菩薩に告げた文言の、次のような冒頭部分から引用されたものである。

「我が説く所の経典は無量千万億にして、已《すで》に説き、今説き、当《まさ》に説くべし。而《しか》も其《そ》の中に於《お》いて、此《こ》の法華経は最も為《こ》れ難信難解なり。薬王よ。此の経は是《こ》れ諸仏の秘《ひ》要《よう》の蔵《ぞう》なり。分布して妄《みだ》りに人に授与す可《べ》からず。諸仏世尊の守護したまう所なり。昔従《よ》り已来《このかた》、未だ曽《かつ》て顕説《けんせつ》せず。而《しか》も此の経は、如来の現《げん》に在《いま》すら猶《な》お怨嫉《おんしつ》多し。況《いわ》んや滅度の後をや。」〔『妙法蓮華経』、三六二一～三六三頁参照〕

〔41〕「一切世間に怨多くして信じ難く」

これは、釈尊が、仏というのは、何があっても本当の正しい教えを説かれることを、文殊師利菩薩に告げた文言のなかから引用されたものである。その前後は、次のようになっている。

「賢聖《げんしょう》の軍《いくさ》は、五陰魔《ごおんま》・煩悩魔・死魔と共に戦うに、大功勲《くくん》有って、三毒を滅し、三《さん》界《がい》を出《い》でて、魔網《まもう》を破するを見て、爾《そ》の時、如来は亦《ま》た大いに歓喜して、此《こ》の法華経の能《よ》く衆生をして一切智に至らしめ、一切世間に怨《あだ》多くして信じ難く、先に未だ説きたまわざる所なるを、而《しか》も今之《こ》れを説く。」〔『妙法蓮華経』、四四三頁参照〕

第四章

〔42〕「日出でぬれば……拙を知る。」

日蓮大聖人は、「一代五時継図《いちだいごじけいず》」において、次のように述べている。

「道暹和尚《どうせんわじょう》の輔正記《ふしょうき》に云く法華の教興《おこ》れば権教即ち廃す日出《いづ》れば星隠れ巧なるを見て

拙を知る」〔『御書全集』、六八一頁参照〕

ただし、この文言の出典は未詳。

また、「下山御消息《しもやまごしょうそく》」には、左記のような文言が見受けられる。「『日出《い》でぬれば星隠《かく》れ、巧《たく》みを見て拙《つたな》きを知る。』云々。／法華経《ほけきょう》出現の後《のち》は、已今当《いこんとう》の諸経《しょきょう》の捨てらるることは勿論《もちろん》なり。たとい修行《しゅぎょう》すとも、法華経の所従《しょじゅう》にてこそあるべき」〔『御書新版』二九六頁、『御書全集』三六〇頁参照〕

なお、道暹《どうせん》は、天台宗の僧で、道暹律師のこと。生年・没年は不詳。浙江省の出身で、妙楽大師（七一一～七八二）の門人であるといわれており、日本の奈良時代に小乗の戒を伝えた鑑真（六八八～七六三）は、道暹の弟子であるようだ〔『御書新版』二二五頁、『御書全集』三〇三頁参照〕。

［43］人格分裂（目的観念の段階）

この五段階の分類は、「新体制の理想たる大善生活法の意義と可能」（一九四二年八月）にいたると、三段階に整理されている〔『全集・第十巻』、一三五頁参照〕。

一、近視眼的偏見の世界観にもとづく個人主義的な小善・小悪の生活。

二、遠視眼的偏見の世界観にもとづく反個人主義的（空全体主義的）な中善・大悪の生活。

三、正視眼的全見の世界観にもとづく真全体主義的な大善・無悪の生活。

[44]「そもそも……眼をくじる人なり。」

牧口は、この御文をとおして、日蓮大聖人の仏法によって感得することができた、自身の境地を表明しているように思われる。現代語訳は、おおよそ、次のようになるだろう。

「そもそも、一人の盲目を開ける功徳でさえ、なかなかことばに表せない。まして、日本国の一切衆生の眼《まなこ》を開ける功徳にいたっては、いうまでもないだろう。さらに、全世界の人々の見えない眼を開ける功徳は、とうてい、いいつくせないのである。法華経の第四の巻（見宝塔品第十一《けんほうとうほん》）には、『仏の滅度の後に、仏法の義を正しく解する者は、もろもろの天人・世間の眼である』、などと説かれている。仏の滅後に法華経をしっかり持《たも》つ人は、一切世間の天人の眼なのである。したがって、日蓮を迫害する日本国の人々は、一切世間の天人の眼をえぐりとる人にほかならない。」

なお、「盲目」とは、理性が適切にはたらかず、正邪・善悪の弁別がつかないことをいっている。

［45］三障四魔

「障」も「魔」も、仏道修行をはばみ、妨げるもの。「障」は、外部から加えられる力、「魔」は、人々の内心を悩ませるはたらき、を意味する。

三つの障りは、以下のとおり。

煩悩障　貪《むさぼり》・瞋《いかり》・癡《おろか》などの煩悩によって起こる障り。

業障　過去の悪業によって起こる障り。妻子などによる妨げ。

報障　三悪道（地獄・餓鬼・畜生）の苦しい報いによって起こる障り。国主・父母、あるいは、社会的な権力者などによって妨げられること。

四つの魔は、以下のとおり。

陰魔　五陰《ごおん》（色・受・想・行・識）のうえに現れてくるもの。病気やけがなど。

煩悩魔　煩悩によって仏道から逸脱させようとするもの。

死魔　死によって妨げられること。また、死に直面して疑いを起こさせるもの。

天子魔　第六天の魔王のはたらき。他者の身に入り、あらゆるはたらきかけによって、仏道修行から遠ざけて、退転させようとするもの。

日蓮大聖人は、「開目抄《かいもくしょう》」で、次のように述べている。

「これ〔法華経を信じることができなければ、悪道に堕ちること〕を一言《いちごん》も申し出《い》だすならば、父母・兄弟・師匠《ししょう》に国主の王難《おうなん》必ず来《きた》るべし。いわずば慈悲《じひ》なきににたり《似》と思惟《しゆい》するに、法華経・涅槃経《ねはんぎょう》等にこの二辺を合わせ見るに、いわずば今生《こんじょう》は事なくとも後生《ごしょう》は必ず無間地獄《むけんじごく》に堕《お》つべし、いうならば三障四魔《さんしょうしま》必ず競《きそ》い起こるべしとしん《知》ぬ。二辺の中《うち》にはいう《言》べし。」〔『御書新版』七〇頁、『御書全集』二〇〇頁参照〕

また、大聖人は、「兵衛志殿御返事《ひょうえのさかんどのごへんじ》」においても、次のように述べている。

「しお《潮》のひる《干》とみつ《満》と、月の出《い》ずるといる《入》と、夏と秋と、冬と春とのさかい《境》には、必ず相違《そうい》することあり。凡夫《ぼんぷ》の仏になる、またかくのごとし。必ず三障四魔《さんしょうしま》と申す障《さわ》りいで《出》きたれば、賢者《けんじゃ》はよろこび愚者《ぐしゃ》は退《しりぞ》く、これなり。」〔『御書新版』一四八八頁、『御書全集』一〇九一頁参照〕

［46］「第五の巻にいわく……門家の明鏡なり。」

この御文は、日蓮大聖人の仏法を信受して、仏道修行に励むならば、「三障四魔」が必ず競い起こることを、厳しく教示されているところ。牧口は、おのれ自身の覚悟のほどを、知らしめているのではなかろうか。

前後の文脈は、以下のとおりである。

「〔天台大師の〕摩訶止観《まかしかん》の第五の巻の一念三千《いちねんさんぜん》は、今一重《いちじゅう》立ち入りたる法門《ほんもん》ぞかし。この法門を申すには、必ず魔出来《ましゅったい》すべし。魔競《きそ》わずば、正法《しょうほう》と知るべからず。／第五の巻に云《い》わく『行解既《ぎょうげすで》に勤めぬれば、三障四魔《さんしょうしま》、紛然《ふんぜん》として競《きそ》い起こる乃至随《したが》うべからず、畏《おそ》るべからず。これに随えば、人を将《ひき》いて悪道《あくどう》に向かわしむ。これを畏るれば、正法を修《しゅ》することを妨ぐ』等云々。この釈《しゃく》は、日蓮が身に当たるのみならず、門家《もんけ》の明鏡《みょうきょう》なり。謹《つつし》んで習い伝えて未来の資糧《しりょう》とせよ。」〔『御書新版』一四七九頁、『御書全集』一〇八七頁参照〕

なお、天台大師については補注［67］を、「一念三千」については補注［61］を参照。

[47]『創価教育学体系』第五巻

牧口は、『体系・第四巻』教育方法論の末尾において、次のように吐露している。

「これら〔教師自身の研究上の法則が、直ちに子弟の学習指導上の原則となること〕の大部分は、本巻着手の際の構想においては意識していなかったから、本巻をもって創価教育学の総論を完結する予定であったが、今になって見れば、なお一巻の追加を要することになったので、出版者にこのうえの負担を重ねさせてしまうのは、真に忍びないところではあるけれども、強いて断行を願うことにしたのである。」〔『全集・第六巻』、四七一頁参照〕

実際、『体系・第四巻』の巻末に予告された第五巻教育方法論（下）の内容は以下のようになっているので、第五章・第一節に提示されているもの〔本書、163頁参照〕とのちがいに、留意していただきたい。

第四編　学習指導即教導論

第一章教導と学習、第二章創価作用の指導法、第三章評価作用の指導法、第四章評価標準論、第五章認識作用の指導法、第六章不良性の善導法、第七章宗教教育問題、

第八章教導段階論、第九章学習指導態度論、第十章学習指導程度論、第十一章学級経営論、第十二章学校統督論、付説創価教育学形成小史。

牧口は、「四十五年前教生時代の追懐」（一九三六年七月）の冒頭において、「価値があろうがあるまいが、ともかく、『創価教育学』第五巻を書きあげ、総論だけを、ようやく六年目で完結した。」〔『全集・第七巻』、四〇九頁参照〕と述べているので、原稿はすべて整っていたのではないか、と推察される。しかしながら、結果的に、『体系』第五巻は出版されず、総論自体も完結することはなかった。

そして、これは、『実験証明』が発行されたころから、経済統制や言論・出版統制がよりいっそう強化されたことにもよるだろう。だが、それよりも、むしろ、「実験証明」運動の成果が、『体系』第五巻よりはるかに高い、究極的な次元にまで到達していたことに、よるのかもしれない。

なお、『全集・第九巻』の八～五一頁に収録されている「教育の態度を論ず〔教育態度論〕」は、第五巻の一部分ではないかと思われる。

[48] 利・善・美の三方面における価値創造

牧口は、『体系・第二巻』の第三編価値論・第五章価値の系統・第一節価値の分類の冒頭で、次のように述べている。

「真・善・美という従来の価値分類を否認し、これに代えて、利・善・美という新分類を打ち立てることにした。

その利的価値は、個人の全体的生命に直接影響する関係力であるから、個体的全人的価値と名づけてもよい。また、これと対照的な美的価値は、直接には覚官に影響し、個体の全生命への影響は間接的に過ぎないので、感覚的価値または官能的価値といって差し支えないだろう。そして、利的・全人的価値は、私我という個体の生命に対する関係力であるから、この個体を要素とする大きな上級実体であるところの社会の生命に対する関係力は、利的・個体的・全人的価値に対立する、団体的・社会的価値と名づけてもよいのである。

一、美的価値＝部分的生命に関する感覚的価値
二、利的価値＝全人的生命に関する個体的価値
三、善的価値＝団体的生命に関する社会的価値

美的価値を負担している対象は、個我以上の全体の生命には直接に関係せず、人間

の感覚器官を刺激し、快苦の感情の反応によって評価され、美醜の判断を受けるものであるから、生命の存否には直接に触れることはない。

再言すれば、善悪・利害・美醜という各種の標準に照らして判定される対象の主観に対する関係力は、対象に内在する性質よりは、影響される判断主観、すなわち、評価主体の性質により、それぞれの名称をもって認識され、配当されることになる。そして、主観と対象との対立によって生じる関係力の程度に応じて、価値の大小が判断され、賞賛または非難が醸されるのである。したがって、善的価値すなわち道徳的価値と名づけられる概念は、善悪両端の間に盛られた標準秤によって測定される性質の関係を意味し、経済的価値すなわち利的価値は、利害の両端の間に盛られた標準秤によって測量される性質の関係をいい、また、美醜両端の間に盛られた標準秤によって評量される性質の関係を、美的価値あるいは審美的価値というのである。」〔『全集・第五巻』、三二五~三二六頁参照〕

ちなみに、牧口は、体育と知育の二育並行論を提唱している〔補注〔22〕参照〕が、その知育は、価値的目的から、利育・徳育・美育の三育に区別することができる、と述べている〔『全集・第五巻』、一〇〇~一〇一頁参照〕。

[49] 教育を実際化するための改革が要求されている

『体系・第三巻』の第四編教育改造論・第十章半日学校制度論は、「教育の実際化」〔補注［6］参照〕を主眼としていたのである。

牧口は、「小学校より大学までの、すべての学校における学習生活を、半日制度にせよ」〔『全集・第六巻』、二〇七頁参照〕と主張する。なぜかといえば、「学習を生活の準備とするのではなく、生活をしながら学習する、実際生活をなしつつ学習生活をなすこと、すなわち、学習生活をなしつつ実際生活もする」というふうに、「学習生活と実際生活とを並行するか、そうでなければ、学習生活中で実際生活も、また、実際生活のなかにおいて学習生活をもうながして、一生を通じて修養につとめることができるように仕向けていく」ことが、肝心要《かなめ》とされていたからである〔同上、二一二頁参照〕。

[50] 当初に定めておかなければならない大綱がはっきりと決められていなかった

このことに関して、牧口は、『体系・第一巻』の第二編教育目的論のなかで、次のように述べている。

第一章教育目的の定立

「現在までの教育には、不確実な目的をあたかも確実なもののごとくに誤認してきた、大きな誤謬《ごびゅう》がある。国民教育の膨大な組織ができあがっていながら、その目的観が不確実であったことは、何としても不可思議な現象である。」〔『全集・第五巻』、一一三頁参照〕

「教育の目的観は、あくまで、被教育者それ自身の幸福という点に、常に定着していなければならない」〔同上、一二二頁参照〕

第二章教育の目的としての幸福

「被教育者それ自身の生活を教育活動の対象となし、その幸福を図ることを、教育の目的とするのである。」〔同上、一二四頁参照〕

「真の幸福は、社会の一員として、公衆と苦楽を共にするのでなければ、得ることができないものであり、真の幸福の概念のなかには、どうしても、円満な社会生活ということが、欠くべからざる要素をなすことが、容易に承認されるだろう。」〔同上、一三一頁参照〕

［51］教育が進歩すればするほど有害でさえあるという、きっかいな現象

たとえば、牧口は、『体系・第三巻』の第四編教育改造論・第九章学制改革案論のなかで、次のように述べている。

「多数の学校は、上級学校の準備教育に堕《だ》して、真の教育――国家生存の目的に合致した――を施していない。これは、卒業に付随する特権の弊にもとづき、卒業生は、この特権の獲得を幸福生活の唯一の手段と考え、それを目標として上級の学校に進む。かくて、学校教育は、まったく人生の目的から外れた方向に走ったのが、今日の教育の現状である。

人材の需要が供給を超過した時代は可とするも、今や飽和状態を越えるようになった。今にして、特権を廃止しなければ、陥穽《かんせい》をつくって青少年を誘惑して、堕落させるようなものである。

国民の大多数は、いまだ、時勢の推移を洞察して、これに対処するだけの明《めい》を欠き、この特権がいつまでも続くものとして、学校に集まる。教育中毒にかかりつつあることを、自覚していない。」〔『全集・第六巻』、一八九頁参照〕

また、彼は、『体系・第四巻』教育方法論の第二編教材論・第二章教科構造論のなかで、「〔知識の詰め込みの〕結果が悪世相を現出し、教育中毒がかえって国家を衰亡に導くようになった」〔同上、三八四頁参照〕といっているのである。

〔52〕哲学の研究

牧口は、『体系・第四巻』教育方法論の第一編教育方法論 緒論・第三章教育方法論の研究法のなかで、次のように断じていた。

「正系の教育学と見なされている哲学的研究の、今日までの成果がどれほどのものであるかは、今さらここに繰り返す必要はあるまい。」〔『全集・第六巻』、三〇九頁参照〕

もちろん、「哲学的研究」とは、「人間の心の性質を観察して、それに適当した教育方法を、それから直ちに導き出そうとしている」、「教育哲学、または、哲学的教育学」のことをさしている〔同上、三〇八頁参照〕。しかも、それは、「文明人の学問中毒」の所産にほかならない〔同上、三二九頁参照〕とまでいうのである。

また、彼は、『体系・第一巻』の第一編教育学組織論・第二章教育学の価値的考察のなかで、次のようにいっている。

「哲学者は、ややもすれば、主観的な幻想にとらわれて、独断説に固執し、普遍的な真理の権威を汚さんとする。従来の教育理論が、多くはこの哲学者の主張を背景として立論されたことは、争うべからざる事実で、その価値が実際的に現れないのは当然である。」〔『全集・第五巻』、二〇頁参照〕

［53］信の確立……指導してはならない。

牧口が「信の確立」にはじめて言及したのは、『体系梗概』の「結語＝法華経と創価教育」においてである。

「信の確立が、宗教上よりも、より近く教育上の先決問題であるとして、被教育者にこれを指導することを首肯するならば、まずもって、教育者自身に関して信の確立があるか否かを反省しなければならないのではないか。教師自身に信の確立がなされずして、子弟にのみ信の確立を望むことは、木に縁《よ》って魚を求める業《わざ》であり、これほど矛盾したことはないであろうからである。」〔『全集・第八巻』、四一四頁参照〕

「要するに、人生は信のうえに立つといってよい。この基礎がぐらつくならば、不安このうえのないものとなる。したがって、わたしたちの運命としての課題は、信じるか信じないかの問題ではなくて、何を信じるべきかであるだろう。信・不信の問題は、生を否定し、幸福を願わないかぎり、もはや、考える権能さえも与えられていないのである。……さて、何を信じるかは、いかにして信じるかという取捨選択の標準が確立されなければ、迷信に陥り、邪信にとらわれて、正信を嫌うことになる。」〔同上、四一六頁参照〕

なお、牧口は、『大系概論』において、「知識の構成と価値の生産とは教育の二大目的であり、しかも、前者は後者の手段として存在する。そして、その二大目的は、幸福生活という究極的な理想に包容・帰入《きにゅう》されることになる。」と述べている。そして、彼は、このことを踏まえたうえで、「真理の認識（知識の構成）」と「価値の創造（価値の生産）」とが教育の二本柱になると明言し、この対概念を創価教育学の基軸にすえていくのである。〔同上、一六七〜一六八頁参照〕

それゆえ、「信の確立」は、「真理の認識」と「価値の創造」の、大前提に位置づけられるものなのである。

［54］先覚の聖賢が……正反対であるべきものである。

「教えを開示された過程」と「凡夫の生活過程」は、法華経方便品《ほうべんぼん》第二で明かされた、「開・示・悟・入」という「四仏知見《しぶっちけん》」に対応しているように思われる〔『妙法蓮華経』、一二一頁参照〕。

「四仏知見」とは、あらゆる衆生の生命にそなわっている仏の知恵を、開かせ、示し、悟らせ、その境地に入らせることにほかならない。そして、これは、諸仏が世の中に出現する根本的な目的として説かれているのである。それゆえ、「教えを開示された過程」は「開」と「示」に、「凡夫の生活過程」は「悟」と「入」に、あてはめることができるのではなかろうか。

ちなみに、牧口は、最晩年になると、この「開・示・悟・入」を、教導段階のパラダイムとして位置づけていた、と考えられなくもないのである〔『全集・第九巻』、三一〇～三一一頁参照〕。

［55］ 仏の教えに違背することになる

たとえば、日蓮大聖人は、「念仏無間地獄抄《ねんぶつむけんじごくしょう》」のなかで、次のように述べている。「浄土三部経《じょうどさんぶきょう》とは、釈尊一代五時《しゃくそんいちだいごじ》の説教の内、第三方等部《ほうどうぶ》の内より出《い》でたり。この四巻三部の経《きょう》は、全《まった》く釈尊の本意にあらず。三世《さんぜ》の諸仏《しょぶつ》の出世《しゅっせ》の本懐《ほんかい》にもあらず。ただしばらく衆生誘引《しゅじょうゆういん》の方便《ほうべん》なるのみ。譬《たと》えば、塔《とう》をくむ〔組〕に足代《あししろ》をゆう〔結〕がごとし。念仏《ねんぶつ》は足代なり、法華《ほっけ》は宝塔《ほうとう》なり。〔ゆえに、念仏は〕法華を説き給《たも》うまでの方便なり。法華の塔を説き給《たま》いて後《のち》は、念仏の足代をば切り捨《す》つべきなり。しかるに、法華経を説き給いて後に念仏に執着《しゅうじゃく》するは、塔をくみ立てて後に足代に著《じゃく》して塔を用いざる人のごとし。あに違背《いはい》の咎《とが》無からんや。」〔『御書新版』七四九～七五〇頁、『御書全集』九八頁参照〕

[56]「妙法」

牧口は、「妙法」について、『体系・第二巻』の第三編価値論・第五章価値の系統・第六節宗教と科学・道徳及び教育との関係のなかで、次のように述べている。

「わたしは、いまだ、宗教を云々《うんぬん》するだけの資格を有していないことを告白する。しかし、世間においては、宗教と道徳、はたまた、宗教と科学は、背反するものであるかのような見解をもって、おたがいに反目している観があるのは、それらが皆、一方が他方を理解していない誤謬《ごびゅう》によるのであり、しかも、自分では理解したかのような慢心をもって発する妄語に過ぎないように思われる。

わたしたちが作り上げている科学は、事実を総合・統観することによって真理を明らかにし、これをさらに現実の証拠に当てはめてみたうえで信用するのである。しかしながら、法華経においては、これらの道理と現証とのほかに、文証という経文に明記された教えを加え、この三つを具有《ぐゆう》していることが、法門上の所論の必須条件とされている。すなわち、道理と文証と理証とが備わっていなければ、仏法を自由に論述することは禁じられているのである。

内道《ないどう》と称する仏法から見た外道《げどう》の教えはもちろん、仏法中においても、法華経以前の教説すなわち四十余年の諸経に停滞している宗派は、信仰の対象が人格的な神または仏と名づけた具現的な本体を崇拝する、各個人の意識の内に構成するところのある物にほかならないから、科学の対象とし理想とする真理・法則とは、まったく異なっているのである。つまり、このことが、宗教と科学が背反している理由であり、したがって、宗教と道徳とが一致しない理由なのである。

ところが、法華経における肝心は、その名が表しているとおり、『法』であり、これを賛嘆した『妙法』であり、泥中から出た純潔・清浄な法に従った生活を営んで法を具現している仏にたとえた『蓮華』なのである。また、これを教説したのが『経』であり、これに賛嘆・帰入するのが『南無』であり、『南無妙法蓮華経』であるから、全世界の科学者が憧憬《しょうけい》して向かいつつあるところと合致するのではなかろうか。

法といい、則といい、憲といい、道といい、規といい、準という。文字は各々に異なっていても、内容は等しいものであるから、普遍妥当なのりであり、自然の法則であり、人間の踏むべき道にほかならない。したがって、科学に根底を置くところの道徳とも背馳《はいち》しないわけである。」〔『全集・第五巻』、三五八～三六〇頁参照〕

また、牧口は、創価教育学会会報『価値創造』創刊号（一九四一年七月）における「創刊の言葉」のなかで、次のように論じている。

「損よりは得を、害よりは利を、悪よりは善を、醜よりは美を。そして、いずれも、近小よりは遠大をと希望し、ついに無上・最大の幸福に達しなければやまないのが、人情であり理想である。いうところの価値創造の生活とは、これを意味する。

この希望に応じて、最大の価値の生活法を証明されたのが仏教の極意で、妙法と称し奉り、他のあらゆる生活法と区別されたのである。わたしたちは、これを大善生活法と仮称して、世間在来の小善生活法と明確に区別する。そうであるから、いかなる人でも知らねばならず、依らねばならぬ性質の法であり、知らず知らずのうちに、幾分かは信頼しているところであり、わたしたちが生活することができるのは、そういう理由によっている。ただし、無意識であるために、往々にしてまちがいが起こり、損害・罪悪として現れ、不幸の生活に陥ることがある。のりといい、道といい、規・則・律・憲・理・道理・道徳などというのも、同じ意味で、生活の実相に現れているのである。この最大価値の創造を、現実の生活において、体験によって証明し、研究し、指導しようとするのが、創価教育学会の目的であり、そのために結果を発表して交換し合い、ともどもに無上・最大の幸福に到達し、そのことによって国家社会の隆昌を企てるのが、わたしたちの期するところであり、本誌発刊の趣旨なのである。」〔『全集・第十巻』、五頁参照〕

第五章

[57] デュルケム

エミール・デュルケム（Émile Durkheim, 1858-1917）は、フランスの社会学者・教育学者。ロレーヌ地方エピナルの出身。デュルケームやデュルケイムなどと表記されることもある。

パリのリセ-ルイ-ル-グランから、高等師範学校の文科に入学。一八八二年に卒業して、いくつかのリセの哲学教授をつとめ、八六年にはドイツへ留学。帰国後は、リセの教授を経て、八七年にボルドーの文学部の「社会科学と教授学」の講師になる。九六年にはボルドー大学の「社会科学」講座の教授。一九〇二年には、ソルボンヌの「教育学」講座の講師、〇六年には同講座の教授。一三年からは、「教育学と社会学」講座の教授に就任した。

予断と先入観念を可能なかぎり排除して、さまざまな社会的事実を「事物」として実証的に観察・分析する固有の方法論を確立して、独自の社会学的研究を展開。その真骨頂は《歴史法》と《比較法》にあり、とされている。

しばしば、『社会分業論』(一八九三)、『社会学的方法の規準』(一八九五)、『自殺論』(一八九七)、『宗教生活の原初形態』(一九一二)が、四大著作として挙げられる。しかしながら、『社会学と哲学』(一九二四)、『社会学講義』(一九五〇)、『社会科学と行動』(一九七〇)などのように、没後に編纂された、貴重な業績もある。

また、デュルケムが教育学者・教授学者でもあったということは、ぜひとも刮目すべきことであるだろう。実際のところ、彼が担当した授業の少なくとも三分の一、ときには、その三分の二までが、教育学ないし教授学に関するものなのであった。

それゆえ、『教育と社会学』（一九二二）、『道徳教育論』（一九二五）、『フランス教育発達史』（一九三八）の、いわゆる教育三部作を、軽視することは許されない。それらは、いずれも、没後に出版されているが、彼の社会学理論をもっともすぐれたかたちで反映させている業績にほかならないのである。

ちなみに、デュルケムは、『体系』全四巻のなかで、もっとも回数多く登場する人物である。

［58］科学とアートの中間に位置する実践的な理論に過ぎない

デュルケムが教育学をこのようなかたちで批判したとする昭和初期の解釈は、主として（甘蔗生規矩《きとうぶのりかね》訳）『社会学的教育説』（モナス、一九二九年五月）や（田辺寿利訳）『教育と社会学』（登文社、一九三四年六月）によるものである。だが、それは、一九二二年に出版された『教育と社会学』に関して、ある意味で、教育学と教授学を混同した、誤認によってもたらされたものであった。なぜなら、実のところ、デュルケムは、それまでの哲学的で個人的な教授学を、社会科学的に建設することが必要であると訴えていたからである。

したがって、いわゆる従来の教育学、なかんずく教育方法の学が、「哲学的に人間の性質を観察し、その本質から教育の方法を演繹しようとしている」という牧口の批判は、デュルケムの立場と重なり合っていることになる。つまり、デュルケムにとって、牧口はもっとも歓迎すべき最良の教師であり、牧口にとって、デュルケムは一番信頼しうる同志であった、と考えられるわけである。

なお、以上のことについては、エミール・デュルケム（古川敦訳）『教育と社会学』（丸善プラネット、二〇二二年一月）の第二章教授学の本質と方法を、ご一読いただければ幸甚である。

［59］郷土教育論

牧口は、『人生地理学』（一九〇三年十月）の緒論・第二章観察の基点としての郷土において、郷土を詳しく観察すれば、世界が見えて（開けて）くる、と述べている〔『全集・第一巻』、一九〜二七頁参照〕。したがって、彼は、『教授の統合中心としての郷土科研究』（一九一二年十一月）のなかで、「郷土教育」すなわち「郷土科」が、あらゆる教科における学習の起点となり終点となるべきであるという、体系的な教授理論を開示したのである〔『全集・第三巻』、四〇～五四頁参照〕。

なお、このことについては、『体系・第四巻』教育方法論の第二編教材論・第二章教科構造論も、再読していただきたい〔『全集・第六巻』、三六七～三九九頁参照〕。

［60］評価標準

「評価標準」ということばが最初に登場するのは、『体系・第二巻』の第三編価値論・第二章真理と価値＝認識と評価のなかである〔補注［30］、および、『全集・第五巻』の二四四頁を参照〕。しかし、それが、「評価の法則」ないし「価値判定の標準」として、はじめて体系的に論じられているのは、『体系・第三巻』の第三編価値論・第七章評価法及創価法においてなのである〔『全集・第八巻』、四一〇～四一一頁参照〕。

ただし、その時点では、いまだ、利害・善悪・美醜の問題が取り上げられていただけであった。ゆえに、牧口は、その後、『体系梗概』の「結語＝法華経と創価教育」で、次のように吐露している。

「創価教育学の思想体系の根底が、法華経の肝心にあると断言しうるにいたった」ので、「価値判定の標準などに重大なる欠陥があったことに気づき、善悪の判定がはじめて正確となるにいたり、それから多くの追加・補充をしなければならないところが生じ……」〔『全集・第八巻』、四一〇～四一一頁参照〕

したがって、『実験証明』における「評価標準」は、いわばバージョン2に相当し、バージョン3にあたる最終的なものは、「価値判定の標準」（一九四二年二月・三月）としてまとめられることになるのである〔『全集・第十巻』、二八～三九頁参照〕。

［61］一念三千

「一念三千」は、天台大師が、『摩訶止観』のなかで、法華経の教えを体系化した法門である。衆生の瞬間の生命（一念）のなかに現象世界のすべて（三千）がそなわっている、ということ。

三千とは、具体的には、十界互具《じっかいごぐ》・百界千如《ひゃっかいせんにょ》ないし千如是《せんにょぜ》・三千世間のこと。如是に約すと、十界互具・三百世間・三千如是になる。

まずは十界互具。すなわち、衆生の生命状態である十界（地獄・餓鬼・畜生・修羅・人・天・声聞・縁覚《えんがく》・菩薩・仏）のそれぞれに十界がそなわっているので、百界になる。

次に百界千如。すなわち、十界互具した百界のそれぞれに、十如是（如是相《そう》・如是性《しょう》・如是体《たい》・如是力《りき》・如是作《さ》・如是因《いん》・如是縁《えん》・如是果《か》・如是報《ほう》・如是本末究竟等）があるので、千如是となる。

さらに、千如是のそれぞれに、三種の世間（五陰《ごおん》世間・衆生世間・国土世間）がそなわっているので、三千世間となる。そして、ここでいうところの「五陰」と「衆生」の世間は、それぞれ、個人の次元・集合体の次元を意味する。

日蓮大聖人は、「観心本尊抄《かんじんのほんぞんしょう》」の冒頭において、次のような文を引き合いに出している。

「摩訶止観《まかしかん》第五に云《い》わく〈世間《せけん》と如是《にょぜ》と一《いち》なり。開合《かいごう》の異《い》なり〉『夫《そ》れ、一心《いっしん》に十法界《じっぽうかい》を具す。一法界《いっぽうかい》にまた十法界を具すれば、百法界《ひゃっぽうかい》なり。一界に三十種の世間《せけん》を具すれば、百法界には即《すなわ》ち三千種の世間を具す。この三千、一念《いちねん》の心に在《あ》り。もし心無くんば已《や》みなん。介爾《けに》も心有らば、即ち三千を具す乃至ゆえに称《しょう》して不可思議境《ふかしぎきょう》となす。意《こころ》ここに在り』等云々〈ある本に云《い》わく『一界に三種の世間を具す』〉。」〔『御書新版』一二二頁、『御書全集』二三八頁参照〕

なお、釈尊・天台の法門は、あくまでも理論的な枠組みが整えられた「理の一念三千」であり、日蓮大聖人の「南無妙法蓮華経」こそが、末法万年の民衆を救済しうる「事の一念三千」にほかならない。

日蓮大聖人は、「開目抄《かいもくしょう》」のなかで、次のように述べているのである。

「一念三千《いちねんさんぜん》の法門《ほうもん》は、ただ法華経の本門寿量品《ほんもんじゅりょうほん》の文《もん》の底にしずめたり《沈》。竜樹《りゅうじゅ》・天親《てんじん》、知ってしかもいまだひろい《拾》いださず《出》。ただ我が天台智者《てんだいちしゃ》のみ、これをいだけり《懐》。」〔『御書新版』五四頁、『御書全集』一八九頁参照〕

[62] 現在と未来の二世にわたる幸福を授けようとする宗教生活

たとえば、法華経薬草喩品《やくそうゆほん》第五には、「是《こ》の諸《もろもろ》の衆生は、是の法を聞き已《おわ》って、現世安穏にして、後に善処《ぜんしょ》に生じ、道《どう》を以《もっ》て楽を受け、亦《ま》た法を聞くことを得《う》。」〔『妙法蓮華経』、二四三〜二四四頁参照〕と説かれている。ここでは、「妙法」を受持した衆生は、現在と未来において福徳を享受できることが、明かされているのである。

〔63〕他を化する

日蓮大聖人は、「三大秘法稟承事《さんだいひほうほんじょうじ》」のなかで、次のように述べている。

「正法《しょうほう》には、天親菩薩《てんじんぼさつ》・竜樹《りゅうじゅ》菩薩、題目を唱えさせ給《たま》いしかども、自行《じぎょう》ばかり唱えてさて止《や》みぬ。像法《ぞうほう》には、南岳《なんがく》・天台《てんだい》等、また南無妙法蓮華経と唱え給いて、自行のためにして広く他のために説かず。これ理行《りぎょう》の題目なり。／末法《まっぽう》に入《い》って、今、日蓮が唱《とな》うるところの題目は、前代に異《こと》なり、自行《じぎょう》・化他《けた》に亘《わた》って南無妙法蓮華経なり。」〔『御書新版』一三八七頁、『御書全集』一〇二二頁参照〕

〔64〕自身の滅後の二千五百年先までのことを予言し

この予言は、法華経薬王菩薩本事品《やくおうぼさつほんじほん》第二十三における、次のような説法をさしているようである。

「我が滅度の後《のち》、後《のち》の五百歳の中《うち》、閻浮提《えんぶだい》に広宣流布《こうせんるふ》して……」〔『妙法蓮華経』、六〇一頁参照〕

また、同品には、以下のような文言も見受けられる。

「若《も》し如来の滅後、後《のち》の五百歳の中《なか》に、若し女人有って、是《こ》の経典を聞いて、説の如《ごと》く修行せば、此《ここ》に於《お》いて命終《みょうじゅう》して、即《すなわ》ち安楽世界の阿弥陀仏・大菩薩衆《だいぼさつしゅ》の囲遶《いにょう》せる住処に往《ゆ》きて、蓮華の中の宝座の上に生じ……」〔『妙法蓮華経』、五九八〜五九九頁参照〕

なお、「後《のち》の五百歳」ないし「後《ご》五百歳」とは、大集経《だいじっきょう》に説かれている五箇の五百年（解脱堅固・禅定堅固・読誦多聞堅固・多造塔寺堅固・闘諍堅固）の第五番目にあたる、釈尊の仏法の力が衰えていく時代のことをいう。

[65] それ〔宇宙の「大真理」〕を生活に応用して価値を創造する

牧口は、『体系・第二巻』の第三編価値論・第一章緒論＝価値と教育において、次のように明言する。

「人間の教育活動は人生の指導であり、人生は、つまるところ、価値創造の過程である。ゆえに、教育活動は、価値創造の指導でなければならない」〔『全集・第五巻』、二一四頁参照〕

また、彼は、第七章評価法及創価法の冒頭においても、次のように述べている。

「人生は、つまるところ、価値の追求である。その価値の獲得実現の理想的生活は幸福である。したがって、幸福生活への指導を目的とする教育の職能は、価値創造能力の豊富な、いわゆる有価値の人格を養成するにある」〔同上、三九〇頁参照〕

［66］「四十余年には未だ真実を顕さず。」

無量義経における前後の文脈は、以下のとおりである。

「善男子《ぜんなんし》よ。我《わ》れは先に道場菩提樹《ぼだいじゅ》の下《もと》に端坐《たんざ》すること六年にして、阿耨多羅三藐三菩提《あのくたらさんみゃくさんぼだい》を成《じょう》ずることを得たり。仏眼《ぶつげん》を以《もっ》て一切の諸法を観ずるに、宣説《せんぜつ》す可《べ》からず。所以《ゆえん》は何《いか》ん。諸《もろもろ》の衆生の性欲《しょうよく》は、不同なることを知れり。性欲は不同なれば、種種《しゅじゅ》に法を説きき。種種に法を説くことは、方便力《ほうべんりき》を以《もっ》てす。四十余年には未《いま》だ真実を顕《あらわ》さず。是《こ》の故に、衆生は得道差別《とくどうしゃべつ》して、疾《と》く無上菩提を成ずることを得ず。」〔『妙法蓮華経』、二九頁参照〕

［67］天台・妙楽・伝教などの四依の人師

天台・妙楽・伝教は、いずれも、像法時代における仏教本流の正師である。

天台は、天台大師・智顗《ちぎ》（五三八～五九七）のこと。智者大師とも呼ばれる。中国南北朝時代の法華経の持者である南岳大師・慧思《えし》（五一五～五七七）に師事し、陳・隋代に活躍した天台宗の事実上の開祖。『法華文句』『法華玄義』『摩訶止観』の三大部を講述し、弟子の章安大師・灌頂《かんじょう》（五六一～六三二）がまとめている。釈尊一代五十年の説法を「五時」（華厳・阿含・方等・般若・法華涅槃）と「八教」（三蔵・通・別・円の化法の四教、および、頓・漸・秘密・不定の化儀の四教）に立て分け、「一念三千」の法門を説いて、法華経が最高の教えであることを明確化。薬王菩薩の再誕とされている。

妙楽は、中国・唐代の天台宗第九祖である妙楽大師・湛然《たんねん》（七一一～七八二）のこと。法華経を根本として諸宗の教学を批判し、法華三大部の注釈書を著して天台教学を宣揚したので、天台宗中興の祖とされている。

伝教は、平安時代初期に日本の天台宗を開祖した伝教大師・最澄《さいちょう》（七六六ないし七六七～八二二）のこと。大師は没後に贈られた称号である。比叡山を拠点として修行し、法華経が唯一の正しい教えであることを知り、天台法華宗の立場から南都六宗（華厳・法相・三論・倶舎・成実・律）の邪義を論破。その後、唐に渡って天台教学の奥義を学び、帰国後は法華一仏乗の思想を掲げて諸宗を破折《はしゃく》。晩年は大乗戒壇の建立をめざし、没後の勅許によって実現した。天台大師の後身とされている。

[68]「今、末法に入りぬれば……ただ南無妙法蓮華経なるべし。」

日蓮大聖人は、末法に入れば、釈尊の仏法は無力になり、「南無妙法蓮華経」の三大秘法こそが肝心の教えであることを、明示している。前後の文脈は、以下のとおりである。

「南無妙法蓮華経と申すは、法華経の中の肝心《かんじん》、人の中の神《たましい》のごとし。……正法《しょうほう》・像《ぞう》法《ほう》にはこの法門をひろ《弘》めず。余経《よきょう》を失わじがためなり。今、末法《まっぽう》に入《い》りぬれば、余経も法華経もせん《詮》なし、ただ南無妙法蓮華経なるべし。こう申し出《い》だして候もわたくし《私》の計《はか》らいにはあらず、釈迦《しゃか》・多宝《たほう》・十方諸仏《じっぽうしょぶつ》・地涌千界《じゆせんがい》の御計《おんはか》らいなり。この南無妙法蓮華経に余事《よじ》をまじ《雑》えば、ゆゆしきひが《僻》事《ごと》なり。」〔『御書新版』一八七四頁、『御書全集』一五四六頁参照〕

[69]「正直に方便を捨てて　ただ無上道を説く」

これは、法華経方便品《ほうべんぼん》第二における、非常に大事な一節の一つ。その前後は次のとおりである。

「今我《わ》れは喜んで畏《おそれ》無し　諸《もろもろ》の菩薩の中に於《お》いて　正直に方便を捨てて　但《た》だ無上道を説く　菩薩は是《こ》の法を聞いて　疑網《ぎもう》は皆《み》な已《すで》に除く　千二百の羅漢《らかん》は　悉《ことごと》く亦《ま》た当《まさ》に作仏《さぶつ》すべし」〔『妙法蓮華経』、一四四頁参照〕

［70］「智者に我が義やぶられずば用いじとなり。」

日蓮大聖人は、「開目抄《かいもくしょう》」の最後のところで、法華経の行者としての心境と決意を、次のように述べている。そして、自身が主・師・親の三徳を具備した末法の御本仏であることを、明かしているのである。

「詮《せん》ずるところは、天もす《捨》て給《たま》え、諸難にもあ《遭》え、身命《しんみょう》を期《ご》とせん。身子《しんじ》が六十劫《こう》の菩薩《ぼさつ》の行《ぎょう》を退せし、乞眼《こつげん》の婆羅門《ばらもん》の責めを堪《た》えざるゆえ。久遠《くおん》・大通《だいつう》の者の三・五の塵《じん》をふ《経》る、悪知識《あくちしき》に値《あ》うゆえなり。善に付け悪につけ、法華経をす《捨》つるは地獄《じごく》の業《ごう》なるべし。大願《だいがん》を立てん。日本国の位をゆず《譲》らん、法華経をすてて観経《かんぎょう》等について後生《ごしょう》をご《期》せよ、父母の頸《くび》を刎《は》ねん、念仏《ねんぶつ》申さずばなんどの種々の大難出来《しゅったい》すとも、智者《ちしゃ》に我が義やぶられずば用いじとなり。その外《ほか》の大難、風の前の塵《ちり》なるべし。我《われ》日本の柱とならん、我日本の眼目とならん、我日本の大船《たいせん》とならん等とちかいし願いやぶるべからず。」〔『御書新版』一一四頁、『御書全集』二三二頁参照〕

[71]「仏は、かつて……成就して」

これは、方便品《ほうべんぽん》第二の冒頭において、釈尊が舎利弗に告げたことばの最初の部分から引用されたものであり、前後の文脈は次のようになっている。

「諸仏の智慧は甚深《じんじん》無量なり。其《そ》の智慧の門は難解《なんげ》難入《なんにゅう》なり。一切の声聞・辟支仏《ひゃくしぶつ》の知ること能《あた》わざる所なり。所以《ゆえん》は何《いか》ん。仏は曽《かつ》て百千万億無数《むしゅ》の諸仏に親近《しんごん》し、尽《ことごと》く諸仏の無量の道法を行じ、勇猛《ゆみょう》精進《しょうじん》して、名称《みょうしょう》は普《あまね》く聞こえ、甚深《じんじん》未曽《みぞう》有の法を成就して、宜《よろ》しきに随《したが》って説きたまう所の意趣《いしゅ》は難解なり。」〔『妙法蓮華経』、一〇六頁参照〕

[72]「仏の成就し……たまえり。」

これは、また、方便品《ほうべんぽん》第二の冒頭において、釈尊が舎利弗に告げたことばの最後の部分から引用されたものであり、前後の文脈は次のようになっている。

「止《や》みなん、舎利弗《しゃりほつ》よ。復《ま》た説くを須《もち》いず。所以《ゆえん》は何《いか》ん。仏の成就したまえる所は、第一希有《けう》難解《なんげ》の法なり。唯《た》だ仏と仏とのみ乃《いま》し能《よ》く諸法の実相を究尽《くじん》したまえり。所謂《いわゆ》る諸法の、如是相《そう》・如是性《しょう》・如是体《たい》・如是力《りき》・如是作《さ》・如是因《いん》・如是縁《えん》・如是果《か》・如是報《ほう》・如是本末究竟《ほんまつくきょう》等《とう》なり。」〔『妙法蓮華経』、一〇八頁参照〕

[73] 末法の御本仏日蓮大聖人

日蓮大聖人は、一二七九（弘安二）年十月に著した「聖人御難事《しょうにんごなんじ》」の冒頭で、次のように述べている。

「去《い》ぬる建長《けんちょう》五年太歳《たいさい》癸丑《みずのとうし》四月二十八日に、安房国長狭郡《あわのくにながさのこおり》の内、東条郷《とうじょうのごう》、今は郡《こおり》なり。……この郡の内、清澄寺《せいちょうじ》と申す寺の諸仏坊《しょぶつぼう》の持仏堂《じぶつどう》の南面《なんめん》にして、午時《うまのとき》にこの法門《ほうもん》申しはじめて、今に二十七年、弘安《こうあん》二年太歳己卯《つちのとう》なり。仏は四十余年、天台大師《てんだいだいし》は三十余年、伝教《でんぎょう》大師は二十余年に出世《しゅっせ》の本懐《ほんかい》を遂《と》げ給《たも》う。その中の大難申すばかりなし。先々《さきざき》に申すがごとし。余《よ》は二十七年なり。その間の大難は、各々《おのおの》かつしろしめせり《知》。」〔『御書新版』一六一八頁、『御書全集』一一八九頁参照〕

[74]「一信、二行、三学」

牧口は、「科学と宗教との関係を論ず（下）」（一九三六年六月）のなかで、「一信、二行、三学」という「価値科学」の「智解法」について、次のように述べている。

「宗教もすべての技術・芸術も、幸福の内容としての利・善・美の価値創造を目的とする生活方法であることに、ちがいはない。だが、自然科学者にとっては、研究領域が異なるにしたがって、研究方法もまったく異なってくるので、宗教の本質、しかも、最高級の宗教の本質は、容易に理解されがたいはずである。それゆえ、この間隔のなかに価値科学を挿入してみれば、自然科学者を苦しめている宗教の神秘現象も、おのずから理解されるようになるだろう。わたしたちが、価値科学または文化科学を、自然科学に対立させるのは、そういう理由によっているのである。」〔『全集・第九巻』、八五頁参照〕

「自然科学が自然現象を客観するような態度では、技術・芸術の本質の把握はとてもできるものではない。しかし、信行の体験によって、造化《ぞうか》の不思議な力に匹敵するべく、人力と自然力とが合致した結果、すなわち、境《きょう》智《ち》冥合《みょうごう》の結果から、不思議な力の存在がわかると同様に、宗教においても、先覚者が、体験から感得した力があることを、その指導を信じて実行することによって、体験することができるとともに、この因果の法則に生活を順応させるために、これを生活に利用することによって、あたかも技術・芸術の結果のように、生活に役立てることができることもわかるであろう。

『行学の二道をはげみ候べし。行学たえなば仏法はあるべからず。我もいたし、人をも教化候え。行学は信心よりおこるべく候。』

との日蓮大聖人の仰せは、仏法修行の要諦《ようてい》を御教示なされたものであるが、これはすべての技術・芸術の修学法に通ずるもので、価値科学が使命としてねらうところである。そして、これは、自然科学の観察的認識の方法では、とうてい対象を了解することのできないところなのである。」〔同上、八六頁参照〕

「宗教の本質の把握は、技芸の本質の把握と同様に、信行の体験と、その評価という価値科学的方法によってのみできることで、単なる客観的認識の自然科学的方法によっては、とうてい不可能である。何となれば、幸福生活の祈願に応ずる価値の供給によってのみ、宗教の存在があり、無益の宗教は人の信をつなぐに足らぬものであるからで

ある。」〔同上、八八頁参照〕

ちなみに、「行学の二道……信心よりおこるべく候。」という御文は、「諸法実相抄《しょほうじっそうしょう》」からの引用であり、その直前には、「一閻浮提《いちえんぶだい》第一の御本尊を信じさせ給《たま》え。あいかま《相構》えて、あいかまえて、信心つよ《強》く候《そうら》いて、三仏の守護《しゅご》をこうむら《被》せ給《たも》うべし。」という文言が記されている〔『御書新版』一七九三頁、『御書全集』一三六一頁参照〕。

［75］「汝、早く信仰の寸心を改めて……信ずべく、崇むべし。」

牧口は、この御文をとおして、「仏教の極意」である「超宗教」、すなわち、「南無妙法蓮華経」の三大秘法に帰依することが、幸福に生きるためにもっとも肝心なことである、といっている。現代語訳は、おおよそ、次のようになるだろう。

「あなたは、できるだけ早く、邪法を信仰しようとする志を改めて、実乗の一善に帰依しなさい。そうすれば、人々が活動するこの世界は、すべて仏国になる。そして、仏国であるならば、決して衰退することはない。また、十方の国土は、ことごとく宝土になる。そして、宝土であるならば、壊れることなどないのである。こうして、国に衰微なく、国土が破壊されることもなくなれば、あなたの身は安全になり、心には何の不安もない、幸福生活を送ることができるはずである。だから、このことばは、心から信ずるべきであり、このうえもなく尊いものとして敬うべきなのである。」

[76] 世界の平和・国家の安寧・家庭の幸福

牧口は、教育の目的を定立するにあたって、『体系・第一巻』の第二編教育目的論・第一章教育目的の定立のなかで、次のように述べている。

「社会が要求する目的は、同時に、個人が伸びようとする目的と、一致しなければならない。すなわち、真正の目的は、一方が他方を手段とするのではなく、一方の生存目的は他方においても当然のこととして、受け入れられるものでなくてはならない。つまり、国民あっての国家であり、個人あっての社会なのである。個人の伸長・発展は、やがて、国家社会の繁栄となり、充実であり、拡張になる。これに反して、個人の縮小は、国家の衰微であり、勢力の減退になる。国家社会は、原素の結合によって栄え、分離によって衰え、解散によって消滅することになるのである。」〔『全集・第五巻』、一一四頁参照〕

[77]「日出でぬれば星かくる」
「撰時抄《せんじしょう》」の前後の文脈は、以下のとおりである。

「権大乗経《ごんだいじょうきょう》の題目の広宣流布《こうせんるふ》するは、実大乗経《じつだいじょうきょう》の題目の流布せんずる序《じょ》にあらずや。心あらん人は、これをすい《推》しぬべし。権経《ごんきょう》流布せば実経《じっきょう》流布すべし。権経の題目流布せば、実経の題目また流布すべし。欽明《きんめい》より当帝《とうてい》にいたるまで七百余年。いまだき《聞》かず、いまだ見ず、南無妙法蓮華経と唱えよと他人をすすめ《勧》、我《われ》と唱えたる智人《ちじん》なし。日出《い》でぬれば星かくる《隠》。賢王来《けんおうきた》れば愚王《ぐおう》ほろぶ。実経流布せば権経のとどまり《止》、智人《ちじん》南無妙法蓮華経と唱えば愚人《ぐにん》のこれに随《したが》わんこと、影《かげ》と身と、声と響《ひび》きとのごとくならん。／日蓮は日本第一の法華経の行者《ぎょうじゃ》なること、あえて疑いなし。これをもってすい《推》せよ。漢土《かんど》・月支《がっし》にも一閻浮提《いちえんぶだい》の内にも、肩《かた》をならぶる《並》者は有るべからず。」〔『御書新版』一九九頁、『御書全集』二八四頁参照〕

[78] 善を好み悪を憎み……人間共通の心理である。
周知のように、牧口は、『体系・第二巻』の第三編価値論のなかで、真・善・美とい

う従来の価値分類を排して、利・善・美（最終的には、美・利・善）という新分類を打ち立てた。その反価値が醜・害・悪であり、美醜・利害・善悪の標準に照らして、各種の対象の価値が判定されることになるのである〔『全集、第五巻』、三二五～三二六頁参照〕。

また、彼は、「法華経の信者と行者と学者及び其研究法」（一九四二年十二月）のなかで、次のように述べている。

「自分の生活に、利か害か、善か悪か、美か醜かを考えるのが、価値意識の生活であり、正視眼的全見の生活である。従来の見方は不如実であるが、御経文に『如来如実知見《にょらいにょじつちけん》三界之相《さんがいしそう》』とあるように、仏は正視眼で全見しておられるのである。」〔『全集・第十巻』、一五〇頁参照〕

ちなみに、『如来如実知見三界之相』は、法華経如来寿量品《にょらいじゅりょうほん》第十六の文であり、「如来は如実に三界の相を知見する」と読む〔『妙法蓮華経』、四八一頁参照〕。その意は、あらゆる存在の根本的な因果の法を、仏は明確にとらえている、ということ。

[79] 半狂人格

牧口は、「価値判定の標準（下）」（一九四二年三月）のなかで、「半狂人格」について次のように述べている。

「一方で肯定したことを他方では否定しても平気でいられる者は、人格の統一性を失っており、相手方を驚かせることになるので、取引関係などにある人にとっては、迷惑千万といわねばならない。そのような者は、人格の統一性を条件とする常人に対して、それが分裂している異常人と判断し、狂人の一種として警戒することが必要である。

愚人がその愚を知らないのと同様に、悪人がその悪をさとらないところに、常人と異なっている点がある。したがって、病人が身体の異常を意味するのに対して、そうした者は精神の異常を呈しているので、一種の狂人といっても差し支えないだろう。平常・普通の生活においては、少しも狂ったところがないどころか、かえって気がき過ぎて買いかぶられるくらいであるが、少しこみ入った面倒な問題になると、たちまち馬脚をあらわし、とくに、名利《みょうり》に関することや、利害問題になると、意外な狂暴性を発揮して、恥も外聞も顧みないところに、異常性が見て取れる。けれども、狂病院へ入所させるほどの全狂者とは程度の差があるので、高等精神病にかかった半狂人格者として、特別の治療が施されなければならない。教育がこの治療に成功するならば、馬鹿につける薬はないという諺《ことわざ》が消えるわけで、世界が渇望することになるにちがいない。」〔『全集・第十巻』、三八〜三九頁参照〕

[80]「もしまた……悪重病あるべし。」

この経文では、法華経の行者を誹謗《ひぼう》したり、軽蔑《けいべつ》してせせら笑ったりすると、それが真実であるか虚偽であるかにかかわらず、さまざまな悪重病にかかることになる、と説かれている。前後の文は、次のとおり。

「若《も》し之《こ》れ〔この経典を受持《じゅじ》・読誦《どくじゅ》する人〕を供養し讃歎《さんたん》すること有《あ》らば、当《まさ》に今世《こんぜ》に於《お》いて、現《げん》の果報を得《う》べし。若し復《ま》た是《こ》の経典を受持せん者を見て、其《そ》の過悪を出《いだ》さば、若しは実にもあれ、若しは不実にもあれ、此《こ》の人は現世に白癩《びゃくらい》の病を得ん。若し是れを軽笑《きょうしょう》すること有らば、当《まさ》に世世《よよ》に……諸《もろもろ》の悪重病あるべし。是の故に、普賢《ふげん》よ。若し是の経典を受持せん者を見ば、当《まさ》に起《た》って遠く迎《むか》うべきこと、当に仏を敬うが如《ごと》くすべし。」〔『妙法蓮華経』、六七六〜六七七頁参照〕

なお、「過悪」は、「過罪悪業」の略で、過去世に犯した十悪（殺生《せっしょう》・偸盗《ちゅうとう》・邪淫《じゃいん》・妄語《もうご》・綺語《きご》・悪口《あっく》・両舌《りょうぜつ》・貪欲《とんよく》・瞋恚《しんに》・愚癡《ぐち》）、五逆罪（殺父《せっぷ》・殺母《せつも》・殺阿羅漢《せつあらかん》・出仏《すいぶつ》身血《しんけつ》・破和合僧《はわごうそう》）、謗法《ほうぼう》（正法誹謗）などをさす。また、「白癩」は、いわゆるらい病のこと。

[81]「説法者を脳乱せば……ごとくならん」

これは、十羅刹女《じゅうらせつにょ》が、法華経の行者を守護することを誓ったときに、発したことば。元々の文は、次のとおり。

「若《も》し我が呪《しゅ》（いのり、ことば）に順ぜずして　説法者を悩乱せば　頭破《こうべわ》れて七分《しちぶん》に作《な》ること　阿梨樹《ありじゅ》の枝の如《ごと》くならん　父母《ぶも》を殺す罪の如く　亦《ま》た油《あぶら》を圧《お》す殃《つみ》　斗秤《としょう》もて人を欺誑《ごおう》し　調達《ちょうだつ》が破僧罪《はそうざい》の如く　此《こ》の法師《ほっし》を犯さん者は　当《まさ》に是の如き殃《つみ》を獲《う》べし」〔『妙法蓮華経』、六四八頁参照〕

「阿梨樹」は、熱帯産の植物。枝が地に堕ちるときは必ず七つに裂ける、といわれている。

また、「十羅刹女」は、鬼子母神の十人の娘。法華経以前の諸経では悪鬼とされていたが、法華経にいたって善鬼となり、法華経の行者を守護する諸天善神に列せられている。

[82]「もし人は……閉塞せん」

この経文では、法華経の行者を悪口罵詈《あっくめり》すると、たちまちのうちに口が閉ざされてふさがってしまう、と説かれている。そのような様相を目の当たりにすることはなかなかないが、いずれにしても、閉口せざるをえない状態に陥ることが示唆されているのではなかろうか。前後の文は、次のとおり。

「是《こ》の経を読まん者は　常に憂悩《うのう》無く　又《ま》た病痛無く　顔色鮮白《げんしきせんびゃく》ならん　貧窮《びんぐ》　卑賤《ひせん》醜陋《しゅる》に生まれじ　衆生は見んと楽《ねが》うこと　賢聖《げんしょう》を慕《した》うが如《ごと》くならん　天の諸《もろもろ》の童子《どうじ》は以《もっ》て給使《きゅうし》を為《な》さん　刀杖《とうじょう》も加えず　毒も害すること能《あた》わじ　若《も》し人は悪《にく》み罵《ののし》らば　口は則《すなわ》ち閉塞《へいそく》せん　遊行《ゆぎょう》するに畏《おそ》れ無きこと　師子王の如く　智慧の光明は　日の照らすが如くならん」〔『妙法蓮華経』、四四七頁参照〕

[83]「現世安穏にして、後に善処に生じ」

これは、「妙法」を信受する衆生の福徳を説いたもので、前後の文は次のようになっている。

「如来《にょらい》は時に、是《こ》の衆生の諸根《しょこん》の利鈍《りどん》、精進懈怠《しょうじんけだい》を観じて、其《そ》の堪《た》うる所に随《したが》って、為《た》めに法を説くこと種種《しゅじゅ》無量にして、皆《み》な歓喜し、快《こころよ》く善利《ぜんり》を得《え》しむ。是の諸《もろもろ》の衆生は、是の法を聞き已《おわ》って、現世安穏にして、後に善処に生じ、道を以《もっ》て楽を受け、亦《ま》た法を聞くことを得《う》。既《すで》に法を聞き已《おわ》って、諸《もろもろ》の障礙《しょうげ》を離れ、諸法の中に於《お》いて、力の能《た》うる所に任《まか》せて、漸《ようや》く道《どう》に入《い》ることを得《う》。」〔『妙法蓮華経』、二四三～二四四頁参照〕

[84]「遠流・死罪の後……どしうちはじまるべし。」

ここでは、法華経の行者である日蓮大聖人を迫害すれば、自界叛逆難（仲間どうしの争い・味方どうしの戦・内乱など）が必ず起きるであろうと、予言されているのである。

前後の文脈は以下のとおり。

「詮《せん》ずるところ、上件《かみくだん》のことどもは、この国をおもいて申すことなれば、世を安穏《あんのん》にたもたん《保》とおぼさば《思》、彼《か》の法師《ほっし》ばらを召《め》し合わせてきこしめせ《聞》。さなくして、彼《かれ》らにかわりて《代》理不尽《りふじん》に失《とが》に行《おこな》わるるほどならば、国に後悔《こうかい》あるべし。日蓮御勘気《ごかんき》をかぼらば《被》、仏の御使《おんつか》いを用いぬになるべし。梵天《ぼんてん》・帝釈《たいしゃく》・日月《にちがつ》・四天《してん》の御《おん》とがめありて、遠流《おんる》・

死罪の後《のち》、百日・一年・三年・七年が内に、自界叛逆難《じかいほんぎゃくなん》とて、この御一門《ごいちもん》どし《同士》うち《打》は《始》じまるべし。その後《のち》は、他国侵逼難《たこくしんぴつなん》とて、四方より、ことには西方《さいほう》よりせめ《責》られさせ給《たも》うべし。」〔『御書新版』一二二八頁、『御書全集』九一一頁参照〕

[85]「優陀延王は……兵乱に遇えり。」

これは、一二七一（文永八）年十月に日蓮大聖人が佐渡へ流罪されてからしばらくして、予言したとおりに、翌年二月に北条氏一族の内部で同士討ちが起こったことを述べているところ。この「二月騒動」といわれる内紛は、鎌倉幕府の執権であった北条時宗《ときむね》の異母兄にあたる北条時輔《ときすけ》が京都で謀反を企てたことによっている。

前後の文脈は以下のとおり。

「妙楽云《みょうらくい》わく『もし悩乱《のうらん》する者は頭七分《こうべしちぶん》に破《わ》れ、供養《くよう》することあらん者は福十号《じゅうごう》に過《す》ぐ』。優陀延王《うだえんおう》は賓豆盧尊者《びんずるそんじゃ》を蔑如《べつじょ》して七年の内に身を喪失《そうしつ》し、相州《そうしゅう》〔北条時宗〕は日蓮を流罪《るざい》して百日の内に兵乱《ひょうらん》に遇《あ》えり。経《きょう》に云わく『もしまたこの経典《きょうてん》を受持《じゅじ》せん者を見て、その過悪《かあく》を出《い》ださば、もしは実《じつ》にもあれ、もしは不実にもあれ、この人は現《げん》世《ぜ》に白癩《びゃくらい》の病《やまい》を得《え》ん乃至諸《もろもろ》の悪重病あるべし』。また云わく『当《まさ》に世々《せぜ》に眼《まなこ》無かるべし』

等云々。明心《みょうしん》と円智《えんち》とは現《げん》に白癩《びゃくらい》を得、道阿弥《どうあみ》は無眼《むげん》の者と成りぬ。国中《こくちゅう》の疫病《えきびょう》は『頭七分に破る』なり。罰《ばち》をもって徳を惟《おも》うに、我が門人《もんじん》等は『福十号に過ぐ』疑いなきものなり。」〔『御書新版』二七〇頁、『御書全集』三四二頁参照〕

[86]「順次生に……一闡提人これなり。」

この御文は、「開目抄《かいもくしょう》」のなかで、「日蓮大聖人の仏法を信じ行じている者をどれほどひどく誹謗《ひぼう》しても、法罰の現証が少しも表れない者がいるのは、なぜなのか。」という疑問に対して、端的な答えを提示したものである。現代語訳では、次のようになるであろう。

「次に生まれてきたときに必ず地獄へ堕ちなければならないような悪業をつくってきた者は、たとえ重罪を犯したとしても、今世においては現罰が出ない。一闡提人《いっせんだいにん》とは、このような者のことをいうのである。」

ちなみに、「一闡提」とは、梵語に由来し、快楽主義者や現世主義者のことをさしていたようである。しかし、日蓮大聖人の仏法では、不信・謗法の者のことをいう。すなわち、それは、どうしても正法を信じることができず、成仏する機縁を失してしまっている衆生、そしてまた、正法を誹謗し、正法を信じ行じている者を非難・中傷する、比類なき罪深い者のことを、意味しているのである。

［87］「馬鹿の知恵は後から」

これは、「下衆《げす》の知恵は後から」ないし「下衆のあと知恵」ということわざを、よりわかりやすく表現したものであると考えられる。「下衆」は、「上衆《じょうず》」に対して身分の低い者の意であるが、ここでは、教育を受けていない者、愚か者のことをさす。つまり、肝心なときには役に立たず、ことが済んでから、「ああすれば良かった。こうすれば良かった。」とわかったような口をきくのが、愚かな人間の常なのである。同様な意味で、「こけの知恵はあとから」というのもある。もちろん、「こけ」は愚かな人のこと。ただし、牧口は、このことばを、否定的な意味ではなく、「案ずるより産《う》むが易《やす》し」というような、前向きの姿勢を示唆するものとして用いているように思われる。

また、このことばは、補注［1］で触れた「大善生活法の実践」（一九四一年十二月）においても見受けられる。

［88］「慈なくして……彼が親なり。」

天台の弟子・章安（五六一〜六三二）の『涅槃経疏《しょ》』における、「無慈詐親是彼怨也。為彼除悪是彼親也。」という文言。牧口は、涅槃経の「依法不依人」（法によって人によらざれ）とともに、しばしば引用しているので、よほど肝に銘じていたのではないかと思われる。その意は、おおよそ、次のようにとらえることができるだろう。

「慈悲の心がなく、知っているにもかかわらず、相手の悪を正そうともしないで親しく振る舞うのは、かえって、相手のうらみを買うことになる。また、相手のためを思って、悪を除いてあげるのは、親心のような慈悲のおこないなのである。」

［89］正邪と善悪……まちがった考え方

牧口は、「価値判定の標準（下）」（一九四二年三月）のなかで、正邪（真理問題）と善悪（価値問題）とのちがいについて、次のように論じている。

「これまでの哲学において、真または真理は善であり、偽または虚偽は悪であることが、疑いの余地もない真理として信用されているのであるが、これは人間生活の実相を正

視しない錯覚であり、誤解である。」〔『全集・第十巻』、三五頁参照〕

「正邪は善悪と同じように考えられているのが普通であるが、内容はまったくちがっている。悪人の仲間では、悪が正で、善が邪であり、曲がった根性の人にとっては、正直がかえって邪悪として嫌われている。」〔同上参照〕

[90]「天下万民……疑いあるべからざるものなり。」

牧口は、この御文によって、理想社会の姿をイメージしているのである。現代語訳は、おおよそ、次のようになるだろう。

「天下の万民が方便の教えを捨てて一仏乗に帰し、妙法のみが繁盛する広宣流布の時節を迎え、あらゆる人々が一同に南無妙法蓮華経と唱えていくのであれば、風が吹いても枝を鳴らさず、雨が降っても土壌を砕くことはないので、中国古代における伝説上の名君である伏羲《ふっき》や神農《しんのう》の治世のように、天地は平穏で人心も治まった理想社会となり、人々は、今生では不祥の災難にもあわず、長生きの手立てを得ることができる。また、妙法を根本とした生活では、幸福を満喫することが可能になるから、人間も妙法もともに不老不死であるという道理が顕現されることになる。ゆえに、各々は、そのような時がくることを、しっかりと見定めていきなさい。とにかく、『現世安穏』という法華経薬草喩品《やくそうゆほん》第五の証文が現実のものとなることについては、いささかの疑いもないのである。」

創価教育法の科学的超宗教的実験証明　原文

目次

はしがき

社会の総の分業が最高の能率を挙げなければ、生存し得ない程度に進んで居る今日、教育のみが依然として暗中模索の状態で、最低能率に安んずるのを憾み、国家社会の究極的根抵（ママ）たる教育が斯様であつては、国家の前途は寒心に堪えぬと慨かれる、秋月左都夫翁の見出す所となり、創価教育学の価値が、六名の青年教師の一年間の実験によつて、ともかくも証明されるに至りました。本書はその報告の序に、同様な教育改良を考慮せられつゝある大局観の方々に、聊か参考に供せんとするものであります。四十年間の没頭、四面楚歌の裡にある私に、相変らず同情をつゞけられる僅少な同志の方々を顧みて、感激に堪へません。

不十分ながら、熟脱の結果を示し、根原の種子を証かし、本末一貫の関係を明かにした以上、いかに言者が卑くても、信用されて然るべきでありますまいか。もしも複雑至難な人間の教育に、道徳教育までも、一定の軌道が見付かり、百発百中の普遍的方法が確立されるならば、人類幸福のために、冷眼視さるべきものではありますまい。それが生活に無関係の真理問題と異ひ、生活に直接関係ある価値問題なために、「日出後の衆星の如く」なるを以てか、既成の教育者、教育学者等には正しい評価が出来ず、愈々怨嫉軽蔑が加はらうと存じますが、然らばそれだけ、国家社会の蒙るところの損害は莫大であるわけ、従つて直接な利害を超越して、大局観の出来る方には、傍観して居られまいと存じます。しかし早速の信用は及びもない相談とあらば、せめては再検討を加へて公正なる論議を切望します。それには価値問題は学者の常識判定よりは、実際生活の体験証明によつて決する以外に途はありますまい。

教育改良が既に遠大計画であるのに、宗教問題にまで深入りするのは、蟷螂の龍車に向ふが如しとて、最後の同情者までも遠離するかと存じますが、それでこそ経文の予証が適中するので、益々確信を加へ、毀誉褒貶を顧ず、大に訴へねばならぬ所と思ひます。やがて冷静に還り、幸に本文を読破される機会が来るならば、必ず悔悟されること、経文明記の通りと信ずるからであります。それまで数百年もかかるかは知れぬが、それだけ損害も倍増し、真の教育改革等は到底出来ないと存じます。甘い果実の役となつて賞玩されるが、其れ限りになるよりは、苦い種子の益となつて、吐き出されても遠大に遺ることが、吾等の与へられた使命でありませうか。研究、表現等の不足は多大でありませう。どうぞ忌憚なき御叱正を願ひます。

昭和十二年八月　日支事変の最中

著　者　識

第一章　緒　言

『病の起りを知らざらん人の、病を治せば、弥よ病は倍増すべし』との、古聖人の語は、目下日本に起りつゝある教育制度改革の論議に、適切の命題ではないか。

明治維新以来七十年間に、欧米文化の直訳輸入で出来上つた、日本の教育制度の弊害の一面を除いて、他面の大なる功績を永遠に遺さんが為には、深く病因に溯って、根柢から治療しなければならぬのに、之をしようとはせず、徒に枝葉末節の剪裁に依つて、一時を糊塗せんとしてゐたため、今日の大困難に直面するに至つた。然るになほ実際教育の内容を知らない行政官、政治家、学者、実業家などが、門外に於ける経験と常識とによつて、その知らざる内容までも支配すべき教育制度を改正せんとしてゐるのは、群盲評象の譬に類し、病弊を益々倍増せしめるのみだからである。

今や日本の現在の社会は、政治も経済も道徳も、其他の生活も、行詰りの病根が総て人材の欠陥にあることに気付き、教育改良によつて、将来に禍根を芟除するまでに覚醒したとは云へ、なほ未だ国民保健程度の唯物観に停滞してゐて、根本的なる精神からの立て直しに想到しないやうである。恰も龍を画いて点睛を欠くに等しい。

かの国際連盟を初めとし、軍備縮少等《ママ》と、世界の平和に小田原評議を重ねつゝあるが如きも、又その好例ではないか。見渡せば各国内部に於ける、地方的、党派的、階級的等の紛擾の如きも、また然らざるなしであらう。而して一として適切な対策なきに困惑してゐるではないか。世界教育会議の開催された所以でもあらう。畢竟、病根の分析研究の不当且つ不徹底の故に、適確なる治療法が解らずして、応急救療にあせるために、却つて病勢を重くするからであつて、其れに対する責任は、寧ろ上位に立つて、治療に任ずる指導階級にあるといはねばならぬ。想へば行政官政治家はもとより、学者、教育家の責任は頗る重いといはねばならず、宗教家に至つては思想上、更に上流にあるだけ、最も重大である。

謂ふまでもなく、世界各国のあらゆる学者によつて、沢山の救済が講ぜられてゐるに相違ない。然るに右の状態にあるのは、尨大複雑なるに比して正鵠を得たるもの少いのによるか、一般社会の耳目が、それらの議論や、文章に集まらぬやうになつたからであると思ふ。この時に当つて、微力なる吾々の斯の如き迂遠に見える研究が、正しく社会の耳目に入らうとは期待せぬ。が、率直に実験の結果を示すならば、如何に多忙な人でも、それまでを黙殺することは出来まい。

想ふに斯やうにまで議論や文章が、世の注意を惹起しないやうになつたのは、文化の発達に伴ひ、一方では分業に別れると共に、他との関聯が広く且つ複雑になり、生存の競争が激しくなると共に、目前の仕事に忙殺されて、深く広く全面を達観することが出来なくなり、他方では全面に着眼して研究するものがあつても、中途半端の困果関係の探求に留まつて、徹底的な首尾一貫の見解に至り得ず、偶々それが至つたとすれば、尨大なる社会現象の如きは、元来関聯が広汎なるにより、之に対する知識の体系も又た非常に尨大複雑にならざるを得ない結果、各別の分業生活に偏する多忙の人々に見聞きさせ得ないことになつたゝめであらう。が、今一歩進んで考へると、それ等よりも更に重大なる原因は、**価値現象の認識法の研究**が不十分な為、結果の証明から原因の考察に溯るより外に途のない者を、逆に発生進歩の原因から結果へと、生活の歴史的道程をそのまゝ繰返へさせる誤謬にあると信ずる。例へば教育問題の如きも、結果で証明すれば、信用にも理解にも、造作なき事を、強ひて尨大なる知識体系を以て説明せんとするから面倒になるのである。

価値の現象は近世哲学の中心問題として、学者の注目の的となつて居ることが、既に多年であるにも拘らず、今なほその認識法さへ、右之通りであり、評価の標準までも、確立せざる状態なるが為に、人生のあらゆる問題が、解決の根拠を欠き、遂に今日の行詰りを来しつゝあることは、殊更に言ふまでもない所である。乃ち吾等が聊か提言を敢てせんとする所以である。

之に依つて吾等は本案の提供に当つて、単刀直入、結果として表はれた**成績**を、ありのままに記述して直観に代へ、各位の忌憚なき**評価**を煩し、ついでその依つて生じた**原因**を明にして検討を煩はし、斯くして対策を追求せられんことを望むものである。

信用の成立しないものが、提言をなし、之を信ぜしめるためには、結果を示して原因の考察に導くより外に途はないことは、**価値現象**に関する普遍的の指導法として、聊か拙著『**創価教育学**』の提唱せんとする所であるからである。

本案の結果が従来のものに比し、特異なる所を率直に披瀝して教育改良の問題を提起し、ついでその原因にさかのぼり、他の条件に異る所がないのに、この結果の生じたのは何故かと、分析的考察をなし、他にあらず**指導主義の教育法**の然らしめる所と断じ、之の最大の価値を持つ普遍の真理としての信用を博するためには、依る所の根拠を明にせねばならぬので、**創価教育学の知識体系**と、それの基づく**価値論**との大要を抜萃し、その更に基づく本源として遂に**仏教の極意たる超宗教の科学的論証**を試み、斯くて本末の両端を見極め、終始一貫の関係を明かにし、最末の結果を得んが為には、最本の原因を行ふに限るといふのが、**最大価値の生活法乃至教育法**であることを証明し、最後に如何に之を信用して**教育乃至生活の改革**の実現に供すべきかを**結論**せんとするのが本書の聊か期する所である。

いやしくも生を願ひ、且つ人間の受くべき最大幸福の生活を望むものは、見なければならず、聞かねばならず、考へなければならず、理解しなければならず、信じなければならず、実行しなければならぬのが人間の理性の然らしめる所である。然るに之が出来ぬとあれば、それは走りたいが足がきかぬと同様、理性と感情との衝突であり、人格の分裂であつて、是非とも反省して改むべき所であらう。もし自由無責任の一個人ならば勝手であるが、指導階級に立つ教育者たる以上、之れが出来ないならば、遺憾ながらその地位を去らねばなるまい。教育法は即ち生活の指導法であれば、先づ以て、己れの生活の指導によつて、他の生活を指導すべきであるからである。

昔しならば首が飛ぶであらう所のかゝる大胆率直の提言を、怖れないだけの自信を持つには、深い根柢があることを看破されたい。敢て区々たる名利の為でないことだけでも、認識されんことを切望するのである。

第二章　結果たる成績の検討、竝に之に鑑みた教育改革問題の提出

第一　実験証明の関係者

創価教育学の提唱する指導主義の教育法が、果して価値を持つか否かを、科学的に実験証明することは、目下直面しつゝある日本乃至世界の教育社会の苦悩に対し、緊急適切のことなりとして、秋月左都夫氏は、若干の研究奨励費を醵出して、之に当らうとする篤志教師を選定すべく勧められしにつき、吾等は空谷の跫音と感激し、左記六名の少壮教育者を東京市小学校現職者中より、次章の標準に照して推薦し、昨年十月より一ケ年を期して実験証明を委任した。

こゝに本案評価証明の基礎となる六名と、之に直接関係ある重なる人々の資格を簡単に紹介して証明の準備とする。

実験証明委員

分担教科（主任）	同（補助）	本所成績発表	所属学校の発表	価値論研究会出席	小学以上中等教員免許学科	
国語（読方綴方連絡）科	算術書方科	四	五	三〇 宗教革命	地理歴史科（立正大学）	大原小学校訓導 正員 有村陽三
同			八	一五 宗教革命	国語漢文（二松学舎専門学校）	私立時習学館教師 正員 渡辺力
書方科	国語算術科	二	三	三〇 宗教革命	国語漢文（立正大学）	尾久西小学校訓導 正員 三ッ矢孝
算術科	国語科		二	二五 宗教革命	理化数学（物理学校）	菅刈小学校訓導 正員 木村栄
地理科		二	五			右 有村陽三
唱歌科		一		二〇 宗教革命	ベレッテー門下声学家	碑小学校訓導 正員 木村光雄
手工科		一	二	一八 宗教革命	図画手工（文検）	麻布高等小学校訓導 正員 林幸四郎
算術科	国語科	二	一五	一〇 宗教革命	（中央大学）	私立時習学館長 補員 戸田城外

備　考

1. 本所主催の実験成績の発表会には牧口及び他の全研究委員の外、左記の本会両顧問並に所属学校長及び職員諸氏が参観した。

2. 指導原理として価値論の研究会を特に設け、公職の余暇を以て毎回四五時間宛三十回に亙り、理論及び応用の指導をなし、別に各別に実地授業の教案に就き相談に応じた。全員は伝統の宗教を改めて、日蓮正宗の信仰者たり。

3. 秋月顧問より研究補助を受けつゝあるに対しては、来十月迄に分担主任の教科の研究報文提出の予定。

一、顧問、古島一雄翁。日本現在の最も大局観の政治家として、隠れたる名望を以て一世を指導し、貴族院議員であり、創価教育学の発表以来八年間、非常の熱心を以てこの研究を援助し、本教育法研究の青年教育者には、誰にでも繁劇の用務を繰り合せて快談し、批判し奨励せられつゝある。

一、顧問、秋月左都夫翁。墺匈国全権大使等の永き外交家として、ヨーロッパに滞在し、その間、繁務の余暇には至る所の小学校を参観したほどの教育熱心家で、帰朝後は読売新聞編集長等の社会的活動までをなし、隠退後は全く名利を超越した最も大局観に立つて国家の将来を憂ひ、八十の老齢、なほ壮者を凌ぐ元気を以て、親しく青年教師を激励し、教育研究の奨励費用までも投じ、専門教育大家の及ばざる程の広さと深さとを以て、其改良に熱心されつゝある。この事業がかくも注意をひくまでに、実験証明を挙げ得たのは、容易にあり難きその純忠至誠の結果である。

一、最初からの実証者戸田城外氏。約十七年前、著者の東京市小学校時代の同僚で、熱心なる創価教育の研究者であり、十四年前より私立小学校時習学館を創めるに当つては、全くこの主義に基いて経営したゝめ、異常の好評を博して今日の名声を挙げ、殊に実験の結果としての著書「推理式指導算術」が、年々非常なる売れ行きを以て、日本小学校の算術教授の改良に役立ちつゝある如きは、本研究の唯一最大の価値の証明といつてもよいと思ふ。蓋し自由なる私立の小学校なるを以て、教育法の価値は忽ち成績に表はれ、夫れが明かに事業の上に反映するからである。

一、牧口研究所長。地方の師範学校卒業、直ちに母校の訓導として単級教授の研究の傍ら、地理及教育の中等教員免許状を得て、教諭舎監等を併任すること八年、出京して価値的考察の「人生地理学」を著して非常なる評判となり、爾来教育に関する雑誌の編纂及び出版の傍ら、教育政治の改革に関係すること八年、文部省に入つては小学地理教科書の編纂に従ひ、晩年は東京市の小学校長たること二十年、隠退後専ら創価教育学の著述に従事すると同時に、偶々宗教革命に依つて生活法を一変して茲に八年、この間経文の予証通りの種々なる障魔の競起に遭ひ、大なる怨嫉軽蔑の的となり、友人等の近付くものも減少せしが、他方にはその因縁によつて、意外なる人格者に親近の機会を得、不肖ながらも更生を指導した新親友は百名にも上り、経文に於ける変毒為薬の大法則が鮮明に見えるに従ひ、憐むべき低級邪法の信者の生活を見るにつけては、傍観して慳貪の罪に堕するに忍びない感じを深くし、及ばずながら自行即ち化他の生活をいそしむの結界（ママ）が遂に今日に至つたのである。初めて教壇に立ち、高等科の作文教授に当惑した揚げ句、文型応用主義の方法に思ひ付いて、意外の成功を味はつた四十余年の昔を回想するとき、創価教育法の研究に因縁の浅からざるを感ずる。

第二　小学校各科指導法実験成績

一、国語科（読方綴方の連絡）指導法実験成績

評価基準＝教科書の模範文と同程度の文章の解釈及び創作が出来なければならぬとすること。

日本に於ける一般普通の小学校に採用されつゝある文部省編纂の国定教科書、小学読本の各課の表現する思想内容を理解、鑑賞せしめればよいとする一般教師の目的に満足せず、之を以て国語教授の目的のたゞ一半に留り、思想内容の表現法の知識啓発こそ最重要の目的なりとし、その目的を達したか否かは、各課の文章の型体を児童の実際生活に応用して、同型異義の文章を解釈し、及び創作したか否かにあるとなし、次の如き成績を実験した。

成績の判定＝第二学年より第三学年までの一学級六十五名の児童は、悉く各一課の教授を終つた

後には、直ちに模範文章と同型異義の文章を一若くは二、三創作することを得たこと。

現在の日本の国語教授界は読方と綴方とに両分し、其の関係が有機的でなく、文章の理解、鑑賞、応用の間に系統的の連絡がなく、ために綴方指導に一定の方法がない。文章創作能力の発揮が甚だ不十分であつた。けれども怪しむものもなく、従って右の程度の成績は少数なる特別優秀児童に限ると見做されて居たのであれば、之に比すれば著しき成績といつて差支あるまい。文章に表現された内容を理解鑑賞することゝ、それを表現する方法を理解鑑賞することゝは、同一対象中の二方面であつて、同時に一を以て他を兼ね習ふ能はざることに気付かなかつたのが、従来の方法の欠陥である。即ち目的が判明しなかつたゝめ、方法も充分に研究されてゐなかつたゝめであつたのを補ふに、創価教育法を以てしたからであると信ずる。斯る成績は他の研究員三ッ矢孝、木村栄、渡辺力の三氏も、其の受持学級に於て挙げ得たこと、殊に渡辺氏は其専攻の国文学研究上に一生面の開けたものとして、論文を篇み文学界に警告を与へんとしつゝある。なほ斯る成績は大正五年以後、余が就職の東盛、大正、三笠、白金、四小学校に於ける同志者に依つても実験証明を得たる所である。

二、書き方科指導法実験成績

評価基準＝指導教師の筆績《ママ》の如何に拘らず、手本の文字に酷似する程に暗書し得るに至らなければならぬとすること。

日本国民の常に使用しつゝある像形文字（漢字）は数千余に上り、之を記憶するのと同様に書くことも甚だ困難とされてゐること、欧米人の想像以上であらうから、之れが改良案は創価教育学第四巻中に提出したが、それは別として字形と点画とに之を両分して考へると、各文字を組み立てる基本点画は永字に含まれる八法に粗ぼ尽してゐる。依て之れだけを十分に練習すれば、あとは字形の工夫次第にて、手本の文字に酷似する程度にまで書き得なければならぬのが当然であらう。然るにそれが出来ないといふ所に方法上の工夫を要する。之が本法の起る所以であつたが、今回の実験に依つて未だ完全とは云ふ能はざれども、可能性は十分に証明されたと云つて差支ないと信ずる。

成績判定＝尋常科第三学年男子六十二名の一学級に於て甚だしき拙劣のものは一名もなく、一般の他の学級に於ける普通以上の成績を挙げ得た。優秀児童の能力を低減せしめたことは認められず、習字を初め他の学科の成績劣等なる児童は著しき興味を以て活動したのを見た。これは書き方科研究主任たる三ッ矢氏のみならず、有村、木村栄両氏共に大なる自信を以て証明する所であるが、たゞ基本要素の練習の不足と、習字用具（筆）の不適当のために、結果が未だ十分ではないけれども、それ等の改良に依つては最早疑ひなしと思はれる。

之は著者が十七年前より東盛、大正、三笠、白金の四校の特志者によつて実験した成績に徴して確信する所である。それらに於ては特に習字の拙劣なる教師が、その生存の必要上却つて熱心となるが為か、能筆者のそれよりは遙かに迅速に良成績を挙げたことは、従来書き方の成績は受持教師の巧拙に比例するとの信条を裏切り、方法の価値を証明するに足ると信ずる。その証明にして誤りなしとせば、小学校六年間を通じて、毎週数時間を習字の教授に配当する労力に、大なる節約を謀り、少くとも半減することが出来ると思ふ。

三、算術科指導法実験成績

評価基準＝計算の熟練の程度と応用問題解決力の程度とに区分して考察し、特に後者に就て検討した結果が、現今の国定教科書各学年配当の程度だけは、特別に思考能力に欠陥あるものを除けば、出来なければならぬとすること。

算術科の国定教科書を使用し、たゞ応用問題提出の順序を修正し、数量の関係系列の異同に依りて分類し、各種類を単純なる基本的関係系列から複雑、変化の程度の階段に依つて、順次提示し、推理作用を指導することゝなし、絶えず数の概念の構成上の欠陥、即ち数の認識法の誤謬を矯正した結果は、大体次の如くであつた。

成績判定＝尋常第六学年男子六十名の学級に於て、能力の極めて薄弱なる五名を除けば、他は悉く当該学年程度以上の成績を挙げた上、其中の優秀児童は教科書の程度以上の複雑なる問題までを解答し得たことを認めた。

我国の教育界は小学校も中等程度の学校も、算術が一番優劣の差異の別かれる学科とされ、之はその学科の性質上、どうにもならぬものと諦めて居る状態である。故に上級学校入学試験の如きも、特に此科の成績に重きを置き、生徒の能力の優劣判定の標準学科とされてゐる。然れども、二も二十も二百も二千もはた二万も二億も、その性質に於て差異はない。さればもし二十以下の基本的数の概念の構成に欠陥がなければ、自余の如何なる大量の理解、計算にも差支ない筈である。もしさうとすれば、前記の書き方の八ツの基本点画の組み合せによつて、沢山の文字が出来る関係と同様になるであらう。そこでこの指導法が講ぜられたとすれば、あとの応用問題の指導は、国語教授に於ける文章型体の指導と同様にならねばなるまい。然り算術に於ける応用問題の解答力の多少は、即ち文章型体の解釈力に外ならぬのであつて、綴り方の指導法に於ける同類文型の解釈及び創作の道程は、その実、算術科の応用問題の解釈道程に倣ふべきものである。されば書き方指導に基本点画と文字の形とに区別した如く、応用問題の数字を簡単化すること丶、数の関係系列の異同を分類すること丶の指導に重きを置くことに依つて、右の成績を挙げるに至つたのは、毫も異とするに足るまい。もしこれにして広く採用されるならば、現在の教科書の程度は、少くとも半分の歳月にて指導が出来ると信ずる。

四、地理科指導法実験成績

評価基準＝国定教科書「小学地理」に提出の内容をよく理解し、所期の目的たる国民としての社会的生活の意識を明確にせしめる為には、教科記載事項の分布を、地図上に表現し得ると共に、日常生活に於ける生活対象の価値判定を正確になし得る力を有せねばならぬこと丶する。

大日本帝国といふ国際的生活の一単位の中に生存するが故に、吾々国民は生命財産の擁護を受け、幸福なる生活を遂げつゝあるを意識せしめ、無意識なるが為に、孤立し、盲動し、自他全体共に不幸に陥ることの弊害を除き、積極的貢献の社会的生活にまで導かんとして、社会の空間的聯帯性を生活対象によつて説明せんとするのが地理教科の使命であると思ふ。故にその目的達成の指導法としては、所定の教科書の理解と応用に遺漏なきことを必要とする。その両目的のためには、何よりも先づ、郷土と名づける卑近の生活環境の直観を指導して、家庭、学校、町村等の小団体に於ける内外の生活関係を認識し評価し、之を基礎として国家並に国際といふ大団体の生活関係を理解せしめ、その結果を再び卑近日常の社会生活に応用して、生活法を更新して行くやうにしなければならぬ。然るに従来の指導法に於ては、徒に羅列的記載事項を暗誦せしめるのであるために、児童生徒等の最も嫌忌する無趣味の教科となつて居るのを見るに忍びず、全体的改良を企てたのが、本指導法の趣旨である。が根柢が深く、規模が大きいだけ、十分の効果を挙げるのは非常に困難であり、それだけ、多くの年月を要するのは勿論であるのに、有村氏が二年以内に、左の如き好成績を示し、東京市小学校の地理科教授法に一大革新を促して居ることは、こゝに特筆しても差支ないと信ずる。

成績判定＝尋常第五学年より六学年に進んだ女子六十名の一学級の地理科だけの補助として受持ち、全級の児童に前記基準の成績を挙げ、他級及び附近の他学校の同科の成績に比して、著しき特色を示したとて、附近の荏原区内の驚異と評判されるに至つた。

是は十七年前、著者が東京市大正小学校長時代に、故沢柳文学博士（当時の帝国教育会長）の主宰する「教育教授研究会」の需めに応じ、自ら同校で実地教授に依つて発表し、参列の教育学者及実際家の批評を仰いだところ、博士は十数年間、全国の多くの学校を参観したが、未だ曾て斯の如き会心の教授を見たことがないと激賞したことが、当時の雑誌「普通教育（大正七年六月号）」に掲載されたのと呼応して、本指導法の価値を証明するに足ると信ずる。当時博士は著者の地理学研究の深きに依ると断定して、青年教師を督励する材料としたのは、一応の真理かも知れないが、余はそれよりは却つて方法上に原因すると、再考を促して賛同を博したことを記憶する。

五、手工科指導法実験の成績

評価基準＝有目的の計画的生活は即ち価値創造作用であり、それに必要なる物資材料の性質に応じ、又はそれを利用して創価作用を営ましめるためには、浅くても広く、各種の材料に応じての創造能力を養ふと共に、狭くても深く、得意な一材料に応じ、熟練を積むに依つて職業決定の基礎とさせる必要がある。依て本科に於てはこの両方面の指導をなし、一般の学級乃至学校に比して、如何程に改良進歩の成績を現し得るかを問題とした。

成績判定＝然る所、林氏の受持つた麻布高等小学校第一、二学年手工専修の児童約二百五十名（約五十名宛十学級の児童は商業と手工とに別れて学習する制度）のすべては、一様に器械製作用の平面図及び断面図を見事に製作した外、各得意な一二種の模型品若くは実用品を製作してその父兄を驚喜せしめ、その中の優秀なるものは、此種の中等学校程度の成績品を仕上げて、秋月翁等の参観者を驚嘆せしめた。東京市高等小学校の手工成績品展覧会に於て最優秀なりとの賞賛をも得たと云ふ。本実験者が去四月兵庫県淡路高等女学校教諭に栄転したのも、之を傍証するに足るであらう。

六、唱歌科指導方法実験の成績

音声を材料として組み立てた製作品たることに於ては、他の材料を以て組み立てた他教科の創作と、性質に於て異ひはない。されば書き方に於て「永」字八法の基本点画を応用して一切の漢字を作る如く、唱歌科に於ても基本音程の練習を十分にし、之が表現法を会得し、之をあらゆる歌詞に応用することによつて、東京市内の他小学校に於て見ることの出来ないほどの成績の実験証明をなしたのである。

七、修身道徳其他の教科

小規模な個人の研究なるに加へ、まだ特設の実験所を持たぬ吾々の事業なるが故に、今回の実験証明の範囲が、以上の数科目に制限されざるを得ぬのは、遺憾ながら止むを得ない所である。然らば其他の教科の可能性は如何。等しく人間の智能の啓発を目的とするに於て異ひのない以上、最早疑ふべきではあるまいと信ずる。

但し全人格の価値を創造する修身道徳科に限り、全般的になるだけそれだけ、前記の部分的生活指導の実験だけでは、なほ大なる不安が残るであらう。がそれとても、次下の第四章の論証によつて諒解し得られると信ずる。論より証拠、少数ながら、教育を是まで可能ならしめる自信を持つだけの教師が出来たでないか。之は決して手品でも何でもない、何れも数年前とは人格が一変して居る。余が斯の如き確信を世界に向つて高言して畏れない如くに、彼等もなつて居ることは少しテストすれば直に解らう。「即身成仏」の実例でないか。と云つても、驚異するほどの特例ではない。もしも子に対する親の心になつて、何人にも対する事が出来るなら、最早仏の境涯の最高幸福の生活ではないか。仏といふても人間以外と思ふなら大間違ひで、主・師・親の三徳を備へたものが即ちそれである。これは何人もの理想でありながら出来ないのは、指導法の不足による。その親心には純真なる子心になり得るならば、誰にでも容易である。

第三　教師に対する指導上の実験成績

不十分ながらも小学校の諸教科の学習生活の指導に於て、前項の如き記録を造り得たことは、教師に対する学習生活指導法の指導即ち師範教育の方法上にも、一つの参考資料を供するに足るだけの価値あるものといつてよいと信ずる。

日本に於ける三十万の小学教師が、教育の経験及び研究を重ねること七十年に及びながら、今尚ほ最低能率の方法に安んじ、偶々吾等の如き提供があつても、一顧し得ない事情の下にある中に於て、たとへ秋月翁等の奨励のあつたにせよ、目前の生活上に直接の価値がないのみならず、却つて同僚等の嘲笑反対さへあるのに、之を忍んで一年余に亘る研究を特別になし、殊に無名の上に、軽蔑の的とさへなつて居る、著者如き者の言を信じて、忠実に之を実行し、こゝまで漕ぎ付けたことは、それだけでも既に身を以て教育改良を実証し、師範教育改革の上に一の目標を暗示するものでないか。もし果して然りとせば、単に無力なる余の如き人物の原因ではなくて、もつと深い理由があることを思はせるであらう。然り後の第四章の「生活目的階段」の無上最大を意識すると共に、汲々として夫に達せんと努力せざるを得ないことになり、その為には自ら行ふと他を化するとを並行にしなければならぬことを理解し、之を信じて精進した結果であるだけは、諸氏が進んで告白しつゝある所であり、善につけ、悪につけ今後の一生に於ても、因果法則の証明の標本たることを自覚する所である。然らば之こそ世界の教育界の等しく渇望する所の善良教師の資格であるとして、師範教育の中心問題とされてゐる所でありながら、今なほ暗中模索の状態を脱し得ないものであらう。然るに少数ながらも偶々それが実際に現はれてその普遍妥当性が証明されたとせば、世界に於ける教師養成上に一大光明を与へるものではないか、教師の養成については、現今もなほ依然として教育材料として役立つのみの知識の注入を本体とする旧套を踏襲する以上に、殆ど考へて居られないやうであるからである。（次章教師の選択参照）

秋月、古島、両氏の如き、直接に教育に関係のない政治家が、微々たるこの事業に、教育専門家でさへ一顧することなく、やゝもすれば却つて反感を抱く事情のあるのに、意外に熱烈なる関心を持ち、繁忙なる用務を繰り合せ、精神的の間接的援助以上に、研究奨励費用まで投じて乗り出し、青年教師の報告を聴いて批判し、之を激励し援助し、右の成績を挙げしめるに至つたことは、社会改良の根柢を教育改革に求めんとする人士の驚嘆に価する所であらう。こゝに特記しても誇張の吹聴ではないと信ずる。

初めて創価教育学の発表をなすや、直ちに異体同心の関係にある当時の内閣総理大臣犬養毅氏に紹介して、賛意を巻頭に表せしめられたことは、古島氏の普通ならざる尽力に基づく。時の鳩山文部大臣が先づ師範教育の改革から着手せんとしたこと等も、犬養首相の教育政策に深い根柢のあつたことを物語るものであつた。之は第三巻の発表に当つて犬養氏が再び著者に賛意を寄せられたのでも察せられると思ふ。然るに不幸、それから二ケ月にして不慮の災難に倒れられたのは、教育改革のためにも真に惜しむべきである。

右の如き両氏との関係が本事業につくに至つたのには、少くとも次の二条件の合致によるものである。この点は柳田国男、田辺寿利、故新渡戸稲造博士の三氏も亦同様である。何れもの第一巻劈頭の序文は単なる御世辞ではない。

一、目的観の遠大なること。

二、之に対する改良意見が根本的なること。

之は単に著者一個人の偶然なる力に依つたものではなくて、深遠謀る可からざる力に基くが故なることを披瀝する。二条件そのものが直ちに物語る所で、読者各位の殊更なる注意を煩すに足ると信ずる。

第五　教師以外の生活法革新の証明

是等の優良教師を指導する方法の価値を証明する補助として、次の三件を記するも無益でないと思ふ。一は満州吉林省鏡泊湖畔に移住開墾をなし理想郷を創設せんと期しつゝある鏡泊学園三十六名の団体生活である。一昨々年春の事、其中の首領格たる西津袈裟実氏が、有村陽三氏と親友たる旧誼により、其の宅に宿して驚いて曰く「半年振りに帰京し会談するに君は健康に於ても言動に於ても一変した感がある。家族団欒の朗かさに於て特に然り何の理由か」と、答へに曰く「心窃に生活の一新を喜びつゝあると雖も、まさか君に異様に感ぜられるまでになつて居るとは思はなかつた。実を言へば一事情の是までの生活に加はつたものがある。それは創価教育学の根拠たる「価値論」

である。」とて其大体を紹介し、真、善、美と云ふ従来の哲学の生活原理を利、善、美に改めん事を勧めた所、翻然悟る所があつた如く、当時は是までの冒険的生活が意の如くならざるに煩悶中とて、忽ち共鳴し、翌日から之を応用して満州軍、陸軍省、拓務省、其の他の政治的経済的の関係方面と折衝に試みると効果の著しいので、自信と勇気とを恢復し得たのを喜び、毎晩帰つては報告すると共に、更に深く質問する事深更まで数夜に及んだ。もしも初めから法華経を提出したら評価と認識とを混淆し、きかぬ中に必ず怨嫉、軽蔑を以て回避するであらうとの、之れまでの苦しい経験から、殊更に差控へてゐたが、機が熟した様なればとて、こゝに余も力を協せ、共々、価値論の根本たる法華経の肝心、一切経の眼目たる三大秘法を以て指導した処、幸に純真なる心をもつて信仰に入つた為、忽ち経文の予証通りの種々なる現証も起つたにより、愈々信仰を深め、そこで先づ半数の信仰同志と共に生活法を更新し、今や非常なる歓喜と、何物も畏るゝ所なき心とを以て奮励努力しつゝ、必ず模範郷を実現せんといそしみつゝある。二はマルクス主義の社会革命者として五年前検挙された、長野県の青年教師百余名中の拾余名の完全なる転向生活の証明である。右と類似の因縁より創価教育の根拠たる法華経の信仰に入り、真実の全体観に達した結果、マルキシズムの部分的階級対立観、観念論的の非現実な全体観の理想は、実際社会に実現すべからざることが明かになると共に、之れに代はる最大の全体観に基づく円満無障害（ママ）の生活に入る事を得たにより、完全なる転向をなし、以前にもまさる着実、勇健なる生活に入る事を得たので、警視庁及び内務省警保局等の諒解及び紹介によつて、同県の教育家並びに旧友に呼びかけ「毒を変じて薬となす」と云ふ教義の価値を実証しつゝあるのである。弾圧迫害によつての「泣き寝入り」以上に、明朗勇敢なる生活にまで導く、この種の転向は、現在のいかなる宗教でも哲学でも、殆ど不可能とされてゐる中に於て、大いに研究の価値があらう。

三は時習学館の教師及び株式会社日本小学館の社員からなり立つ青年実業者の一団が、法華経に基く創価教育学を応用し、三十余名の社員を指導して創価生活を実証しつゝある事である。依る所は価値論であり、その又根本が仏教の極意の信仰であるが故、正邪善悪の判定標準が明確であり、集団的共同生活に最も緊要なることから、日常生活に対する宗教上の因果法則が比較的顕著に見え、相互の批判及び研究上に便宜が得られ、殊に未信仰の共同者との比較対照にも便宜があるから、指導の上に好都合であり、教師指導法の一助として大なる役割を演じつゝある。蓋し生活指導主義の方法としては、教師も実業も活動の方面こそ異れ、価値創造の性質に於ては異らないからである。此外に尚実業家にて、価値論の研究から家庭の宗教革命をなして、人格価値に大飛躍をなして居るものが百人以上に達して居て、何れも創価教育法の証明を助けつゝあることは、刻下の世相に於て見逃すべからざる所でないか。

第六　本著が自ら証明する本研究の価値

問題は極めて遠大であり、計画は非常なる複雑尨大であるのに、提出者が極めて微小貧弱だから、議論や説明などでは一顧も促す能はざる本事業に、殊に日本の社会に於ては少なくも文部大臣以上の遠大観を有するものにあらざれば、影響の広大に驚いて誰れでも躊躇するであらうのに対して、古島一雄、秋月左都夫両氏の如き援助を得たことは、名利を超越した意味に於て、本事業の価値の証明に大なる役割が演ぜられつゝあることを、忌憚なく特記することは、徒労でないと信ずる。殊に日露戦役まで外交家として欧州にありし秋月氏が、世界的見識の上に異常の関心を小学教育に持ち、刻下の国家及び世界の険悪状態に鑑み、深く将来の国民と世界人類との幸福を慮り、現在政治経済等の根本改造の基礎としての教育制度の改革には、区々たる教育年限の伸縮等の問題よりは、更に教育の方法、内容の研究にまで根深くせざるを得ないことを思ひ、余の研究に同情を寄するに就ては、青年教育者を補助して実践証明の任に当らせ、こゝに結果を直観せしめ、価値判定にまで到らしめられたる事は、教育社会や政治圏内に踽蹐するものには、到底思ひ切つてなし能はざる所であらう。たとへ僅かと謙遜されるであらうとは云へ、こゝに率直に告白することは、単に一個の感謝を表するのみに留ら〔ぬ〕と信ずる。

第七　教育可能の限度の証明

以上の成績はすこしも誇張したものではないと信ずる。故に必要があれば何時でも同程度の成績を再び挙げ得るといふ自信を各実験者は持つて居る。従って何人でも同一の原因を為すならば、同程度の結果を実証することが出来ると確信する。その普遍的妥当性がなければ科学的証明とはいはれまい。

但し今度の実験証明は、右の六学科に留まると雖も、等しき性質の創価事業である限り、共通の因果法則が解りさへすれば、之を適用することに依り、他の教科にも実験証明が出来ないことはないと信じて差支あるまい。尤も生活の派生的分業を表はす各教科でしかないから、全人格の価値を創造する修身道徳の教育には如何との疑問は、なほ残るであらう。が、すでに分業的各学科に於て証明された以上は、それ等の総てを綜合する全人格の創価事業にも通じないわけがないといふことも信ぜられ得ると思ふ。又今回の実験証明は僅か数人に過ぎないけれども、僅かに一年余りの研究に依つて、それだけの成績を表はし、自信を得るに至つたのに依り、同一の条件が備はるならば、他の何れの教師にも出来ることと信ずる。然らばその条件とは如何、六ケしいことではない。方法と其の依る所の根拠を信ずるだけの純真さがあれば足るのである。然らば以上の率直なる成績発表に依つて、期待し得らる可き教育可能の限界を、次の如く推定することも敢て誇張の断定でないと信ずる。何人にも実現の可能性を暗示するやうの具体的の目的を表現した模範（手本）を選定することが出来るならば、通常の能力者には、手本の程度に達するまでは指導することが出来なければならぬからである。

一、目的と方法とに依つて成り立つた学習生活の方法を、被教育者に理解せしめて、自力を以て価値の創造に進行し、到達せしめるのが指導主義の創価教育法であるが故に、その目的が如何なる方向に向ふとも、又何れの教科に対しても、共通して役立つものである。而してその可能率は、少くとも現在に倍増する。

二、派生的分業の生活に於てそれが可能であるならば、全般的生活を目標とする全人格の価値を創造する修身道徳の生活にも、当然可能であることが信ぜられなければならぬ。

三、各教科と共に、被教育の各個人に対しては、特別なる知能の欠陥者でない限りは、如何なるものでも、手本の程度までは達し得られ、且つ特別優秀なる被教育者は、手本以上にも、はた指導者の力量以上にも、達せらるべきものである。「青は藍より出でて藍より青し」といふ諺により、出藍的教育法といはれる所以である。

四、被教育に於て然る以上、之を指導する教育者に対しても、何人にも可能であることは云ふまでもないことである。

五、被教育者、教育者の生活に於て、共通の指導が可能であるならば、他の如何なる生活法に於ても、不可能であるわけがない故、人類の生活の指導法といつてよい。蓋し同一の結果を得るためには、同一の原因を為せばよいといふ、因果法則に従つて施す、指導主義の教育法であるからである。

教育は人間の最高至難の仕事で、非常に優れた特別の人格者のみに許された神秘的偶然性の伝授で、とても平凡の人間には出来るものでないと諦められてゐるのが是までの考へである。故に新教育と云へば欧米に於ても、特別の篤志家がキリストの如き愛を以て、日本の私塾の如き小規模の学級に、寝食までも共にして感化しなければならぬこと、恰も名工の傑作にも比すべきものとされてゐるため、所謂新教育の主唱者たちは、一教師の受持ち人数を減少するのを以て、教育改良の一策としてゐるやうであるが、之が完全に裏切られることにならねばなるまい。さうすると、所謂個性尊重論者は、忽ち教育の機械化と劃一主義に陥ると反対するであらうが、個性とはそんな教育などに依つて破壊されるやうな薄弱なものではない。いやしくも各個人が人並みの幸福生活を均霑する以上に、何かの方面に於て人に優れんことを希ふて止まない以上、断じてそんな心配は無用である。十人十色とはそれを意味する。総ての人の生活能力を最高限度まで高揚せしめる指導法こそ、世界の渇望するところであり、吾等の試みた所である。**無等等の指導法**と仮称して諒解に便にする。個性による無数の不等と等となし、等同の法則を普く一切に施して、最大の価値を創造せしめんとするからである。是は仏の十号に準じた尊称で、仏と無等の凡夫を、仏と等しくされる意味故、本法の表現に適当すると思はれる。

第八　教育法の根本的改革問題

以上に於ける創価教育法の価値の実験証明によつて、不十分ながら日本及び世界の教育法改革の参考資料となすに足ると共に、以下改革問題を提供しても良いと信ずる。我々の提唱する教育法によれば、従来の教育は根本的に改革が出来、非常に能率を高める事が出来ると信ずる、依て其により又はそれをするには、少くとも次の如く改められねばならぬ。

一、小学校より大学までの青少年の教育はすべて**半日制度**となし、業学竝行の創価的生活を初めからなさしめるを以て、合理的にして経済的であると信ずる。その代りに学校教育の年限を兵役年齢まで延長するを以て至当と信ずる。

二、小学校長等の**登用試験制度**を設けて、一般教師の帰趨を明らかにし、優良教育者の擁護をなすこと。

三、**師範教育の内容**を改め、教材知識の注入を主体してゐた従来のものに代へるに、教育法の学と術とを以てすること。

四、**教育国策審議の機関**を、軍部の参謀本部に準じて設け、頻々と交迭しても差支のないやうな弊害防止に留まる消極的行政機関の外に、国防軍事の如き恒久的なる国家直営の積極的国策の確立に任ずる事を以て緊急なりとする。

五、国立又は**国立的教育研究所**を設け、左の事業の遂行に任ずる事。

1、教育法の科学的研究

2、教育法の技術的実験証明

3、学校経営法及び教師養成法の研究

六、以上を遂行の根抵(ママ)としては、何よりも先づ**教育学の科学的樹立**を完ふすべき事。

(以上の説明は省略し、特に所望の方に「教育国策の根幹的六大問題」なるパンフレットを贈呈す。)

七、**宗教革命**を教育者は先づ以て断行し、人生最大の目的と之が達成法を教へ、最上幸福の生活に導く教育原理を確立すべき事、(以下の第四章、第六章、竝びに別冊の「赤化青年の完全転向は如何にして可能なるか」を参考)。或はそれは哲学的な真理観からすれば、世界各国のあらゆる教育乃至宗教を研究し尽すに非ざる間は、無理だと言はれるかも知れない。けれども人間の価値に対する慾求は、いかなる方面に於ても、最高最大なる者を見逃す事はない。而して価値に関する文化財は、すべて世界共通となつた今日であれば、鋭意世界各国に遅れざらんとして輸入を怠らざる我国の現状だけでも、以上の断定をなすに差支はあるまい。

第三章　証明結果の原因考察

第一　最も重要なる原因は何か

一、**因果の関係**　大規模なる学術研究所が、諸方面の生活に勃興しつゝあるこの国の他のものに比すれば、たとへ研究の年月は長いとは云へ、一個人のさゝやかなる、従つて至つて貧弱なるものではあるにしても、七十年間、欧米諸国の研究の粋を輸入しつゝ、経験を重ねた日本の諸学校の成績に比較して、少からざる懸隔のあることが証明されたとすれば、確かにこの国の教育の内容改善に、大なる参考資料を提供するに足るものがあると信ずる。

世界の教育界に於ても、やはり合理的にして、而かも最高価値の教育法は目下竭望《(ママ)》しつゝある所でないか。

果して然りとせば、同一の原因を施すことに依つて、同一の結果を得ると云ふ因果法を見出す為に、是に至つた原因の分析的考察をするのは敢て徒労ではあるまい。

もとより教育事業の結果たる成績の如きは、複雑多様なる諸原因の綜合せるものたるは云ふまでもないが故に、それ等の一々の分析考察は一大著述を要することになるであらうが、其の中に最重要なりと見做されるものがあるに違ひなければ、それを摘出しただけでも、同じ結果を再現する参考とはならう。

二、重要原因　従来の教育に於ては特に人格的要素を重視した**人格主義の教育**と、それよりは知識の供給を重視した**注入主義の教育**との対立が永い間続き、何れも教育方法の工夫を欠いた偏（ママ）破の一面にしか過ぎないと云ふことが見えるにあたつて、所謂知識啓発主義といふ方法観の萠芽が、コメニゥース、ペスタロッチ等の諸先輩によつて提唱されたことは、こと新しく説くまでもない所であるが、何分教育法の組織的研究が十分ならざりし為に、今もなほ注入主義を嫌ひつつも、それを捨てることを得ず、さりとて安心して従ふ所の合理的方法の確立もないために、暗中模索の域を脱することが出来ないやうである。従つて他の文化事業が既に合理的な最高能率を挙げなければ、競争場裡に生存が出来ない程になつたのに比して、貧弱なる最低能率に安んぜざる能はず、甚しきに至つては、個性尊重の一面のみから、それの合理化的説明を加へんとするものすら尠からざるに至つては、斯界のために遺憾とせざるを得まい。

三、方法観　余は価値論を原則として人間の教育も、他の文化事業と同じく価値創造の作用に外ならぬ、されば教育者と被教育者との人的要素が破格の異常にあらざる限り、一定の指導法が科学的に成立されるに相違ないとの見解を以て、同じ人的要素を以て、同様に生命を対象とする医学の成立発達の過程、並に其他の生産事業の過程に倣ひ、教育の結果の成功失敗の原因を比較綜合し、之を帰納して、原理に到達したのが創価教育学であつて、従来の種々なる教育主義に対して**生活指導主義の教育法**といつてよいと思ふのである。

四、方法の価値観　勿論、最高級に位する価値創造の文化事業である以上、之に従ふ人的要素としては、優秀なる人格者でなければ教師とはなり得ないのであるが、しかし千百人の中の優秀者で、学徳兼備の理想的人物を、国民総動員で教育の機会均等をする要求に応ぜしめるだけの多人数を得んとするのは、言ふべくして行はれぬことであれば、円満普通の人格者でさへあれば、誰でも出来る方法でなければ、応ずる実現性がないと云はねばならぬと思ふので、たゞ人格全体の程度及び一部に欠陥を持つて居てはならず、即ち常識に於て欠くるところがあつたり、又は特長は一方にあるが、之と相殺する如き短所を他に持って居るが如きものではならぬとなし、たゞ出来もしない人格者を空望するよりは、教師として父兄の指弾に価するやうな非人格者を排除する位で、出来る方法を立てなければならぬとするのである。

第二　教師の選択条件

信用の確立しないものが新意見を提唱するには、其結果の現はれた成績を直観せしめて、それが原因に遡上せしめるより外に途がないことは前述の通り、之には之に当る人物と、それを実験せしめる学校等の設備を要し、それには多くの資金がなければならぬことは云ふまでもないが、信用のない吾等には望むべからざる所と諦めて、数十年の歳月と、尠からざる苦心とを重ねて今日に及び、他日に於ける醒覚の後進者を空望する外に途がなかつた。所が、偶々秋月左都夫翁の見出すところとなり、方案によつては多少の援助を惜まぬとの非常なる厚意を得、空谷の跫音と感激したのであるが、何よりも先づ同志の人材を揃へるのが先決問題であり、然らずして軽挙失敗の暁には取返へしのつかぬ罪悪となるを恐れたから、一応辞退した上、更に実験教師の研究補助として、尠からぬ費用を得たので、いかにしてこの全く名利を放れたる高潔なる厚意に答へるに足るだけの同志者を得んかと考慮したる結果、法華経寿量品の肝心「**南無妙法蓮華経**」の三大秘法を信じ奉るだけの純真さを有する、正しい性格といふ条件を以て教師を選定した。

これは今の世に於ては一大驚異として怪まれる所であらう。それほど実際に当ると、全く砂礫の中より黄金を探すが如き至難事である。事は誰れでも実験して見れば直に解る所であらう。それだけ法華経の功徳――生活に対する価値――の絶大なる事を証明するものと、過去八年間の体験上より確信する所である。しかし、これはまだ一般人には通用しないことで、恐らくは一笑に附されるであらう。そこで右の人々の今後の一生は、創価教育学の実証以上に特殊なる研究対象として注目に価するわけである。がそれは今後の成り行きに委せ、結果によつて判定さるべしとして、さし当り、公正なる実験証明をなして、真理の判定に役立てなければならぬ。之に対して正直と慈悲との二要素だけは欠いてはならぬ、之を見通すには虚偽をすることの出来ない所の法華経の鏡に照すより外には如何なる名案もない。『一代聖教の中に法華経は明鏡の中の神鏡なり。銅鏡等は人の形をばうかぶれども、いまだ心をばうかべず。法華経は人の形を浮ぶるのみならず、心をも浮べ給へり。心を浮ぶるのみならず、先業をも未来をも鑒み給ふ事くもりなし。云云』と、日蓮大聖人が「神国王御書」に於て説明された所である。之が理想的教師の選定に、法華経の信仰を唯一の条件とした所以である。

「斯経は如来の現在にすら怨嫉多し、況や滅度の後をや」「一切世間怨多くして信じ難し」と、釈尊が二千年前に法華経に於て予言されたことを、日蓮大聖人がその御一生に於て、科学的の実証をなされた普遍的法則が、吾等の生活に於ても如実に証明されるから信ぜざるを得ないのである。社会的には、いかに有徳の人格者でも、いかに心臓の強い人でも、卒然此経に会ひ奉ると、犬の前の猿のやうな反感を現し、怨嫉、軽蔑を禁じ難（ママ）はぬのが、末法現時の常で、法華経の予証の適中には驚歎措く能はざる所である。之は、隠すことの出来ない内心の弱点が暴露さるのであるが、その中に於て極めて少数者のみが素直に信じ得るのであるから、人物鑑識の上に、従つて人格修養の上に、暗中模索の現代に於て一大光明を得たのを喜び、取も敢ず正直にして諂曲ならず、利己主義にあらずして親の如き慈悲心の所有者にあらざれば、教育者として共に提携することは出来ないと思はれる。其れを教師の選択に応用して、其の真理を証明して見やうとしたものである。何故に斯かる至難な選択条件を採用せざるを得ないかが解るであらう。

創価教育法の実験証明に当る教師の選択に対する其他の条件は、東京市内の小学校に居る一般の人々に比して少し許り勝れた研究心を持つて居ればよいとした。劣等の性格がなく普通の人格者には、誰れでも出来なければならぬ教育の方法でなければ、科学的な普遍性がないとし、それを見出さうとするのが吾々の目的であり、優秀な人格者、又は各分科専攻の技術者を望んだ所で、国家社会の財政上からでも、人材の分配上からでも、言ふ可くして行はれぬ事でもあるからである。

創価教育学がいかに教育能率を高めさせることが出来ても、現今の日本の如き制度に於ては何等の価値も持たぬ。学校教育の実際には個人生活に対する価値即ち利害の打算の秤はあつても、社会的生活に対する価値即ち善悪の判定の標準は持ち合はせないからである。もしも学校の教育に自由競争が行はれ、教育能率の高低によつて入学生の数に多少が出来るやうになり、父兄が自由に成績のよい学校を選択すること経済市場の如きになるならば、即ち教師の勤労の価値の多少によつて報酬の多少がきまるものならば、吾々の如き主張に従つても、前途の栄達の見込みが立つ故に、所望の同志の選択採用が出来るが、さうでないのみか、教育成績は佳良であり、父母は欣び感謝をしても、却つて同業者の嫉妬に基づく迫害を覚悟しなければならぬやうの条件におかれて居る現在の教育制度に於ては、よく〳〵の篤志者でなければ、同志となり得ないので、この条件に適当な者を見出す唯一と思はれる標準として法華経に依つたのである。

第四章　指導主義の教育方法

第一　目的観の確立の指導

指導さるべき子弟に到達の目標を、最も価値の大なる経路を以て直達することの出来るやうな具体的方法を含んだ実例を以つて提示し、彼等をして安心し工夫を加へて進行することを奨励するのが、こゝに提唱せんとする指導主義の方法であれば、第一に確立しなければならぬのはこの目的観である、これは一時は最終であつても、なほ其の上があるやうな中途半端のものであつては不安を免れ得ない、無上なる最高最大のものでなくてはならぬ。それは人生に対して最高の価値を持つものとして、何人も要求し、尊重する所のものでなくてはならぬ。その上があつて、それに達する手段となる性質のものであつてはならぬ。

自分でも到達し得るといふ信念が持てるほどの具体的な目的が確立するにあらざれば、人間は安心して進めないものである。抽象的なる理論だけでは、いかなる人の激励によつても、思ひ切つて未踏の道には進み得ないのが、普通の人情である。単なる抽象概念としての目的観だけでは、天上の星を目標とするが如く、対岸の花を憧憬するが如くであつて、達する手段がないから実行の行動を起し得ぬ。

之に達する方法の観念系列が思ひ浮び、方法が具備して初めて実行せんとする意志となるものである。それが為には如何に尊敬されるにしても、人間とかけ離れて、及びもつかぬ存在では、人はたゞ崇拝するだけで、近づかうとはせぬ。

是に於てか目的観の大小、明暗、従つて之に達する方法観の確否等の条件によつて、左の五階級の区別が考へられ、それが又生活の階級を意味すること、なるであらう。(第六章参照)

生活目的観進展の階級

- (一) 盲目的（盲目的無計画生活）＝目的観の不明確なる生活で、暗中模索の生活といはれ、万一なる偶然性の投機的僥倖を期待するもので、科学的の因果法則を無視した生活
- 明目的（明目的計画的生活）
  - (二) 小目的（個体的最小目的観）＝目的は明確であるが一身一家の最小生活に執着し、その基礎たる大目的を忘れた生活
  - 大目的（団体的小目的観）
    - (三) 仮権的（虚空全体的中目的観）＝遠大なる全体観の目的を立てるが夢幻の如き空想にして現実性のなき生活
    - 真実的（真実全体的中目的観）
      - (四) 垂迹的（垂迹全体的大目的観）＝存在した真実なる生活の反映に依つた目的観ではあるが、之れに至つた根本原因と離れたために現実の自信がない生活
      - 本体的（本実全体的大目的観）
        - (五) 脱益的（熟脱結果利益的最大目的観）＝結果と原因との関係が明瞭なる最高の具体的模範となる目標であるが、恰も離脱せんとする果実の如き完全円満なるが故に、之を見習ふ人にとつては果実の甘味を取つて種子は捨てるやうに崇拝はするが及ばぬとして近付き得ぬ目的。
        - 種益的（根本下種利益的最大目的観）＝模範人物としての完全円満の果徳は具備すると共に一般民衆の近づき得ない高位大徳の示現でなく最低級なる姿を以て下種的利益をなして遠大なる結果を楽しむ最大無上の人格。
「日出でぬれば星隠れ、巧を見て拙を知る」といふ評価原理に従ひ、上級に比べては下級が価値を失ひ、最大階級の模範が出現すれば、以下の総てが無価値となるのは何人も等しく最大価値の生活を憧憬して止まないのが天性だからである。されば人間の理想は無上最大の唯一つに集まる。

其の区別を読者各自の現在生活の目的観に対照して見て、如何なる階級に属するかを顧れば自ら忸怩たるものがあらう。斯の如き適確なる区別が現実に即して吾等如きに出来るのは、全く後の第六章に記述する仏教の極意の信仰によつたからである。之が肯定されるならば仏教の生活に対する価値を疑ひ得ないであらう。

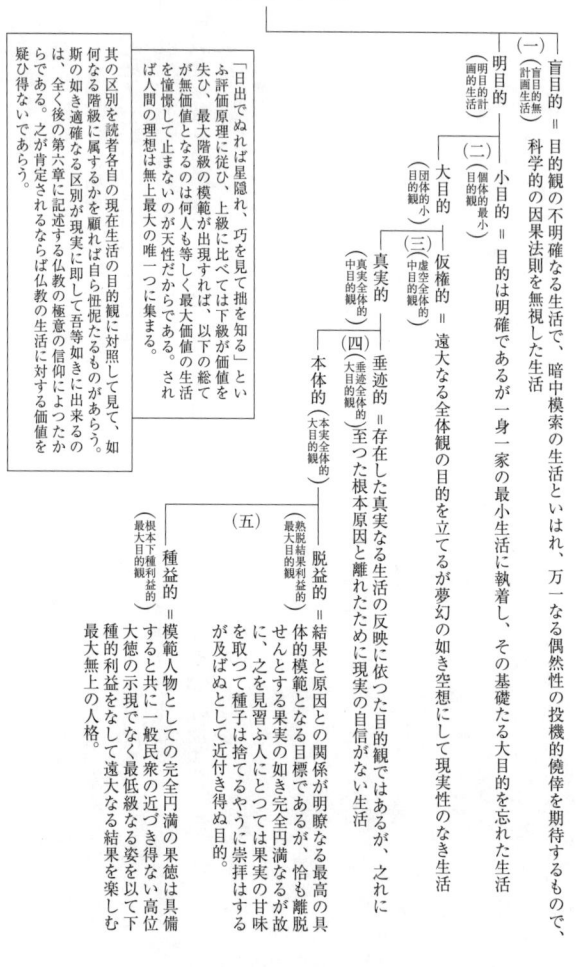

人格分裂（目的観念の階級）

軌道有無相対生活	小大相対の生活	権実相対の生活	本迹相対の生活	種脱相対の生活	以上の各階級の相対する人格分裂によって煩悶が起り神経衰弱病を呈するのが吾等の周囲に於て多く経験される所である。
(一)最　小	(二)小	(三)中	(四)大	(五)最大	
自己中心の個人主義乃至部分主義の生活之に基ずく資本主義生活	自己を除きたる反動的全体主義。虚偽の全体主義の生活所謂独善主義の生活とはこれか。		真実の世相を正しく認識せる真の全体主義的生活	自他の共存を意識せる全体主義の生活	
近視眼病的見解の生活	遠視眼病的見解の生活		無病正視眼的見解の生活		

第二　目的を達する生活法の指導法

一

全くの盲目的の者といふても生命を護ることだけは忘れない。不幸を嫌ひ、幸福を望むことは知って居る。されば最小目的観は自己の肉体の生存以上に超越し得ないもので、最大のそれは自分を意識しながらも、無限の時空に亘る大宇宙の法則を信じて、之れに合致することを生活の目的とするものである。無上最大の目的観によつて指導された最高価値の生活、即ち最大幸福の生活は、総ての人類が受けると同様の利益を自分も均霑せんとするのが、その最大たる所以であるが、愈々現実の生活をなすにあたり、結果の最大分配を受けんとするのとは全く異る。前者の目的は自他共に一致するが、後者のは自他の目的が明かに分離衝突し、他に向つては全体主義を唱へるが、その収獲の分配になると、等しく利己主義になつてしまふので解る。全体主義の生活と云ひながら、真偽又は実虚の二種に区別され、現世に於ける大概の全体主義は皆虚偽のものである。独善主義等と謂はれる所以がそこにある。之は其の上の最大目的が見えないものには解り得ないものであるからである。この最大の目的観は法華経に逢ひ奉るにあらざれば、到底出来ないようで、仏の開眼又は開目とは之を意味する者であらう。日蓮大聖人の「乙御前御消息」に云く。『抑も一人の盲目をあけて候はん功徳すら申すばかりなし。況や日本国の一切衆生の眼をあけて候はん功徳をや。何に況や、一閻浮提四天下の人の眼のしゐたるをあけて候はんをや。法華経の第四に云く仏滅度の後に能く其義を解せんは、是諸の天人世間の眼なり等云云。法華経を持つ人は一切世間の天人の眼也と説れて候。日本国の人の日蓮をあだみ候は、一切世間の天人の眼をくじる人也云云』。上級の目的が見えなければ、下級の目的を意識し得ない。下位の目的観の生活者が、上位の人に対すると、その地位に動揺を感じ、「日出でぬれば星かくれ、巧を見て拙を知る」といふ、評価原則に従つて、その威力を失ふこと、犬に猿の対するが如く、悲鳴を挙げざるを得ぬ。嫉妬心がそれである。之に反して、下位の者に対する場合には自在に権威を振ひ、小なりとは云へ、直ちに利益が得られる故に、それに執着し慢心を生じ易いのが、普通の人情である。けれども一度現はれた大目的にあこがれることも、理性の否む能はざる所なるが故に、人格の分裂を来し、理性と感情との衝突を起し、為に統一的生活力に著しい減退を来して煩悶を起し、遂には神経衰弱症に罹り、一身の顧慮以外に考へ得ざる最小目的観の生活に堕する。この心の空隙に乗じて、内外からの生活上の障魔の生ずるのは、勢ひ免れ得ない所である。正直な人ほど、此の現象が鋭敏に表はれる。

この精神的動揺は上級の目的が見えて来る毎に起り、結局は最大目的観に達して、之に合致する生活法をなすに至らざれば止まない。『天台大師の摩訶止観第五巻に云く「行、解、既に勤めぬれば、三障四魔、紛然として競ひ起る乃至随ふ可からず畏るべからず、之に随へば人をして悪道に向はしむ。之を畏れば正法を修することを妨ぐ」等云云。此釈は日蓮が身に当るのみならず、門家の明鏡也。云云』の日蓮大聖人の御語は、この道理を説明されたもの丶やうである。法華経の法則が如何に世間の生活法と一致するものであるかゞ解るであらう。

生命に対する最大価値の目的を説明した上は、この目的に達する最大価値の生活方法を確立する指導法が、次に吾等当面の問題で、最も重要なる次の三問題に分説されるであらうが、それは拙著「創価教育学体系」第五巻に譲ること丶なし、こ丶には其の中の創価法指導の一端を述べる。

一、その生活方法を制限する材料は如何。＝認識法の指導。

二、その中の最大価値の生活材料の選択は如何。＝評価法の指導。
三、その材料を運用しての最大価値の生活法如何。＝創価法の指導。
その中の創価法の指導をなすに当つては、創価材料の種類に依つて区別される次の階級を一瞥する必要がある。

二

利・善・美の三方面に於ける価値創造の諸事業は、創価材料の種類により、左の六階級に区別して、之が対策を講ずるをよいとする。然らば人材教育の本質が自ら闡明され、指導主義教育の意義も明瞭となるであらう。

第一級、無生物を材料としての創価事業。日用家具等の簡単なる製作から、複雑精巧なる機械船車等の製作まで、竝に有形無形の芸術作品等。

第二級、無情の生物を材料としての創価事業。対象の生命を失はぬ限り、自由に形、質を変化する農、林、水産、養殖等の諸分業。

第三級、有情の生物を材料となし、その感情を害せぬやうにして、所要の目的に添はしめるところの創価事業。諸種なる家畜、家禽業等。

第四級、人間を対象とする第一次的創価事業。理性の働きを軽視し、感情の働を重視し、感情をも害せぬ限りに於て之を利用せんとする営利事業がそれであり、その利用に甘んじて自分も生活せんとする芸人、労働者等も其中、又病気の治療を以て生計を立てる医師等もそれに属する。

第五級、人間を対象とする第二次的創価事業。感情を害せざる上、理性の働きまでを善導して、社会的団体を構成せしめんとする政治家、道徳家、竝にそれらの有価人材を養成せんとする教育家等。

1、一技一能の発育の助長を主とする専門的職業教育の事業。

2、各種技能の基礎たる全人格を対象となし、特に道徳上の価値の涵養に重きをおく普通教育の事業。

第六級、第五級の創価事業を担当することの出来る人格の養成を目的とし、被教育者の生活指導の方法の又指導をなす最高の創価事業。即ち師範教育。宗教家の真の使命もこゝにある。いかに学徳の人格者で、一世の崇拝の的となるほどの徳化をなしてゐても、それだけではまだ十分なる師範といふに足らぬ。弟子をして己を超えても無上最高の人格にまでに導かうとするのが、指導主義に立脚する教師の理想で、前記の種益的最大目的観の生活階級者の到達点である。その究極に至れば、最早最高無上なるが故に過去、現在、未来のすべての仏は同等なりといふのである。

三

人間は誰れでも価値を意識するのみか、最高価値を目的として競争する自発的性能を有するものであるが故に、人格の価値を高めんとする教育事業は、至難は至難でも、方法に依つては却つて導き易い所がある。それは人間の等しく要求する所の最高価値の目標、即ち最大幸福の目的を、実現の出来るやうに具体的に明かにし、之に達する方法の工夫が出来るやうに、因果の法則を実証して、之を理解せしめる事ができるからである。

如何にしてその最大幸福の目標を具体的に提示するか。これはまた至難なる大問題ではあるが、実際生活の実例を示した具体的人間を模範とせしめる事が出来れば容易である。

何となれば単なる抽象的観念論では六ケ敷いが、具体的例証の内には自ら目的に達する手段が含まれて居るが故に、被指導者の自力を以て到達せんとする情意も自ら発するであらうからである。目的なき生活は夢遊病者の盲動で、自他共に危険である。ところで、その人生の目的は近小から遠大へと定まるべきものではない。遠大の目的が定まつて、始めて近小の目的が定るべきものである。今の教育はこの順序を顚倒して指導してゐるが為に、無価値乃至反価値に堕してゐるのである。

然らば遠大の目的は如何にして定めるか。遠大なる世界が観えなければそれは又駄目である。然るにそれを望むのは無理でないかといふのも一理はある。今の教育制度はこの一理に基づいて建てられたもの、やうである。だから人生の目的を確立して生活に入らうとする準備のために、小学校から大学まで十数年間の学習生活を続けさせ、大に世界観をなさしめ、それが出来上つた所で、初めて目的を確立させ、そして初めて人間の実際生活に入らしめんとし、そこで就職運動にとりかからせるのである。故にその間の長年月は、まるで盲目的の言動を続けて居るのである。がこれは父母からの仕送りを受けて居ればこそ出来る芸当で、恰も生活と遊離したギリシヤの大学教授から、生活とかけ離れた哲学が生れたとのデルタイの説明そのまゝの現象である。乃ち教育の実際化の為に、教育改革が要求されてゐる所以である。それだけならばまだしも、所謂実業家も政治家も、先づさし迫つた当面の問題に没頭し、夫が遠大なる人生の目的と、如何なる関係があるかをも考へる遑なしに狂奔してゐるのが事実である。夫で直接近小の目的は定まつて居るであらうが、其の先は一向暗黒である。盲人の「暗中模索」と大差がないのである。明治以来教育の細目は仲々綿密に考究され、外観は如何にも完備したやうに見えるに至つたに拘らず、今に至つて大規模の教育改革の議が起つて居る所以は、最も初めに定めて掛らなければならぬ筈の大綱が定められなかつたために、今までの努力が盲目的の狂奔であり、教育が進んだだけそれだけ、有害でさへあるやうな奇現象に悩されるに至つたからである。それが広く日本社会に大なる禍根となつて居るのである。畢竟先決にすべき目的を後廻しにしたからの病弊である。

これに気が付いた対策として、先覚者に採用されたのが哲学の研究であつた。世界観人生観を確立させんための努力は、最ものこと丶して首肯されうるのであるが、少数なる特別の階級に留まつて、学校以外の大衆の指導には、何等役に立つてゐない事は、殊更に説明を要せぬ所である。

人間が生活して行くためには無目的の盲動ではならぬが、それを定めるには近小から定めるわけには行かぬとあれば、結局、最も遠大からでなければ最も近小の目的も定まらないこととなる。然らば如何にしてこの矛盾を解決するか。

それは古今東西に於て人々の尊敬を受けてゐる偉人の生活状態を見て、之に真似るのが最も安全にして、しかも軽便であらう。彼れ等は巧みにこの矛盾を解決して生活したがために、偉人たる価値を得たものだからである。

彼等もやはり吾々と同様に此矛盾に逢着したには相違ないが、自分の信用すべき尊敬者を選択し、之を手本として精進したに相違ない。そこで天上の星を憧憬れて、脚を大地から放して夢遊するが如き、空想の生活を脱することが出来、目的の手本と同時に、之に達する方法の暗示をも受け得たのである。

だがさうなると、模範とすべき偉人の方向に依りて、吾々の方向は定まり、別の方向に向つては進めず、その行先きまでも自ら限定される事になり、行詰つたその先きは如何にするかに惑ねばならぬこと丶なる。幸にそれが最高であり、又た何人にも如何なる方向にも普通(ママ)の価値があるならば良いとしても、さもなくて、例へば商人が軍人を手本とするが如き場合は如何にすべきか。又不幸にしてそれの目的観が低い場合は如何がにするかが問題である。

そこで目的観の価値の有無と、種類と、その大小との検討が必要となり、之に照して取捨選択の必要が生ずる。

第三　指導主義教育法の根拠

信の確立までの**研究の過程**と、信の確立後、**生活に実現の過程**とを混淆して指導してはならぬ。之は生活は信に基づかざれば全く出来ないといふ前述の意を承けて、然らば「如何なる対象を信じて生活を遂げしめんか」を、指導するに当つての先決問題である。

先覚の聖賢が、吾々衆生の信用を確立せしめんがために、**教へを開示された過程**（即ち説教体系）と、それを信じて導かれ、最大幸福の生活に精進せんとする吾々**凡夫の生活過程**とは、全く**反対であるべきものである**。此れは諸分科の学者が、受持ち分業の小さな問題を研究し、真理を発見し、社会を信用せしめるまでの過程と、社会の大衆がそれを信じて己の生活に応用して、不幸を免れてゐる過程とを比較して見れば解る所である。然るに之を伝承する学徒が、この両方の態度の区別を意識せず、信用確立までの**研究過程**を、そのまゝ踏襲して、以て民衆を導かんとする所に大なる錯誤があり、道草を喰ふ無益の浪費がある。それは生活に関係する**価値の本質**を弁へず、総てを一様に単なる**真理**の諦観と混視する結果であると思ふ。所謂真理が人生に役立つだけの価値があるか否か、それが多いか少いかの問題は。(ママ)体験に依つて生活に証明するより外には解決の途はない。故に之の信を確立せしめる為の研究者は、種々なる方便を用ひて説明しなければならぬが、一度確立した以上は、その言ふ通りに従つて応用して見ればよい。そして予定通りの結果が起つたならば、最早無条件に信じてよいではないか。もし万一、云ふ通りに結果が表れなかつたならば、初めて疑問を起して、再び考へ直す必要もあらうが、その前に果して説の如くに実行したか否かの検討を要する。そして少しでも原因たる条件に違ひがあつたとすれば、結果に於て同一ならざるは当然であれば、今一度正しくやつて見るべきである。それでもなほ予定の結果が生じない場合に於て、その真理が未定であることと断定して、初めて再び研究をし直す考へを起してよいのである。

然るにその順序を顚倒して、いつまでも信用確立までの研究過程を繰返す迂愚を意識しないのが、これまでの教育の欠陥であつて、例へば道路の開通に当つて、最初は荊棘を切り開き、凹凸を平坦にする等の苦労がいるが、既に立派な道路が開通した後にも、なほそれに依ることをせずに、今一度同一の工作を繰り返へすか(ママ)如きは迂愚の至りといふのである。釈尊一代五十年の説法は、要するに出世の本懐たる法華経を説かれるまでの手段である。そして法華経の表はれた以上は、塔を建てるまでの足代である。立塔後にもなほ足代を除去しないのは、去年の暦を繰返すの愚と云はれたのは、之を説明されたのである。其を用ひずして、相変らず一切経を信用確立までの順序通りに繰返へしてゐるのは、やはり研究と生活との反対なる二方法を区別し得ない結果であつて、仏教の真髄が闡明されない為に、種々の宗派に分裂して互に無益の抗争が続けられる所以である。畢竟**価値観と真理観との混淆**に基づくものであつて、教育の仕事の建て直しは、先づ以て之れから出発しなければならぬと信ずる。即ち研究過程の結果として発見された真理を人生に関係づけ、価値を持たしめて、被教育者を指導せんとするものは、漫然と発見研究の過程を再び繰り返す所の思想系列を以てすることをやめ、逆に先づ以てその真理が果して価値を持つか否かを実証させて、其人の**信を確立**せしめ、以後は再び疑を生じてそれから遠ざかることのないやうにし、以てその生活の目的に利用せしめることに、仕向けるのが肝要である。吾々の**指導主義の教育の根拠**はこゝにあるのであつて、国語算術等の各教科のような部分的生活の指導から、修身道徳の如き全体的生活の指導まで、信用して疑ふべからざる所の最大目的の具体的に表現された手本を選定して、被教育者の到達点を明かにし、之に向つて工夫をこらして進ましめんとするのである。かの生活の目的も明にせずに漫然と真理の研究に従はせて、真理発見の経路を反覆せしめる方法や、目的を明にはしたが、低級のものに安んじたが為に、忽ち行詰りを来たさしめ、その先は五里霧中の彷徨に陥らしめるが如き方法とは異つて、人間の知り得た限りの無上最大の目的を選定して、動揺不信を拒ぎ、最初から之に直達する最高価値の方法を研究して進ましめんとするのである。後の第六章に説明せんとする仏法究極の教へも、全くこの指導主義の教育法と性質を一にすると理解し得られるのである。即ち既成の各宗各派のそれが、すべて無上最大に至らざる目的を示して行詰らしめ、甚しきはそれを示す教祖自らが感化の当体となつて、永久に差別待遇の地位たる師弟相対を脱せざらしめるに対して、それ等の宗教を超越した仏教の究極に至ると、諸仏はすべて同等の地位になり、**仏の親たる法**即ち**無上最大の妙法**の功徳を讃歎し、衆生の生活の向ふべき無上最大の目標を示し、之に直達の方法を授け給ふのである。これは信に基づいた価値の証明によれば容易に理解し得るところであり、一度理解した上は、従来の生活法は悉く信用を失堕する。故にこゝに敢然として帰依の根拠を明にし(ママ)するのである。

第五章　創価教育学の体系と其根拠

第一　創価教育学の知識体系

教師相手の職業指導原理としての教育学は、昔から師範学校にも大学にも、教科としては儼然と存在しながら、教壇の実際生活には一向没交渉で、何の役にも立たないことは教師も生徒も知つて居る。それでも官立学校のこととて、何等の苦情も起らず、数十年一日の如く、この無価値なる講義が形式的に繰り返されて居る。これが他の総ての分業が合理的の進歩をしたに拘らず、教育のみが原始的状態に停滞し、暗中模索の最低能率に甘んじ、沈滞の状態に沈淪してゐる所以であり、医学其他の生活科学は立派な自然科学の体系を形成し遂げてゐるのに、教育学が依然として科学としての存在さへも疑はれ、**ヂュルケーム**氏の如きですらも、なほ科学とアートの中間にある実行論に過ぎないと云つてゐる境涯にあるのは何故か。それは哲学的に人間の性質を観察して、その本質から教育の方法を演繹せんとしてゐるからである。本書は従来の哲学的教育学とは着眼を一転し、一般自然科学の方法に準じ、教育実際の経験事実から帰納して根本原理に到達せんとした。

序
- 教育学組議（ママ）論
- 教育目的論
  ……………（第一巻）
- 教育原理としての価値論……（第二巻）

正
- 政策的方法論…**教育改造論**…（第三巻）
- 実際的方法論…**教育方法論**…（第四巻）
- 技術的方法論…**学習指導論**…（第五巻）
  （近　刊）
  （第五巻内容）
  - 信用確立論
  - 指導態度論
  - 認識法指導論
  - 評価法指導論
  - 評価標準論
  - 創価法指導論
  - 生活指導論
  - 不良性善導論
  - 宗教教育論
  - 教導段階論
  - 教導程度論
  - 学級経営論
  - 学校統督論

通流
- 郷土教育論
- 道徳教導論
- 国語（読方綴方）教導論
- 算術教導論
- 地理教導論
- 歴史教導論
- 理科教導論
- 技芸教導論

（未刊）

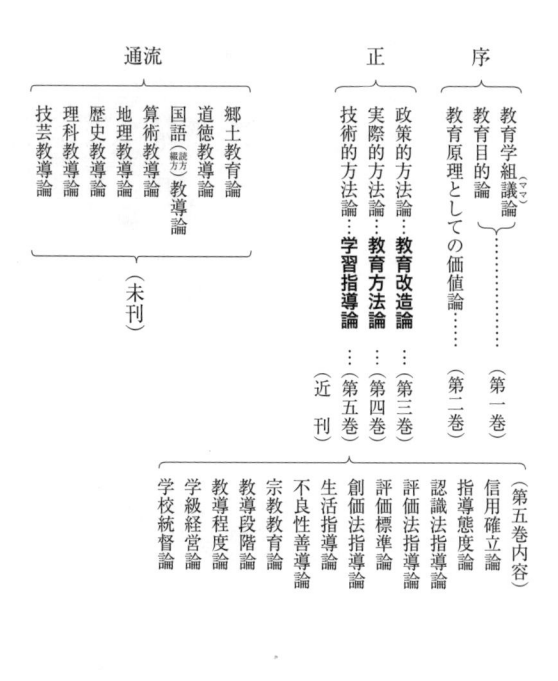

第二　教育乃至生活の原理としての価値論の大意

教育の目的は哲学者に依つて、定めらるべきものではなくて、人類に定められたものを以てすべきである。**アルフレット・ノベル**氏の所謂『遺産は相続し得るが、幸福は相続し能はぬ』との幸福こそ、それでなければならぬと断じ、あらゆる価値はその内容として現はれるものであるとする。

従来の教育法に於ては知識又は認識の指導に於ては相当の研究が積まれたが、評価法と創価法との指導については一向意識的に研究もされなかつた。是は価値の本質が闡明されなかつたからである。乃ち教育全般の根本原理が明かでないために、教育の意識的計画的方法が確立し能はぬ所以である。それが為には先づ認識と評価との両作用の区別から発足しなければならぬ。無評価の認識と、無認識の評価とは、何れも正しく成立ち得るものでないものを、世間では相当の知識階級でさへも、往々彼と是とを混用するが為に、意見の対抗及び紛騒が生ずるからである。

価値の概念は先づ**真理の概念**と区別されなければならぬ。認識の対象の如実の表現が真又は真理であり、不如実の表現が虚偽である。真偽の判定は対象その者ではなくて、その表現法の事である。これに対して、評価は生活主体とその対象との関係状態をいふのであつて、利害、善悪、美醜の三対は、生活関係の方面と、その正反とを表はすものである。されば真理と価値とは全く似るべくもない異別の概念である。故に、真・善・美を等しく人生の理想の如くに考へた同類概念の系列は、**利・善・美**の系列に置き換へねばならぬ。

かくて**価値の判定**は、生活との関係の有無と、関係の質及び正反（利害、善悪、美醜）と、関係の量（大小、軽重、深浅、濃淡、広狭、直接間接等）との三段階を経過する評価作用によつて完了されるのである。価値の判定に達する**評価作用の標準**を認識作用のそれの如く、客観的に設立することは出来ない。政治、経済、芸術、宗教等の生活の結果の判定が区々に分れ論争の絶えない所以である。たゞ価値を負担する同種類の具体的事物を対照することにより、人生との関係を考へて価値の大小軽重等を、比較するより外に途はない。これに就て「伝教大師云く。日出でぬれば星かくれ、巧を見て拙を知ると云云。」との日蓮大聖人の御語は、吾等の求めて居る**評価法の原理**といふべきであらう。

所詮、価値は生命の伸縮に対する比重に過ぎずして、生活の目的観の遠近、大小が、その判定の基準なるべきものであるが故に、前記第四章の「生活目的観の展開階段」に照し合せると、次の**評価標準**が成り立つであらう。

一、生活の目的観が遠大であればあるほど、対象の価値は軽小と判定され、近小になればなるほど重大と判定される。

二、価値が大価値に対すると反対の価値に変化する。

美が大美に対すると醜となり、利が大利に対すると害となる如く、善が大善に対すると悪に変ずる。反対に醜が大醜に対すると美となり、害が大害に対すれば利となる如く、悪が大悪に対すれば善となる。されば近小の利を与へて、遠大の利益を奪ひ、又は損害を与へるものは悪魔であり、反対に「可愛子に旅させよ」と、遠大の利益のために、近小の損害を与へるものは、親心であり、善神である。宗教、政治、経済等の正邪へ（ママ）善悪の判定は、この標準によれば明瞭となる。

三、価値判定の標準は人格階級の高低及び文化発達の程度によつて異る。

第六章　教育乃至生活の根本原理としての仏教の極意

第一　仏教の極意と現世生活との関係

無限なる時間空間及び精神、物質両界に亘る大宇宙の**因果の法則**に従つた**最大価値の生活法**を証明されたのが、**仏教の極意**である。因果法則といふても、自然科学の研究対象たる物質的のものだけではなくて、**心と物との相互関係**により、**価値**として現はれる**因果倶時の法則**である。則ち**因果**

一念、又は**一念三千**と謂はれる**仏教の極意**こそ、吾等の生活と離るべからざる**此の法則の本体**として何人も尊崇し奉らざる能はざる**目的**である。かの生活に縁遠い**真理**の研究や、説明など、は、全く性質を異にする。勿論真理の研究でないことはない。所謂因果法則こそ偉大なる真理に相違ない。けれども、それだけならば、科学、哲学の領分で、未だ宗教の領分へ一歩も踏み込んだものではない。恰も技術芸術乃至生活の領分へ、未だ入り込んだものでないと同様である。科学や哲学の研究を待つて、それ等の生活が始まるのではなくて、学問の起らない以前に、生活は人類の発生と同時に始まつて居るのである。故に価値を対象とする生活の科学、乃至技術芸術の科学は、価値に関せざる自然科学と同様に、それ等の生活現象を対象として発生したものである。

されば学問から生活へは入り得るものでないと同様、神学や宗教学から宗教信仰に入らうとするのは全く本末顚倒である。従つて神学や宗教学それ自身さへ正当に出来るものではない。然るにそれを出来たと思うて居るのは、その実虚妄なる観念の遊戯でしかない。実生活に応用されないのが其の証拠である。生活体験に基づかぬ価値の学が出来やうわけがないからである。

この仏教の極意はあらゆる宗教の目指す所であれば、それ以上の生活法がない限りは、宗教の極意として差支ない。加之、それは政治経済道徳竝にそれらの技術芸術の目標でもある。共に人間生活の禁じ能はざる要求に応じて生起したものであれば、いやしくも人生を見限らず、幸福を願ひ不幸を避けんとして、政治経済道徳等の現世生活を離れ得ない限り、現在未来の二世に亘る幸福を与へんとする宗教生活を冷眼視することは出来まい。

それ等の諸生活に従事する以上、誰れでも人並みに最大価値の生活法を望まないものはないのが人情だからである。

されば何れの生活方面に於ても、最大価値の生活法が出現した以上、それに帰一し得ない理由がない事は、一度最新型の自働《(ママ)》車に乗つた者が最早不快なる旧式自動車には乗る気になれず、況して馬車や人力車等には乗り得ない事の証明する所である。然るに宗教に限つて正邪善悪の見別けもつかず、種々雑多の宗教宗派が雑然と竝存対立し、共に競争排斥し合ひ、何時までも帰結する所を知らない状態にあるのは何故か。宗教の起つた初めの要求を忘れて、実生活と遊離した真理の闡明など丶その性質を誤解し、宗教の本質は政治経済道徳等のそれと同様に、最大価値の生活法を求めるにあるといふことを失念したのに依ると共に、最大価値の生活法の宗教が一度証明された暁には、以下の総ての宗教が其存在の理由を失ふこと、恰も「日出後の衆星の如く」なるを恐れるために、職業宗教家等が公正なる判断を下し得ず、下しても証明を阻害するのを、一般大衆が看破し得ない結果である。気の毒なのは直接損害を受けつ丶あることを知らぬ無智なる大衆である。

第二　仏教の極意の三大要諦

因果の法則は人間の現世に於て存するのみならず、無限なる時間空間及び精神物質両界に無限に亘つて厳存し、其中に生存する吾々は、如何にしてもその支配を免れることは出来ない。そこに現在生活の苦楽禍福の根抵（ママ）がある。その関係が甚だ複雑、深遠で、如何なる科学者の力でも到底分析し尽せるものでないので、一般には「どうにもならぬ運命」として諦め、又は諦めんとしてゐるが、然し諦め切れる性質のものでないので、結局は「泣き寝入り」に陥り、何時までも煩悶苦悩は続き、遂には様々の悲劇が演ぜられるのである。

そこで此の運命の法則を証明した上、それが対策までも授けて、如何にして「鬼は外、福は内」の生活を、現在及未来に保証せんか（ママ）。と謂ふのが、仏教究極の正意である。

人に出来るなら自分にもと、誰でも遂に無上最大の要求にまで、到らねば止む能はぬ人間の本性に従つて、諸種の宗教の価値を、生活の体験上から、自由に公平に比較検討せしめるならば、遂には必ず仏教の極意に達せざるを得まい。さらば之を次の三項に要約することが出来るであらう。

之は何人も希望する所であり、之に応じて種々の宗教が生起したのであれば、其を超えるものが現はれない以上は、総ての宗教に通ずるものである。如之、之は政治、経済、道徳、技術、芸術等も、亦それに応じて起つたものであれば、それ等にも通ずるものである。されば宗教の極意であるのみならず、総ての生活法の極意である。而して之れを超える方法が現はれない間は、無上最大の正法と謂はれてよい所以である。

一、無限なる時間空間及び精神物質両界に亘る因果の法則を証明し、利害善悪の根拠を示し、人生究極の目的を知らしめ、最大価値の生活法の原理を確立せしめ、且つ次の二階級の対策を授けらる。

二、善悪の鑑識法と之による懺悔、滅罪の法を授けて善人と化し、生活の根本的立直しをなし、泥中の蓮華の如き清浄となし、以て過去の悪因を解消し、未来の善果を保証し給ふ。恰も旧担（ママ）の償還によつて信用を回復するが如し。

三、紛起する内外の障魔を恐れざる上、進んで之を駆り出し、克服するによつて益々信仰を増し、之を以て他を化することによつて、旧債償還以上の功徳を積み、毒を変じて薬となす如く、禍を転じて福となし、以て最大幸福の域に達する法を授けらる。

吾等の眼前に展開された様々の世相、禍福苦楽は、総て過去無限の結果であると共に、未来永劫の原因をなすものであり、如何なる階級でも人種でも免れ得ざる運命である。是れは科学、芸術、道徳、政治、経済等に於ては、不知不識の間に信服し実証してゐる所で、文化の今日疑ふ余地のない所であるが、現世を超越した三世に亘ると、凡眼の信じ能はざる所なので、仏は種々の因縁、種々の譬喩を以て説明される所であるが、それでもなほ信じ切れない所であるため、未来二千五百年間もの予言をなし、それの現証に依つて疑ふべからずと、実証的の説明をされたのがその第一である。

是こそ真に宇宙の「大真理」といふべきもので、人間生活は之を原理とし初めて前途に光明があり、生活の軌道が見えるのである。併し理性を以て客観的に認識し、又は讃美して居るだけでは、生活に役立たぬ。そこで利口なものは、夫を生活に応用して、価値を創造するが、しかし極めて少数で、他の大多数はそれを見習つて漸く生活するに過ぎない。是に於てか理性の上に価値意識の働きが要求される。価値意識が明確に加はり、必要以上のものは価値なく、その独占は未来の貧困を結果する貪慾であり、全体の迷惑を構はぬ事は、生存権の保証されない野蛮時代にのみ許さるべきことで、全体社会の力に依つて、個人の生活が安定されることの明確になつた今日にも、なほ且つ、昔ながらの貪慾をなすことは、恰も因果法則の見えない子供や、青年が解り切つた失策を平気でやつて、全体に迷惑を掛けてゐると同様であることが解るであらう。真の犯罪防止は、法律や道徳の制裁では出来ぬ。無限なる時間空間及び精神物質両界に亙る因果法測の解るに至つて、初めて社会の平和が得られ、極楽の浄土が現はれる事になるであらう。

右で将来の悪因は之を防ぎ、善因は之を継続する基礎は出来るとして、過去の悪果（ママ）を如何にして回避し、現在以後の安全を保証するか、の問題に対しては、懺悔滅罪の出来る「**妙法**」によつて中断をなし、今後の悪果を防ぐと共に、是迄の罪科の消滅乃至軽減を保証されるのが其二である。

之は法華経に至つて初めて証明されたもので、それ以前の諸経はこの準備たり方便たるに過ぎぬとは、釈尊御自身が「四十余年未だ真実を顕さず」と無量義経に於て仰せの通りである。それが吾々の生活に実証されるから、信ぜざるを得ない所である。吾等の同志者は即ちその実例である。

懺悔に依つて枝葉的の小罪は消滅するを得たとしても、謗法（正しい最上の法則を説き明した法華経に反くもの）といふ根本的の大罪は滅せず、法罰又は障魔と云ふ名称に依つて表される災害が起つて、旧債の償還の如く滅罪せしめ、且つその功徳を他に分ち、人を救ふことによつて、積極的な「変毒為薬」に比すべき転禍為福となし、以て成仏（生死を超越した最大幸福の境涯）といふ無上最大の幸福に登るの法を証得せしめられるのが其三である。

但しなほ個人的生活の無明を脱し切れないで、兎角理想に留まるが、真に全体主義に目醒め、総ての人に対して親心の慈悲を以てし、大衆と共に三世の大法に冥合し、生死を超越するならば、完全なる成仏の域に達し得ることは疑ひない。

第三　釈尊と日蓮大聖人との関係

以上の如き広大無辺の、不思議の法則が存在して、吾々一切衆生の生活を支配して居るといふことは、如何なる理智の人でも、到底思惟し能はざる所、唯だ生活に関係する価値の体験的証明によつて、この驚異すべき神通力を何人でも否定し得ない所である。されば日蓮大聖人が如何に強く之を説明されても、徒に世の嘲笑に価するのみで、信用は成立たず、釈尊と雖も、多宝仏、上行菩薩等の前仏が現はれて、証明されたに依つて、僅に当時の衆生は理解し得たに過ぎず、滅後に至つては、天台妙楽伝教等の四依の人師が解釈につとめられたとは云へ、吾々人間の理解し得べき程度でないことは、仏教の為に、却つて思想が混乱した今までの歴史の証明する所である。されば日蓮大聖人が法華経の予証通りに、末法に日本国に出現して、その文々句々を御一生に示顕して、生活との関係を証明されなければ、法華経一巻は単なる雄渾壮麗なる構想の小説として、文学的感賞の作品にしか過ぎないであらう。

従つて釈尊のみでも、日蓮大聖人のみでも、単独では、如何なる苦心惨憺の証明も、人をして信用せしめ給ふわけに行かぬであらう。かく前仏と後仏と互に相応ずるに依つてこそ、初めて信ぜしめるに足るのであつて、この照応の必然的関係が、釈尊滅後二千年間、印度、支那、日本の三国に出現された多くの高僧大徳聖賢に比べて特殊なる所以であることが理解されるであらう。而して法華経に説かれた最大法は無上なるが故に、一乗の妙法として、過去、現在、未来のすべての仏が一様に承認し、賞嘆し給ふところの、普遍妥当性のものである。これは、吾々が斯様に教育の実際に応用するを得ることによつても、また証明される所である。

而して人間共通の性質として、人の得らるべき最大の生活法は何人も希望する所なるが故に、一度それが出現し、証明された上は、余の一切の生活法は、顧らるべきものでない。之がいくら多くても差支のない真理とは、全く異つた価値の特質であつて、上下貴賤の諸法の竝存が許されざる所である。単なる相異のみに依つて、生存を別にする現在の多くの宗教宗派が、価値の大小の比較検討に依つて、整理されなければならぬ所以である。

等しく法華経が無上最大の生活法であると雖も、釈尊の仏法は在世八年、及び滅後正像二千年間流通の白法と名付ける東洋的な生活法であり、日蓮大聖人の仏法は、末法万年に流通する日本的乃至世界的生活法なる大白法である。而してその吾々衆生の生命に対する関係の価値は、月と太陽の如く、大と最大との差がある。蓋し時勢の相違に適合するのである。仏滅後、正像二千年を過ぎて末法に入れば、仏法の為に却つて闘諍言訟を生じ、白法が隠滅し、代つて大白法が出現すると、釈尊の親しく予言されたのが適確に実証され、『今末法に入りぬれば、余経も法華経も詮なし、たゞ南無妙法蓮華経なるべし』、と日蓮大聖人が仰せられたのが現実に証明されてゐる。是は他の総の宗教宗派が、隋《ママ》性的存在は続けつゝも、日出後の衆星の如く、既に現実生活の指導原理としての価値を失ひ、偶々小利益を与ふるものがあつても、却つて大損害の原因をなすが為に、教育上には一顧されないのみか、有害無益の存在と見做されてゐるので解るであらう。

生活に関する価値の有無、多少は、実際生活の体験に依つて証明するより外に途はない、ことは前述の通りである。

生活を離れての思索や研究や、価値発達の歴史を繙くが如きは、他人の財産を計算すると異らぬ。釈尊一代五十年の説法に於ける、法華経の序説たる無量義経に至つて、「四十余年未だ真実を顕さず。」、「正直に方便を捨てて無上道を説く」と謂はれたのは、之を訓されたものであらう。然るに今日に至つて尚ほ一切経の研究を企て、又は勧誘するが如きは、木に縁つて魚を求めるが如き迂愚である。

同じ理由に依り、釈尊の出世の本懐としての法華経を、今日に於て吾々が理解するには、その予証通りに出現して、之を実生活に証明された日蓮大聖人を信じ奉り、説の如く実践躬行して価値を体験し、証得する外に途はない。夫をする為には、唯一の正統たる日興上人門流として、六十一世を重ねつゝある日蓮正宗の総本山大石寺の教儀に従（ママ）つて、忠実純真に三大秘法、即ち法華本門の本尊に、法華本門の戒壇に於て、法華本門の題目を唱へ奉るより外に途は絶対にない。之は信に基づく所の行に依つてのみ証明し、それによつて理解し得るところで、哲学的の読書や、思索や、研究に依つては、決して出来る所ではないことは前に述べた所である。

正法は正師に就くにあらざれば、証得し能はぬとはこの意味である。蓋し宗教の本質は価値であり、価値は生活体験の証明より外に、認識の途はないものだからである。十円紙幣として流通してゐる絵紙の価値の有無は、実際に金品と交換して見るより外に知る方法がないと同じである。

されば日蓮正宗の門流の正しい信行者でなければ、日蓮大聖人の正意は解し得ず、従つて釈尊の真意も正解し得ぬこと丶なり、驚く可き結論に達するので、世界の仏教徒は挙つて憤慨し、怨嫉するであらうが、議論よりは事実がよく証明し一仏の所説が全く正反対に乱立して帰一する所を知らず。如何なる宗教も宗派も、また哲学でも、日蓮宗と名づけられる諸派と雖も、日蓮正宗と対抗して法論をなすと、必ず犬が獅子に向つたやうに、正面から太刀打ちが出来まい。それは日蓮大聖人の教義を六百六十年来破つた者が一人もないのと同じであり、それは又三千年来、釈尊の仏法を破つた学者が一人もないのと同じであるので解るであらう。嘘と思はヾ何時たりとも試みるがよい。「吾義破られずは従はじとなり」とは、日蓮大聖人の宣言であつて、それがそのま丶日蓮正宗にのみ維持されてゐる。現に吾等の如きものが、斯様な議論をなし得る自信と勇気とが、直ちに疑ひ得ない証拠である。之れに対してさへも、恐らくは正々堂々と打破するものがなく、却つて蔭で、怨嫉の感情を以て遠ざかるであらうことが、又忽ち立証するところである。

この仏教の極意に達するまでには、想像も出来ない悠久なる時間と、無数の諸仏の御力とがか丶つてゐる。法華経方便品に「仏曾て百千万億無数の諸仏に親近し、尽く諸仏の無量の道法を行ひ、乃至甚だ深く、未だ曾て有らざる法を成就す云云」、又「仏の成就し給ふ所の、第一稀有の解し難き法は唯仏と仏とのみ、乃し能く諸法の実相を究尽し給ふ云云」。とあるのは、その説明である。しかも釈尊は一代五十年の説法中、『四十余年、未だ真実を顕さず』、『正直に方便を捨てゝ只無上道を説く』と仰せられて後八年間に、法華経を説かれ、以て出世の本懸（ママ）を遂げさせられ、こゝに初めて衆生の信仰は確立したのである。しかしかゝる広大無辺なる真理が、吾々凡人の理解し得べきものでない。爾来二千余年、印度支那日本の三国に、経文は読誦され、講釈されてゐても、極めて少数者を除き、吾々の生活とは、何等の関係もなき、謎としかなつて居なかつた所以である。それでも正像二千年の間は、大して差支はなかつたのであるが、二千年後の末法に入つては、最早これではならぬ世の中になつたので、そこに日蓮大聖人の出世があつたのである。しかもなほ、二十七年の準備を要し、弘安二年に至つて初めて、全世界万年に亙る「南無妙法蓮華経」の三大秘法が完成されたのである。

さればこの前後両仏の照応によつて完成された、所謂五重相対の教相を、哲学的に顧れば、際限もなき記述を要するのであるが、其は宗教の研究に任せ、価値論的に考へれば、「日出後の衆星」としての無価値のものを数へるに過ぎないので、左表を前の第四章の所説と照応することによつて、ほゞ理解を乞ふに留めんとするのである。

宗教
- （一）外道（非仏教）＝耶蘇教、回教、儒教、神道等、其他の新宗教。因果の法則を無視した天造説、宿命説等を仏教と区別して云ふ。
- （一）内道（仏教）
  - （二）小乗教＝阿含経に依つた小乗戒の律宗、倶舎宗、成実宗等。
  - （二）大乗教
    - （三）権大乗＝浄土の三部経に依る浄土宗、浄土真宗等の念仏宗。大日経等による真言宗。楞伽経による禅宗（或は云く教外別伝）等
    - （三）実大乗
      - （四）迹門＝法華経前十四品の迹仏の説、天台宗等のよる所
      - （四）本門
        - （五）脱益＝法華経後十四品の久遠実成の仏の説、一般日蓮宗のよる所。
        - （五）種益＝法華経寿量品の文底の本仏の説、日蓮正宗のよる所。

教相の五重相対	（一）	（二）	（三）	（四）	（五）
	内外相対	大小相対	権実相対	本迹相対	種脱相対

前記第四章「生活目的観進展の階級」に対照して大体の了解を得られたい。詳細正確《ママ》のことは、別に研究を要することは勿論である。

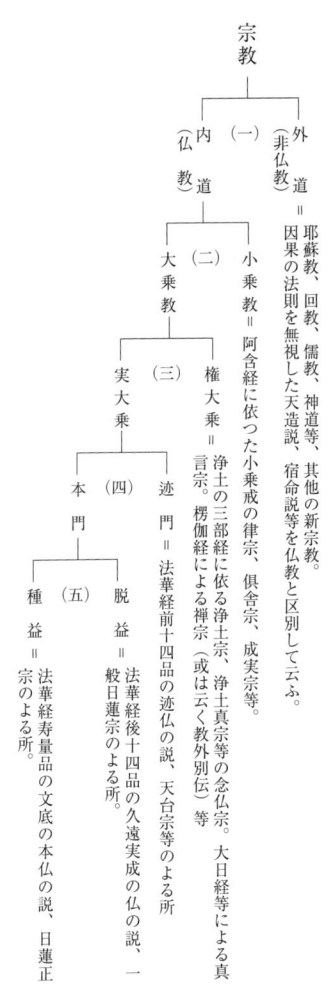

第七章　宗教研究法の革新と家庭国家の宗教革命

第一　宗教研究法の転回

価値の有無の実証によつて宗教の去就を定め、価値の大小を比較検討して宗教の階級を定め、かくて無上最高の宗教を選定して之に帰依し、以て最大幸福の地位に登り、之に安住するに至ることが万人の希望であり、宗教の起つた所以であり、又教育の期すべき理想である。而してそれに達せしめんとするのが仏教の極意である。

それに達するに科学的認識の過程を辿つてゐては、永久に出来るものでない、技術的芸術的体験の経路を踏むことによつて、初めて可能であることは前述の通りである。

先づ師とするに足る正しい人の言を信じ、如説の実行をなし、体験によつて価値の有無を証し、無価値なる主観的の観念論を捨て、以て人をも離れて生活関係の法を信ずるのである。更に何故に価値が証明されるかを、経文及び道理にたゞして、愈々信仰を確立し、かくて価値の遠大と近小とを比較対照して研究し、遂に無上最高の極意に達し、こゝに初めて畏るゝ所なき安全の境地に達するのである。「一信二行三学」といふ科学のそれとは全く異つた研究法が即ち之であるが、これはすべての技芸乃至生活法の研究に通用さるべきもので、現に無意識的に如何なる技芸の修業にも実行しつゝある所である。

かゝる宗教研究法の転向《（ママ）》は、二十世紀までの伝統から見れば、驚くべき異説として反対されるかも知れないが、人間の宗教に対する最初の要求が、生活とかけ離れた単なる真理の闡明などではなくて、幸不幸の運命に関はり、現在から未来にかけての生活の安定にあることに気付き、然らば他の一切の価値現象と、本質に於て差異がないといふことに覚醒されるならば、自ら理解される所であらう。然らば世界各国に於ける無数の宗教の比較統合も、案外に造作なく出来て、各家庭、各国の宗教革命も、さほど困難でないことが明かになるであらう。超宗教と謂ふ所以である。

『汝早く信仰の寸心を改めて、速に実乗の一善に帰せよ。然れば則ち三界は皆仏国也。仏国其れ衰へん哉。十方は悉く宝土也。宝土何ぞ壊れん哉。国に衰微なく、土に破壊無くんば、身は是れ安全にして、心は是れ禅定ならん。此の詞此の言信ず可く、崇む可し矣』とは日蓮大聖人の「立正安国論」の大決論である。もしも、素直に受け納れられるならば、世界の平和、国体の明徴、家庭の幸福等は求めずして来るであらう。斯かる崇高熱烈なる金言が、空しく教育界にさへも一顧されないでゐるのは、真に痛恨の至りと言はねばならぬ。根本を培養せずして枝葉の繁栄を期せんとするから、衰弱するのは当然でないか。

第二　半狂人格の暴露

以上の推論には毫も間違はないと信ずる。果して然らば、それだけの説明によつても、解らないことはなく、解つた以上は、快く信じなければならず、信じた以上は少しの不安もなく速に実行して、生活の目的たる価値の獲得をしなければならないのが人間の天性であらう。

然るに実際の生活に当つては、仲々さうたやすく意の如くならぬのみか、却つて反対の現象さへ表はれ、甚しきは仇敵の如く、怨嫉又は軽蔑を以て酬いるのが普通であるのは何故か。実に驚くべき疑問でないか。現に之を読んで下されつゝある各位の心持ちは如何。恐らくは忽ちこの矛盾に直面してゐられはせぬか。然らばその原因をどこに求められ、如何にその矛盾を調和して、人格の分裂を拒がんとするであらうか。

こゝに於て認識と評価との両作用の、全く性質の異ることを意識し、感情に走らず冷静に内省し、真の原因を求めて対策を講じ、以て人をも指導するのが、教育者の科学的態度ではあるまいか。

さて冷静なる科学的態度になり、宗教改革を障害したる事情を、東西古今の歴史によつて考察すると、二大要素の数へられるものがあるのを知るであらう。一は指導者たる職業宗教家の困惑と、二は指導される大衆の狂態とがそれである。

教祖又は宗祖は時勢の必要に応じて出現し、それに適当の教へを立てられ、己れの生活などは毫も顧る所でないが、既に教への信が立つた後は、之によつて衣食する職業宗教家が之を占領し、民衆の評価力の乏しいのに乗じ、時勢が変遷して必要が去り、更に高級の宗教でなければならぬ時代となり、之に応じたものが表はれ、「日出でぬれば星かくる」の時代になつても、人を救はうとした教祖とは反対に、人に救はれんとする自家本位の見地から、あらゆる奸策を弄して高級なる宗教に反対するのである。恰も新たに、文化機関が発明されると、之が為に損害を蒙むる旧来の同類の文化機関が、あらゆる術策を以てそれを防害《ママ》すると同じである。しかも宗教は非常に深刻であり、価値判定が甚だ困難であるために、古来激烈なる宗教戦争が至る所に起つた所以であり、宗教の本質を知らぬ政治家などをして、火中の栗の如く触ることを怖れしめてゐるのであるが、それは「評価法」の成立しない昔し故の事で、「大善に反対する善人は直ちに悪人に変じ、大悪に反対する悪人は善人と評価される」といふ前記の評価原理が理解さるべき今日に於ては、少くとも価値意識の発生した指導階級は、昔しのやうに、軽々しく利己本位の職業宗教家の尻馬に乗つて、自殺的妄動をすることはあるまい。

が、之は世間的の生活や、近小なる目的又は遠大虚妄の目的なる低級宗教に対する常識の範囲内に於てのみ行はれることで、無上最大目的観の最高級の宗教に対しては、最早行はれがたいことであるのが普通で、知識階級などの仲々油断すべからざる所である。況や一般の大衆に於てをや。蓋し近小目的観の生活者が、遠大目的の生活者に対すると、「日出後の衆星」の如く、価値判断の力を失ふことは、階級の高低に関はらないからである。

善を好み悪を憎み、利に就き害を避け、美を愛し醜を嫌ふのが人間共通の心理である。然るにも、時と場合によつて正反対の判断をなし、矛盾の生活が現はれたとしたら、狂人と言はずして何といふか。たとへ陽にさうは言はずとも、不統一の人格として信用を停止するのは自衛上止むを得ざる手段であらう。狂人待遇をなすではないが(ママ)。かく他人からは、遠慮なく指弾さるべき不統一の人格が、自分に現前するとしたら、誠に驚くべく又恥づべきことではないか。

斯様なる人格分裂の醜態が、他人の指摘によつて自覚される程度であれば、まだ反省し矯正することが出来るが、まのあたり指摘されても、容易に覚醒し難いところに異常人たる特質があるので、かうなつてからはそれが冷静に帰るまでには、多少の時期を要し、如何とも手が付けられないものである。斯の如き世間的生活に於ては滅多に起らず、従つて最も驚くべき最も恥づべき狂的現象が、最大目的観の法華経に対し奉ると、最も普通に、しかも高級人格の人々にまで現はれることが、至る所で経験される所であるから、油断が出来ないのである。悪魔とは之を謂ふか。「親に背いて敵に付き、刀を持ちて自を破る」が狂人であるならば、最高価値の生活指導法を信じ得ずして、之に背く者もやはり狂人であらう。たゞし、日常生活の枝葉末節の問題に対しては毫も現れず、生命の大本に接触する法華経の御力に対してのみ、隠すことが出来ずして、現はれる心の反映であるから、半狂人格の暴露といふ所以である。

単なる哲学上の真理ならば、従はうと否とは銘々の勝手であるが、最高価値の生活法の希望をすてない限りは、望まないわけには行かない。こゝに於てか理性と感情の衝突が起り、其上に理性と価値意識との衝突も起り、二重三重なる人格の分裂が生じて、醜態を暴露し、他人を惑はし己の人格を傷けるのであつて、之は最高価値の生活法を教へる法華経に限つて起る特有の現象であるが故に、法華経が人物鑑定の鏡となる所以である。

勿論、法華経に対せざれば現れない現象ゆゑ、それを避けたらよいではないかといふ議論も立つであらう。が、正直の教へなるが故に起る諂曲の反映であり、個人主義の暴露であれば、日常浅薄の交際ならともかく、込み入つた根本的の結合生活を共にすることになると、その相手にとつては、危険至極で、常に警戒を怠ることは出来ない。もし然かりとせば当人と雖も、速に反省して矯正しなければなるまい。況や人の師表たる地位にあるに於てをや。吾等が善良教師選定の標準として、第一に試みて其の価値を証明せんとした所以である。

第三　法罰観

従来の世界の教育制度は、教訓を主とするが故に、教へるに足る所の通常人格を相手となし、教への必要を感ずるほどの自覚がなく、従つて教へを受けんとはせぬ異常人格は、手の着けられぬしろ者として教育の圏外に放任し、刑罰等の威力によつて、辛うじて罪悪を防禦するのみである。之に対して既成の宗教に於ては、現世の小利益を以て愚民を惑はす淫旨《（ママ）》邪教はともかく、概ね観念論的の未来観に偏するが故に、本人の自覚に訴へるより外に途なく、従つて哲学、科学の真理観と殆ど選ぶ所なく、価値の意識を欠くが故に現世の救済には何の役にも立たないのである。

ところが人間が人間を取締る法律や道徳では、綿密と厳重を加へれば加へるほど、それを逃がれる途が考へ出され、その方が常に一歩づゝ進んで居るために、現世に於ける法網のみを恐れるために、悪をしない程度のものに対しては、何等の権威も持たぬ事になつたのである。況して道徳の制裁などをや。

斯の如くにして、政治も法律も道徳も宗教も、現世的制裁を意とせぬ程度の、道徳性欠乏の人格には無力の存在となつたのが、現在の世相の険悪となつた所以である。而して平時には大多数と思はれてゐる善人でも、それは個人的な近小目的観の世間に於てこそ善人たれ、全体的な遠大目的の社会になると、忽ち悪人に化すること前記の如き状態であれば、教育の可能力の限界は、極めて狭小のものとなつてしまふことになる。

是に於てか、教育は何を以て教への根拠となし、本来の使命を果すべきかを再検討しなければならぬ時機に到達した。之が宗教の復活の要求が各国共に起つて来た所以である。

ところが従来の既成宗教は、昔しながらの隋《(ママ)》性的存在以上に、何等の実際的価値を持つて居ないが為、「宗教は阿片なり」といふ反宗教的宣伝に対してさへ、正面からの弁解の途が無いほど、無気力となつてしまつてゐるので、今度はこの新なる要求に応ずるに足る性質のものでなければならぬことゝなつた。それが為には科学的検討に堪へるものにして、しかも現在未来の二世に亘つて、安全生活を保証する力を有するものでなければならぬ。即ち既成宗教の基礎的概念では、到底理解の出来ない仏教の極意が、従来のもののすべてを包含して、しかもそれ以上に亘る**超宗教**として、提出されなければならぬ所以である。

斯の如くして新に登場した超宗教は、何よりも先づ制裁的威力を問題としなければなるまい。刑罰の力のない法規が如何に綿密であつても、名ばかりにして実のない如く、悪人を罰する位の力も持たぬ神様が、善を保護する力を持つてゐるわけがない。人間の信頼をなすに足らぬ存在である。是に於てか宗教の価値の有無、多少の判定には、先づ以て罰するだけの力があるか否かを、ためして以て、取捨去就を決するの標準とすることを要する。

ところが、法華経を信じて行つてゐるものを誹謗すると、忽ち現象が表はれることが手近に実験され、それが明かに経文に予定されてゐるから驚かざるを得まい。法華経に曰く。「若し復是の経典を受持せん者を見て、其過悪を出さん、若しは実にもあれ、若しは不実にもあれ、此の人は現世に白癩の病を得ん。乃至悪瘡・膿血・水腹・短気・諸の悪重病あるべし。云云」或は「説法者を悩乱せば頭破れて七分に作ること阿梨樹の枝の如くならん」。或は「口則ち閉塞す」とか、種々の予証があり、反対にそれだけ、信行者の生活は現世に於て保護され、斯くて「現世は安穏、後生は善処」の利益が保証されてゐるのであれば、一度実験証明した以上は、到底信ぜざるを得ない所である。

斯の如き**法罰**は是までの発見の知識を以て、未だ発見されない世界を理解せんとし、それを超越すると、すべてを迷信として葬り去らうとする、科学万能の自然科学者には、容易に受け容れらるべき事ではないであらうが、証拠が体験されたら否定は出来まい。認識と評価とを区別し、価値と真理と混淆しないならば、少しも無理はない。

前項の人格分裂は即ち悩乱者であつて、正法に背くことそれ自身が既に罰を受けつゝあるのであるから、そのまゝの生活がつゞく以上、種々の障魔に煩はされて、様々の災禍に逢ふことも決して不思議ではあるまい。

斯くいふと、互ひに悪み合ふこと以外に、考へることの出来ぬ吾々凡夫の見解からすれば、法罰などいへば、全く嫌忌の対象となり、逃避を以て災難を免れ、幸福に就く所以と速断するであらうが、それが即ち因果の法則と、永久の生命とを信じ得ざる浅見の結果である。一度犯した罪は故なくしては永久に消滅するものでないことが解つて見れば、いつかは悔悟滅罪しなければならぬ永久の重荷となつて自らを苦しめるであらう。既に免れ得ない運命と解つたならば、一時も早くその重荷をおろしてやることが慈悲である。そこに**法罰の真意義**があるのである。主・師・親の三徳を備へ給ふたにより仏の名がある大慈悲の大覚者に、悪みの心が露ほどもあらせられるはずはない。果して然らば、一時も早く御叱りを受けて罪障の消滅を謀るのが賢明の策であらう。『行・解既に勤めぬれば三障四魔紛然として競ひ起る』といふ前記の現証も、決して厭ふべきものではない。かゝる遠大の慈悲を悟らず、目前近小の利害に拘泥するものこそ、真にあはれむべき無知者である。

日蓮大聖人は「遠流、死罪の後、百日一年三年七年が内に、自界叛逆難とて、此一門どしうちはじまるべし。」と予言されたが、果してその通りに、「優陀延王は賓豆盧尊者を蔑如して、七年の内に其身を喪失し、相州（北条時宗）は日蓮を流罪して、百日の内に兵乱に遇へり」と証明され、又頭破七分や、無眼者や、臨終の黒変等の種々なる現証を以て、因果の道理を説明されて居るが、是らは吾々の生活にも普遍の法則であることが、手近かに実証されるから疑ふことが出来ないのである。吾等の親族、友人、知己、先輩等の関係者を見渡すのに、右の百日一年三年七年は、周期律のようであつて、昔から年忌や、中風病等などに、言ひ伝へられてゐる所も、その意味のようである。之は意識的に試して見れば必ず適中することを経験し得るであらう。即ち世間的にはいくら親しい間柄でも、談が偶々法華経なり、殊に「お題目に」なると、忽ち反感を起し、怨嫉、軽蔑をなして、別人の如き形相を呈す。すると大概は右の周期律に従つて、種々の災難が起る。否誹謗それ自身が頭破作八(ママ)分の現象であるが、その人には気付かう筈がなくして、もつと大きな痛烈な現象が起つて始めて意識する所となる。但しその時期や状態やは、吾々凡夫には予測が出来ない。又例外も固より多い。のみならず、法罰の最も早くあり相な大悪人が、却つてないといふ実例もあるために、宗教専門家でも不安があり、容易に現証には触れない傾向があるが、日蓮大聖人が「仏法は勝負をさきとし、王法は賞罰を本とせり」と仰せになつて居るように、これこそ宗教の生命といふべきものであり、これがなければ信不信は各自の自由だといふ哲学的の真理論になつてしまうのであれば、生活原理を求めてこゝに至つた以上は、回避すべきでない。そこで試みに次の三法則を提起して、信者不信者の検討を俟たうとする。

一、真実なる信仰が強盛であればあるほど、周囲の関係者に現証の起るのが早いやうである。

二、信仰者との因縁関係が多ければ多いだけ、早く現証が表はれる。即ち関係の親疎、遠近の程度によつて、現証の遅速が生ずる。

三、関係者の罪根の軽重の程度によつて遅速の差があり、甚だしきはいかに強く誹謗しても、現世に於て何等の法罰のない者もある。之は何故か。既に法罰の観念が転倒し、悪みにあらずして慈悲の表はれであることが解るならば、容易にその理由は判るであらう。即ち速かに懺悔滅罪によつて変毒為薬の安全生活にしてやりたいといふのが、大法の慈意に基くのであれば、早いだけ重荷をおろさせて頂くことが、願はしいことであるからである。反対に箸にも棒にもかゝらぬような悪人ならば、いくら罰を与へても、何等の効能もないから、仏は時の至るまで放任されるのと解すべきであらう。日蓮大聖人は『順次生に必地獄に堕つべき者は重罪を造るとも現罰なし』と説かれ、それは死刑の宣告を受けたものは、いかに重罪を犯すとも、罰しようがないと同じだ、といふ意味に解釈されてゐる。

教へるに足るだけの通常者を相手とする従来の教育が、決局に於て非常に極限せられた範囲内にしか、役立たぬことになるのに引換へ、法罰によつて目を醒させ、強い刺戟によつて反省させることが出来るならば、こゝに初めて真の教育が普ねく出来るわけであらう。而して之れ以外に、断じて銘案がないならば、いかに仏教を嫌ふものでも、反対し得ないではないか。

第四　結論

問題があまりに広大であり、あまりに根本的であり、認識にも評価にも、あまりに従来の基礎的概念と、かけ離れてゐるに対して、提出者たる我等が、あまりに卑賤なるが為、最後の友人先輩さへも惑耳驚心、愛想尽かしをするであらう。

けれども現に僅かながらも信じて、実際生活の上に成功の証明したものがあり、遠くは仏教の極意に合致してゐることの認めもつき、かくまでの首尾貫徹したものでなければ、現世の濁悪の病弊は根治することは、とても出来ないと信ぜられるに至つた以上、毀誉褒貶などは問題でない。たゞ稀有であらうかも知れない後賢の鑑識を待つのみである。

しかし、いかに必要であつても、社会的生活を脱し得ない限り、非合法的手段に訴へてまでの事は警めねばならぬ。依つて合法的手段によつて解決せらるべき対策を合理的に論証すれば、吾等の任務は了る。あとの採否は各位の自由に一委するより外に途はない。現状に陶酔して小さく個人の立場を維持するだけなら何をか云はんや。いやしくも何ほどかの革新をなさねばならぬと会議を重ねつゝある以上、姑息の彌縫策によつて、却つて病弊を重くするよりは、抜本塞源の治療までに至るに如かぬ。不幸、今は採用されぬとしても、既に一度解つた以上は、生を捨てない限り、永久に忘れ得ないであらう。

「馬鹿の智慧は後から」と謂ふ。近小目的は遠大目的からでなければ、定まらないこと前述の通り、凡夫の生活は、先が見へないから不安があるが、経過した跡を回顧すれば四望開濶の安心に達する。宗教生活も正にその通り、水泳を陸上から眺めて居たら、永久に強怖（ママ）心は去り得ないが、一度飛込んで浮び得た体験をした後は、安心して泳げるようになると同様、近小目的の教へに従つて満足してゐたものが、遠大目的の教へに会へば、必ず恐怖して怨嫉するにきまつて居ること、如来の金言の通りであるが、一度偽らない師友を選び、有害無益でないことさへ慥めた上、狐疑することなく価値を体験するならば、後は平坦の道路を歩むが如く、遂に十方無礙、畏れる所無き、安全の生活に達し得ること、前記同信者の証明する通りである。

自分だけを除外して考へる僻《ママ》の虚偽的全体主義者は、他所事として冷眼視《ママ》するであらうが、之は現世だけの遠大目的の教へを最大ときめて居たものが、三世に亙る最大目的の教へに会つたために、「日出後の衆星」、「獅子の前の犬」の如くなつた現象であるので、それこそ本人のためにも、多くの追随者のためにも、自覚反省を要する目下の緊急問題である。何となれば、本人は以下に対する態度を、そのまゝ以上に移し、不知不識の間に、下剋上の悪化に陥つて居ることを覚らず、善が大善に反対すれば、直ちに悪化してゐるといふ評価原則が光つて居ることを知らないからである。

或は今の世にこんな事をいふて見ても「百年河清を俟つが如し」の誹を受けなければならぬかも知れぬ。なるほど為政者が遠大の目的が見えない間はさうであらうけれども、他に名案が出ない限り、しかも之が採用されない間、百年でも千年でも、教育の真の改良は出来まい。従つて人生の最大幸福は望まれないどころか、病は彌よ倍増するにきまつてゐる。盲目は蛇に怯ぢぬ。見えない間は是非もないが、見えた以上は言はねばならぬ。慳貪の罪を如何にせん。「慈なくして偽り親しむは即ち是れ彼が怨なり。彼が為に悪を除くは即ち是れ彼が親なり。」（章安大師）

日本の教育界に不人気なる著者が、仏教の極意まで持ち出すのは、火に油を添へるものとして、最後の同情者迄も見限るかも知れないけれども、軽蔑の黙殺よりは怨嫉の回生を仕合せとする。法華経の予証による日蓮大聖人の証明と、同様の関係に見える故である。仏教の極意に基かざれば創価教育法の真の信用は成立たず、之によらざれば教育の革新は到底出来ず。然らば千百の会議を重ねても、世界平和の実現等は到底出来ないと信ずるからである。価値意識に基づく創価教育の証明は仏教の極意に帰依し奉る最捷の経路か。

日本帝国の**国体と一致するか**否か。是が最後まで残つてゐる疑問であらう。これに対しては、たゞ**完全に合致する**と断言する確信を持つ。それ故に、純真正直なる青年教育者が安心して信仰し、先づ以て一家親族等の宗教革命を断行して、道徳生活の確立を体験し、之に基づいて児童教育の実験証明を、斯くまでに実行したのであり、マルキスト青年教師の完全転向も、其他の少壮実業者の生活改善も、またそれがためである。議論よりは証拠が、斯くも正旁の両方から立派に挙つて居る以上は、最早疑ひを一掃しておいて、正しく認識すべきであらう。勿論所謂日蓮主義者の多くの中には、右翼的団体として、国体と背反するが如き詭激の行動をなすものがあつたには相違ないが、そこに初めて「日蓮正宗」の真価が表はれるのである。畢竟日蓮大聖人の聖意を、正しく伝へざる邪宗の邪義に迷はされた結果であつて、「日蓮を用ひぬるとも、あしくうやまはば国亡ぶべし。」とは、これを誡められたものである。

「何故にさうか」の理論的根拠に至つては、国体の本義と、仏教の本質との両方から詳論されなければ、容易に納得が行かぬ所であらうから、所謂哲学的な真理観からすれば、頗る多岐に亘つても、容易に解決がされないであらうが、結果から判定すべき価値論からすれば、至極簡単明瞭に断言が出来る。結局、論よりは証拠による以外に、解決の途のないものたることは、屢々論証した所であるからである。

それでもなほ不満とあらば、どこまでも説明は吝でないが、それならば寧ろ、着眼を拡大して、「真に国体と一致する宗教が他にあるか」否かを研究すべしと勧告するを以て至当と信ずる。従来不徹底の認識なればこそ、外面的妥協が行はれて、事なきを得たのであるが、真に徹底的研究をすべての宗教に加へるならば、忽ち危険の伏在が暴露するに相違ない。そこが六百六十余年前、既に日蓮大聖人が公場の法論によつて、宗派の邪正を決せんと建言されたのに対し、正々堂々の議論を回避して、陰険卑劣の直接行動によつて、その暴露を防禦した所以であつた。而してその宿題は、今なほ一つも解決されずに残つて居る。今の高僧大徳等が、頬冠りで牴触を避けて前進せんとするが、結局は無駄である。

聖徳太子や、桓武天皇は申し上げるに及ばず、和気清麿、菅原道真、楠正成の如き大忠臣は、悉く法華経の信者であり、徳川光圀、加藤清正、大石良雄、佐久間象山等の諸英雄も、すべて法華経を生活の根柢としてゐたことによつても、国体との関係上の不安は一掃してよいであらう。

其上に、日蓮大聖人の本意を少しも曲げず、仏教の極意を最も忠実に伝統したがために、徳川幕府の終りまで、絶へず非常なる圧迫を受け、幾多の法難に遭ひ、明治に至つて初めて、忌憚なき生存権が確定された日蓮正宗こそ、自ら国体と親密不二の関係を証明してゐるものである。他のあらゆる宗派が、神ながらの道を誇つて居る諸派の神道ですら、国体とは一致すべからざる幕府の権力に迎合阿附し、勢力を維持拡張して来たのに、比較対照するならば、一層明瞭に、それが理解されるであらう。

『隠岐の法皇は天子也。権の大夫殿は民ぞかし。子の親をあだまんをば、天照大神うけ給ひなんや。所従が主君を敵とせんをば、正八幡は御用ひあるべしや。いかなりければ、公家はまけ給ひけるぞ。此は偏に只事にはあらず。云云』と、大聖人は忌憚なく、時の執権を諫暁され給ふたのであるから、迫害のあるのは当然であるのに、同じ覇道の徳川幕府に阿附迎合して、ひたすら自家の勢力の維持拡張につとめたのが、他の諸宗であるからである。

この点からすれば、同じく日蓮宗とは称しながら、大聖人が国体擁護の見地から、身命を賭して破折され給ふた覇道の幕府に、謗法の諸宗派と手を携へて迎合し、全く法華本門の正意を抛棄して、自家勢力の維持拡張に没頭してゐた、正宗以外の日蓮各派も同様であるのみならず、却つて獅子身中の虫としての罪は、遙かに重大といふべきである。

国体との関係を徹底して、すべての宗教を検討すると、結局は無上最大なる仏法の極意を伝へる「日蓮正宗」唯だ一となる。法華経に対すると、他の諸経のものが怨嫉する如く、日蓮宗が他の諸宗に怨嫉されるが、その日蓮宗の僧侶が、日蓮正宗に対すれば、やはり怨嫉を以て議論を避け、反対に一度日蓮正宗に入つたものは、恰も王者の如き自信を以て畏れる所がなく、従来の生活に無関係な観念論的な信仰とは全く一変し、因果法則の実証が、明かに自他の生活の上に現はれるから、退転する能はざる安心の境涯になるのである。之は全国で約六万と謂はれてゐる日蓮正宗の信者独特の境涯である。創価教育法の実験証明が、この信仰の基（ママ）づいたために、初めて完成された所以が解るであらう。畢竟、大宇宙の因果の法則に遵つて、最大価値の生活をなすに就き、当宗のみに伝はる仏教の極意たる三大秘法を、正直に信ずる以外に何もないのである故、それを信じ得さへすれば、何人にも同様に出来るし、信じ得ないやうな諂曲心には、到底真の教育は出来ないと、断定する理由も解るであらう。

斯う云ふと、あまりに偏狭で、排他的と云ふであらうが、之は価値意識を持たぬ真理論者の偏見で、人間の慾望は最大なる一つに集まるといふ心理的法則を知らず、正と邪、善と悪がたやすく一致し得ると思ふ謬見によるものである。

日蓮大聖人「如説修行鈔」に云く。天下万民、諸乗一仏乗と成て、妙法独り繁昌せん時、万民一同に南無妙法蓮華経と唱へ奉らば、吹く風枝をならさず、雨壌を砕かず、代は義農の世となりて、今生には不祥の災難を払ひ、長生の術を得、人法共に不老不死の理顕れん時を各々御覧ぜよ、現世安穏の証文疑ひあるべからざるものなり。云云。

誰か斯かる生活を願はぬものがあらう。有益の結果は願ひながら、無害の原因を厭ふのは「あつものに懲りてなますを吹く」半狂人格たる所以である。真の教育の出来るわけがないではないか。本因の信念がないものには、本果の教育は到底出来ないと断定せざるを得ない所以である。

訳注者あとがき

牧口常三郎は、「師範教育内容批判」（一九三六年四月）という論考のなかで、次のように述べている。

「創価教育学は、現代まで伝統した経験を研究対象となし、自然科学的方法によって帰納推理をなして、最高の原理に到達し、その後に、演繹推理によって、実際生活にこれを証明し、また、進化論的にもその発達を論証し、さらに、評価法則の標準に照らしてこれを批判したものである。」〔『全集・第九巻』、二二九頁〕

そして、この意味で、『創価教育法の科学的超宗教的実験証明』（一九三七年九月）は、牧口教育学の最高峰に位置づけられる著作である、ということができる。

したがって、創価教育学の現代的意義を問う場合、この書の解読が必須不可欠になってくるのである。

だが、これまで、その作業には、なかなか手がつけられてこなかったように思われる。実際のところ、わたし自身、力不足を感じるばかりで、本格的に取り組むまでにはいたらなかった。なぜなら、それは、まさに、蟷螂《とうろう》が竜車《りゅうしゃ》に向かうようなものであるからだ。

しかし、いつまでたっても脱皮できないままでいるのは、許されることではない。そこで、わたしは、同書の発行から八十余年が経過したこの時機に、あえて挑戦することを決意したのである。

大事なことは、原著者の思いを斟酌《しんしゃく》して、可能なかぎり正確な理解につとめることにあるだろう。そのために、今日的な問題関心を踏まえながら補足して、できるだけわかりやすい現代語訳を試みることにした。

ただし、本書の作業は、暫定的なものでしかない。すなわち、このように読むべきであるというのではなく、こういう理解の仕方もあるという、あくまでも可能性の問題でしかないのである。

とにかく、少しでも多くの方々が本書に接し、原著者の思索に触れてみて、こんな読み方もあるのではないかと探究していただければ、幸甚である。

古川 敦

二〇二二年十二月十四日

牧口常三郎（まきぐち・つねさぶろう）

1871～1944。新潟県生まれ。創価学会初代会長。教育者・教育学者・地理学者。半生を教育界に捧げ、その間、地理教育の改革、新教育学の樹立を志し、『人生地理学』『創価教育学体系』などを著す。1930年、創価教育学会（創価学会の前身）を創立し、教育革命・宗教革命に挺身。43年7月6日、治安維持法違反ならびに不敬罪の容疑で警察に拘引され、44年11月18日、東京拘置所において73年の生涯を閉じた。生涯の多数の著作は『牧口常三郎全集』（第三文明社）に収められている。

古川 敦（ふるかわ・あつし）

1954年、福岡県生まれ。独立研究者。東京教育大学文学部卒業。東京大学大学院教育学研究科博士課程単位取得退学。教育社会学、教育思想の社会学専攻。香川短期大学教授を務めた。著書に『デュルケムによる〈教育の歴史社会学〉』『幸福に生きるために――牧口常三郎の目指したもの』『牧口常三郎と創価教育学』、編書に牧口常三郎著『創価教育学大系概論』『牧口常三郎の教師論』『牧口常三郎の教育思想』、訳書にJ-C・フィユー『デュルケムの教育論』、E・デュルケム『教育と社会学』がある。

創価《そうか》教育法《きょういくほう》の科学的超宗教的《かがくてきちょうしゅうきょうてき》実験証明《じっけんしょうめい》　**第三文明選書25**

2023年1月26日　初版第1刷発行

著　者　牧口常三郎《まきぐちつねさぶろう》
訳注者　古川 敦《ふるかわあつし》
発行者　大島光明
発行所　株式会社 第三文明社
東京都新宿区新宿 1-23-5　郵便番号　160-0022
電話番号　03(5269)7144　（営業代表）
03(5269)7145　（注文専用ダイヤル）
03(5269)7154　（編集代表）
URL　https://www.daisanbunmei.co.jp/
振替口座　00150-3-117823

印刷・製本　中央精版印刷株式会社

ISBN 978-4-476-18025-1

第三文明選書／既刊

法華玄義（上）（中）（下）　菅野博史訳注
法華文句（Ⅰ）〜（Ⅳ）　菅野博史訳註
一念三千とは何か
　——『摩訶止観』正修止観章　菅野博史
マハーバーラタ（上）（中）（下）　C・ラージャーゴーパーラーチャリ　奈良毅・田中嫺玉訳
詩集　草の葉　ウォルト・ホイットマン　富田砕花訳
『ギーター』書簡　ガンディー　森本達雄訳・森本素世子補訂
ジャータカ物語（上）（下）　津田直子
トルストイの生涯　藤沼貴
天台大師の生涯　京戸慈光
摩訶止観（Ⅰ）　菅野博史訳註
大智度論の物語（一）（二）　三枝充悳

〈レグルス文庫〉

ラーマーヤナ（上）（下）　河田清史
仏法と医学　川田洋一
唯識思想入門　横山紘一
中国思想史（上）（下）　森三樹三郎
牧口常三郎　熊谷一乗
価値論　牧口常三郎
ガンディーの生涯（上）（下）　K・クリパラーニ　森本達雄訳
中論（上）（中）（下）　三枝充悳
愛と性の心理　高山直子
魯迅の生涯と時代　今村与志雄
精神のエネルギー　ベルクソン　宇波彰訳
内なる世界——インドと日本　カラン・シン　池田大作
ギタンジャリ　R・タゴール　森本達雄訳
創価教育学入門　熊谷一乗

レグルス文庫／既刊

信教の自由と政治参加　竹内重年
食事崩壊と心の病　大沢　博
生活に生きる故事・説話(インド編)(中国・日本編)　若江賢三　小林正博
生命文明の世紀へ　安田喜憲
ナポレオン入門　高村忠成
「人間主義」の限りなき地平　池田大作
調和と生命尊厳の社会へ　石神　豊
ドストエフスキイと日本人(上)(下)　松本健一
魯迅――その文学と闘い　檜山久雄
現代に生きる法華経　菅野博史
教育の世紀へ　池田大作
トインビーとの対話　吉澤五郎
最澄と日蓮　小島信泰
地球平和の政治学　秋元大輔

自我と無意識　C・G・ユング　松代洋一・渡辺学訳
思考と運動(上)(下)　ベルクソン　宇波　彰訳
21世紀文明と大乗仏教　池田大作
わが非暴力の闘い　ガンディー　森本達雄訳
非暴力の精神と対話　ガンディー　森本達雄訳
よくわかる日本国憲法　竹内重年
舞え！　HIROSHIMAの蝶々――被爆地からのメッセージ　創価学会青年平和会議編
平和への祈り――長崎・慟哭の記録　創価学会青年平和会議編
菊一文字　吉川英治
篝火の女　吉川英治
龍馬暗殺　早乙女貢
五稜郭の夢　早乙女貢